الامارات العربية وعمان لؤلؤتين في الصحراء

VEREINIGTE ARABISCHE EMIRATE UND OMAN

الامارات
العربية وعمان
لؤلؤتين
في الصحراء

Bibliothek des Orients

Walter M. Weiss / Text · Kurt-Michael Westermann / Fotografie

Vereinigte Arabische Emirate und Oman

Zwei Perlen in der Wüste

Edition Christian Brandstätter

Autor und Fotograf bedanken sich bei folgenden Personen herzlich für Rat und Tat: Ali Akbar, Yvette und Klaus Gruschwitz, Horst Kauch (alle Dubai); Anthony Ashworth und sein Team, Heide und Christopher Beal, Viveca Hameder, Anders Amber Kongsteien, Siw Rantapää, Abdullah Kamal Sultan (alle Muscat); Abdul Khalique Ahmed (Khasab); Dr. Wolfgang Lanz, Markus Platzer, Michael Tovee (alle Abu Dhabi), Renate Komes (Wiesbaden), Mara Kaselitz und ihr Team (Frankfurt), Dr. Monika Mühlböck (Wien).

Die Deutsche Bibliothek - CIP-Einheitsaufnahme

Vereinigte Arabische Emirate und Oman : Zwei Perlen in der Wüste / Walter M. Weiss, Text. Kurt-Michael Westermann, Fotogr. - Wien : Brandstätter, 1996 (Bibliothek des Orients)
ISBN 3-85447-646-9
NE: Weiss, Walter M.; Westermann, Kurt-Michael

1. Auflage

Die graphische Gestaltung des Werkes sowie der Entwurf des Schutzumschlages – die Vorderseite zeigt eine Sanddüne in den Liwa-Oasen, die Rückseite eine Szene aus dem Freitagsmarkt in Nizwa – stammen von Kurt-Michael Westermann. Die Planillustration stammt von Emin T. Balic, die arabische Kalligraphie von Ali Partowi. Die Abbildung des Stichs auf Seite 193 erfolgt mit freundlicher Genehmigung von Relations International & Culture, Paris. Das Lektorat besorgte Barbara Sternthal, die technische Herstellung Franz Hanns. Die Reproduktion der Photos erfolgte bei Grafo in Wien, Druck bei Gutenberg in Wiener Neustadt.

ISBN 3-85447-646-9

Christian Brandstätter Verlagsgesellschaft m.b.H.
A-1080 Wien, Wickenburggasse 26
Telephon (+43-1) 408 38 14

الإمارات العربية وعمان لؤلؤتين في الصحراء

Inhalt

خارطة	6	Landkarte
دبي المجمع الذهبي في الرمال الصحراوية	25	Dubai Die Goldgrube im Wüstensand
ابو ظبي والآمارات الصغيرة الدويلة العملاقة بالنفط	59	Abu Dhabi und die kleinen Emirate Der Zwergstaat als Ölriese
مسقط والسهول الساحلية في بلاد السندباد والسلطان	85	Muscat und die Küstenebene In der Heimat Sindbads und der Sultane
سور ، الشرقية وجبال الحجر من الخناجر ، التمر و داوُ	117	Sur, Sharqiya und die Hadjar-Berge Von Dolchen, Dhaus und Datteln
الظوفار و رأس موسندام بين البلاد العربية الحارة و النرويج	157	Dhofar und Musandam Durch Arabiens Tropen und Fjorde
الإمارات العربية وعُمان من الداخل أحاديث من حياة الناس	177	Emirate und Oman von Innen Menschen erzählen aus ihrem Leben
ملحق الفهرس . جدول زمني . فهرس علم معرفة الكتب	193	Anhang Glossar · Zeittafel · Bibliographie

VEREINIGTE ARABISCHE EMIRATE UND OMAN

ZWEI PERLEN IN DER WÜSTE

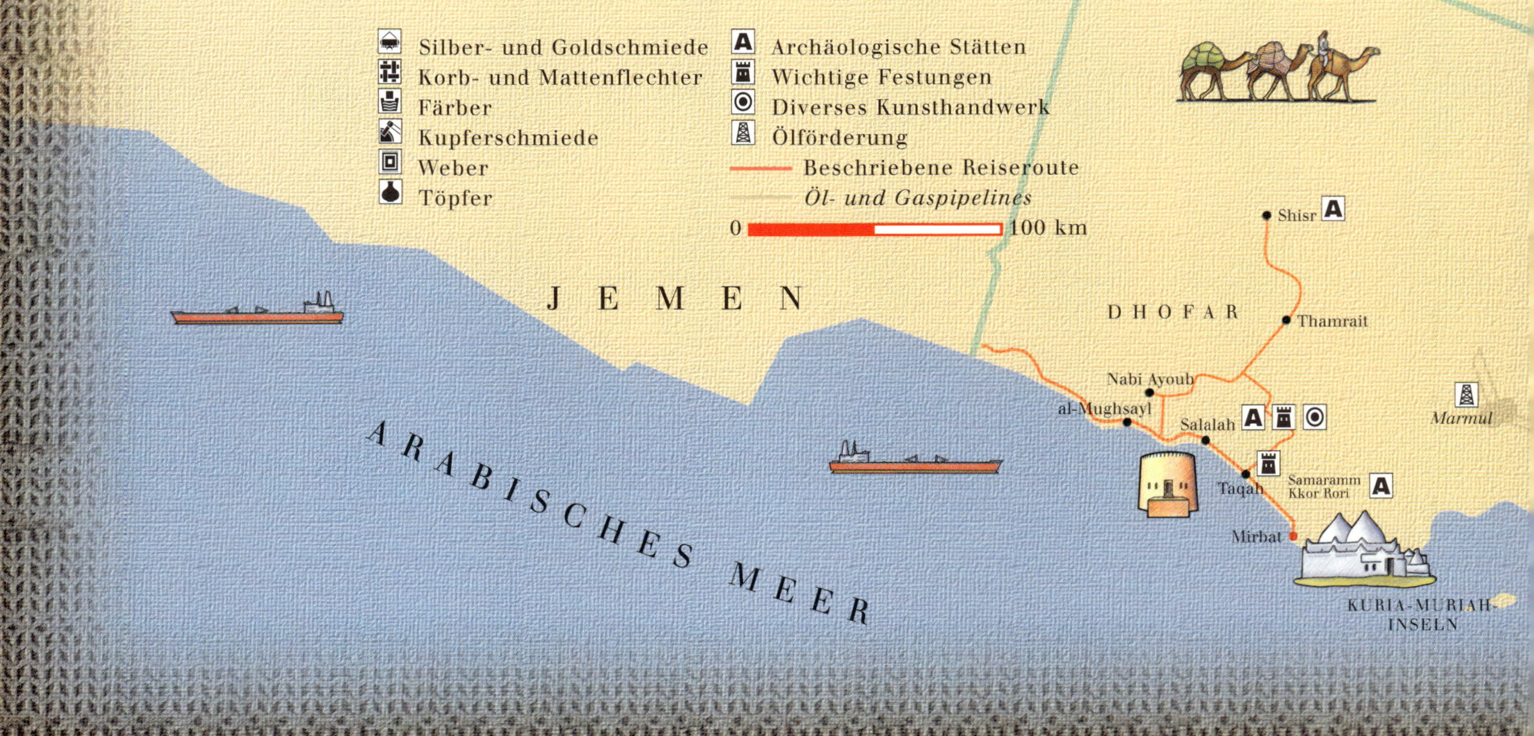

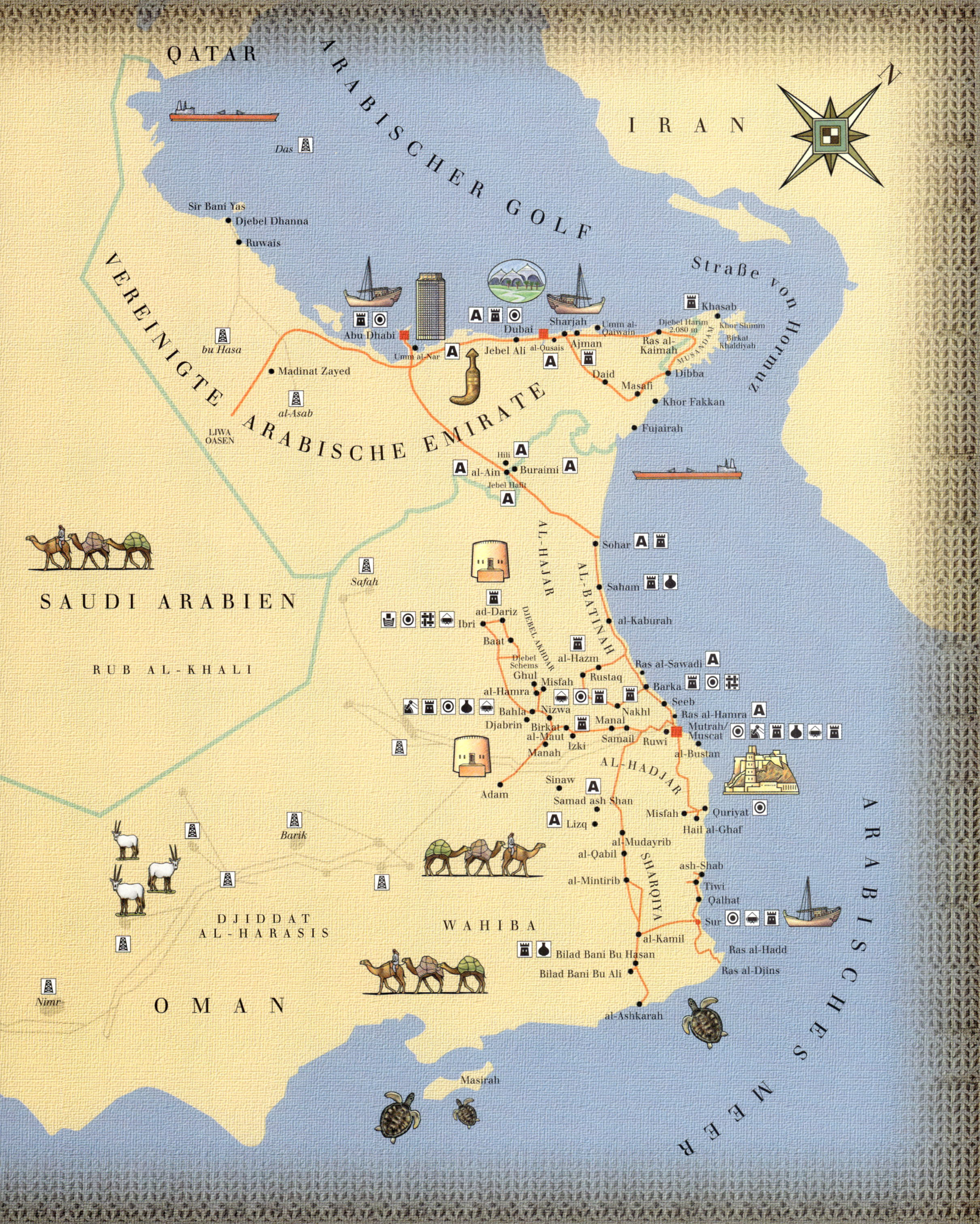
QATAR
ARABISCHER GOLF
IRAN
N
Dās
Sir Bani Yas
Djebel Dhanna
Ruwais
Straße von Hormuz
Abu Dhabi
Umm al-Nar
Dubai
Jebel Ali
al-Qusais
Sharjah
Ajman
Umm al-Qaiwain
Djebel Harim 2.080 m
Khasab
Khor Shimm
Birkat Khaldiyah
Ras al-Kaimah
MUSANDAM
Daid
Masafi
Dibba
Khor Fakkan
Fujairah
VEREINIGTE ARABISCHE EMIRATE
bu Hasa
Madinat Zayed
al-Asab
LIWA OASEN
Hili
al-Ain
Buraimi
Jebel Hafit
Sohar
Saham
al-Kaburah
SAUDI ARABIEN
RUB AL-KHALI
Safah
AL-HAJAR
AL-BATINAH
DJEBEL AKHDAR
ad-Dariz
Ibri
Baat
Djebel Schems
Ghul
Misfah
al-Hamra
al-Hazm
Rustaq
Ras al-Sawadi
Barka
Seeb
Nakhl
Ras al-Hamra
Bahla
Nizwa
Djabrin
Birkat al-Maut
Manal
Samail
Ruwi
Mutrah/ Muscat
al-Bustan
Izki
Manah
AL-HADJAR
Adam
Sinaw
Samad ash Shan
Lizq
Misfah
Quriyat
Hail al-Ghaf
al-Mudayrib
al-Qabil
al-Mintirib
SHARQIYA
ash-Shab
Tiwi
Qalhat
Sur
al-Kamil
Ras al-Hadd
Ras al-Djins
Bilad Bani Bu Hasan
Bilad Bani Bu Ali
al-Ashkarah
Barik
DJIDDAT AL-HARASIS
WAHIBA
OMAN
Nimr
Masirah
ARABISCHES MEER

„Alles ist im Buche des ewigen Ratschlusses aufgezeichnet. Dies wird auch gesagt, damit ihr euch nicht zu sehr über die Güter betrübt, die euch entgehen, und nicht zu sehr freut über jene, die euch zuteil werden. Denn das irdische Leben ist nur Spiel, nur eine Häufung von Täuschungen."

Prophet Mohammed

Die Meeresfauna und -flora erweist sich an den südöstlichen Gestaden des Arabischen Golfes als buntschillernd und abwechslungsreich, die Küste ober Wasser hingegen als überaus karg. Vorherrschende Landschaftsform ist die Sabkha, ein kilometerbreiter, vegetationsloser, von salzigem Schlick überzogener Sandstrand.

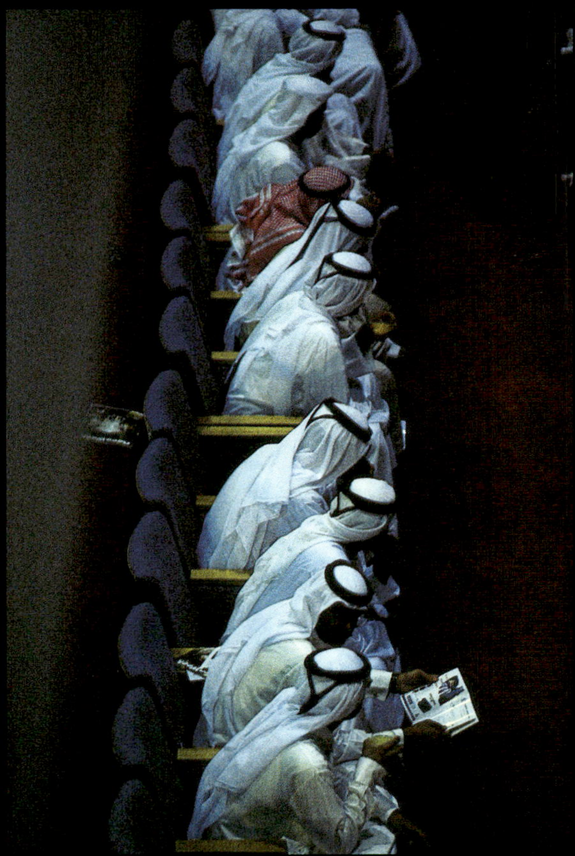

Vorhergehende Doppelseiten: Morgenstimmung in der Wahiba, der Dünenwüste im Nordosten des Oman (10/11); „nächtliches Wetterleuchten“ in der Wüste nahe Dubai, hervorgerufen durch das Abfackeln von Erdgas (12/13);
Das Ungleichzeitige in der Gleichzeitigkeit: die Golfaraber und Omanis von heute leben in zwei konträren Welten. Ihr Alltag spielt sich für gewöhnlich in einem von High Tech und zeitgenössischem Luxus geprägten Ambiente ab (im Bild: die Zuschauertribüne auf dem ultramodernen Pferderennplatz von Nadd al-Sheba in Dubai). Doch die Traditionen – wie etwa das Tragen der schneeweißen Dischdaschas – und die Baudenkmäler aus der Vergangenheit werden sorgsam gepflegt (gegenüberliegende Seite: ein überraschender Blickwechsel im Labyrinth der Festung Djabrin im Inneroman) (14/15).
Kamelherde in den Liwa-Oasen (16/17).

Einheimische Beduinen – im Bild beim traditionellen Kamelstock-Tanz auf einer Hochzeit in Dubai – machen in den Emiraten nicht einmal mehr ein Fünftel der Gesamtbevölkerung aus. Die große Mehrheit stellen ausländische Gastarbeiter. Wobei Händler, Handwerker und Bauarbeiter vorwiegend vom Subkontinent und aus Ostasien kommen. In der Verwaltung und als Lehrer hingegen sind, insbesondere in Abu Dhabi, hauptsächlich Palästinenser, Ägypter und auch Sudanesen tätig.

Daß sich im Osten Arabiens die Gesellschaft im Umbruch befindet, zeigt sich auch an den verschiedenartigen Verhaltensweisen der Frauen. Manche, vor allem Ältere, verdecken ihr Antlitz gemäß überlieferter Sitte mit einem Schleier und setzen ihm zusätzlich eine Maske auf – in erster Linie, „um niemanden in Versuchung zu führen“. Andere, vor allem jüngere Städterinnen mit höherer Bildung, zeigen sich auf der Straße mit unverhülltem Gesicht. Einen Kompromiß mit sich selbst schließen jene, die in der Öffentlichkeit die Abija, den schwarzen Umhang, darunter jedoch einen Minirock oder das Kostüm eines extravaganten Haute Couture-Schneiders tragen. Unbehelligt von der Frage der Schicklichkeit bleiben lediglich Mädchen bis zum Beginn ihrer Pubertät.

Markt und Moschee sind auch in Dubai untrennbar miteinander verbunden, Profitdenken und spirituelles Streben keineswegs ein Widerspruch. Nicht nur der Tabak- und Wasserpfeifenhändler im alten Suq von Deira am Ostufer des Creek, sondern auch viele hektische, handybewehrte Manager klinken sich, wie es der Koran befiehlt, fünfmal am Tag aus dem Alltagsleben aus, um sich im Gebet der göttlichen Schöpfung und ihres Herrn zu erinnern (im Bild: ein modernes Minarett im Herzen Dubais).

دبي

DUBAI

Die Goldgrube im Wüstensand

WELCOME AND DO BUY! „Wir erreichten die Küste und folgten ihr ostwärts durch eine desolate Landschaft. Da waren Erhebungen aus Kalkstein, Haufen weißen Sandes und Kiesebenen, übersät mit Büscheln holzigen Grases und allerlei welken Gewächsen. Salzflächen erstreckten sich weit hinaus ins Meer, doch ein gelblicher Dunst machte es unmöglich, zu unterscheiden, wo sie endeten und das Wasser begann. Die Szenerie war farblos, ohne jegliche Schattierungen und Kontraste." So beschrieb der britische Abenteurer und Entdecker Wilfred Thesiger in seinem legendären Reisebericht „Arabian Sands" die Ankunft an den südlichen Gestaden des Golfs; 1948, nachdem er zum zweiten Mal zu Fuß das „Leere Viertel", der Erde größte Sandwüste, durchquert hatte.

Knapp fünfzig Jahre später offenbart der Blick aus dem landenden Flugzeug auf das nächtliche Dubai wahrlich eine andere Welt. Weit draußen schon, im Meer, lodern helle Inseln – die Ölplattformen. Die Küste erweist sich als überflutet von einem Lichtermeer aus Industrieanlagen, Häfen, vielspurigen Schnellstraßen, Villen. Und die letzten Sekunden vor dem Aufsetzen überfliegt man eine futuristische Filmkulisse – hochhaushohe, bunt schimmernde Glaskuben, postmoderne Marmortorten, neobarocke Büropaläste aus 1001 Nacht ... die bombastischen Denkmäler einer vor Ehrgeiz berstenden Wüstenstadt.

Noch während des Anflugs hat uns aus dem Häuserwirrwarr ein überdimensionales Neonschild entgegengeblinkt. Sein Schriftzug lautete schlicht: *Get one free!* Nun, in der Ankunftshalle, empfängt uns ein Wald aus Plakaten, der verkündet, daß zur Zeit ein *Shopping Festival* stattfindet. Nicht irgendeines freilich, vielmehr *The Best Festival On Earth*. Und im örtlichen Duty Free Shop gibt es diese Woche in der Tombola nicht nur wie üblich Goldbarren, sondern auch einen schneeweißen Rolls-Royce zu gewinnen.

Der Beamte am Zollschalter blättert minutenlang in den von uns mitgebrachten Magazinen. Er sucht zu konfiszierende Bilder von unzüchtig nackter Haut. Böse Zungen behaupten, die größte Freiheit, die Dubai böte, sei jene von Zöllen, und sein Name leite sich in Wahrheit von der englischsprachigen Aufforderung *do buy* ab.

VORBILD SINGAPUR. Antrittsbesuch zu Recherchebeginn im Büro des „Dubai Commerce and Tourism Promotion Board". Pa-

Zu beiden Seiten des Creek, des natürlichen Meeresarms, an dem Dubai liegt, türmen sich Gebirge aus Glas und Beton. Zu ihren Füßen ziehen Flotten von Luxuslimousinen über vielspurige Highways. Und rundum am Horizont ragt ein Wald von Baukränen in den Himmel. Die große Geldquelle für die Stadt war, schon lange bevor Ende der sechziger Jahre das Öl zu sprudeln begann, der Goldschmuggel nach Indien und in den Iran, euphemistisch als Re-Export bezeichnet.
Gegenüberliegende Seite: ein gleißender Büropalast am Kai von Deira.

Altmodische, dickbäuchige Dhaus, wie sie in der nahen Werft von al-Hamriya nach wie vor gezimmert werden, ankern bis heute zuhauf an den Hafenmauern des Creek. Auf den Routen nach Bahrain, Karachi, Bombay oder Sansibar bieten sie den modernen Frachtern bis heute tapfer Paroli. Ebenfalls in Hamriya entstehen die Drahtreusen, die Dubai zum Fangen von Fischen und Lobstern in die ganze Golfregion exportiert.

trick MacDonald, der Marketing-Chef, gibt eine Einführung in die kommerzielle Lage des Emirats, präsentiert Statistiken, skizziert Zukunftsstrategien. Dubai, so hören wir, habe schon lange vor dem Ölboom als das Händlerparadies des südlichen Golfs gegolten. Generationen von Kaufleute hätten davon gelebt, Güter zoll- und steuerfrei einzuführen, am Creek zwischenzulagern und schließlich in die Nachbarländer zu „re-exportieren". In jüngster Zeit aber habe sich die Stadt vom regionalen zum interkontinentalen Güterumschlagplatz gemausert. Im Handel mit Indien, das schon bisher nach dem Iran der zweitwichtigste Markt gewesen sei, verzeichne man nun, da es seine Wirtschaft liberalisiert hat, jährlich dreistellige Zuwachsraten. Mit Pakistan, Ost- und Südafrika, den Anrainerstaaten am Golf und vor allem den aus der ehemaligen Sowjetunion hervorgegangenen Republiken umfasse Dubais Einzugsgebiet insgesamt 1,3 Milliarden Menschen. Das Potential, das da schlummere, sei enorm. Viele Konzerne, schwärmt er, hätten vor wenigen Jahren am Creek eine Repräsentanz für den Mittleren Osten eröffnet und betreuten mittlerweile von hier aus halb Asien und Afrika. Hongkong und vor allem Singapur, ja, das seien die großen Vorbilder.

Als hätte es noch eines Beweises für die Dynamik dieses Stadtstaates und den grenzenlosen Fortschrittsglauben seiner Herrscher bedurft, bekommen wir zum Abschied einen Computerausdruck überreicht. Auf ihm sind die wichtigsten, aktuellen Infrastrukturprojekte des öffentlichen und privaten Sektors – ich zähle über achtzig – angeführt. Die Liste enthält Vergnügungsparks, Kino-, Kongreß- und Einkaufszentren, die Erweiterung des Flughafens, aber auch Museen, Autobahnen, Spitäler. Bis Ende nächsten Jahres ist allein der Aus- und Neubau von über zwanzig Luxushotels geplant. Buchstäblich herausragendstes Vorhaben ist das Projekt westlich der Stadt, am sogenannten Chikago Beach. Dort entsteht auf einer künstlichen Meeresinsel soeben das höchste Hotel der Welt – ein 321 Meter hoher Turm in der Form eines Segels und mit einem Atrium, das von der Lobby bis zum Dach reichen wird. Die Funktion des Kolosses als neues Wahrzeichen Dubais ist vorprogrammiert.

Als wir das marmorverkleidetet Büro schließlich, schier betäubt von so viel Entschlußkraft und Zuversicht, verlassen, nehmen wir irrtümlich die Hintertür zum Notausgang. Und wecken damit eine Gruppe pakistanischer Hilfsarbeiter, die auf dem mit

Pappkarton ausgelegten Absatz der Feuertreppe kauernd ihre Siesta halten.

DAS ALTE DEIRA. Der erste Spaziergang führt uns an das östliche Ufer des Creek, nach Deira. In das alte, aber wie eh und je heftig pulsierende Herz der Handelsmetropole. Hier schaukeln zwischen Schleppern und schnittigen Kabinenjachten immer noch Dutzende Dhaus in den Wellen – jene meist aus Teakholz gezimmerten, dickbauchigen Lastkähne mit dem charakteristischen überhohen Heck, auf denen die arabischen Kaufleute und Schmuggler seit alters ihre Frachten befördern. Auf der Kaimauer stapeln sich Berge von Kisten und Kartons, Säcken und Ballen. Reis lagert hier neben Videorecordern, Tee neben Kühlschränken und Trockenfisch neben Autoersatzteilen. Wo die Schiffe vertäut sind, verkünden kleine, mit Kreide in krakeligen arabischen und lateinischen Lettern beschriebene Tafeln die Ziele der jeweils nächsten Fahrt. Aden, Bombay, Bander Abbas, Bahrain, Karachi, Muscat und Sansibar … Hier finden sie sich wieder, die phantastischen Ziele der Morgenlandfahrten unserer Jugendträume. Dazu der Schweiß der muskulösen Männer, die Ladungen löschen und neue heranschleppen, das Salz des Wassers, das Dieselöl, die Fäulnis der Abfälle und das Aroma von Muskat, Curry und Koriander – der alte Orient und mit ihm sein ganzer Duft liegen rund um uns ausgebreitet.

Wir folgen erhobener Nase dem würzigen Wohlgeruch und stehen nach wenigen Schritten im Basar. Hier, am Fuß jener schroffen Gebirge aus Glas, Stahl und Beton, in denen der Strom der Zeit so rasch fließt wie kaum irgendwo sonst in der Arabischen Welt, hat sich eine kleine Insel der Vergangenheit erhalten: ein enges Geviert aus überdachten Gassen, in deren urtümlichen Läden man als neugieriger Flaneur noch alte Wasserpfeifen, Silberschatullen und Beduinenschmuck entdecken kann. Und jede Menge mysteriöser Gewürze und Kräuter, über deren Verwendungszweck, geschweige denn Namen unsereins nur zu rätseln vermag.

Ein Stück weiter öffnen sich die Suqs, die Märkte, zu vergleichsweise breiten Geschäftsstraßen. Hier ist das vorsintflutliche Trägheitsmoment der benachbarten, bodenständigen Basaris längst überwunden. Hier herrscht bereits die zeitgemäße Hektik des Ellenbogen-Profits. Wir betreten das Revier des imitierten Luxus, der falschen Markenhemden und -uhren, der raubkopierten Videokassetten, rosafarbenen Telefone und allzu kräftigen Parfums. Es ist die Welt der Händler für Waren aller Art, die als Geschäftsführer von Läden mit Namen wie „Boutique Sheherezade" oder „Al-Loulou Textiles" für deren einheimische Besitzer steuerfreie Gewinne erwirtschaften. Die große Mehrheit dieser Geschäftsführer sind Inder. Nicht ohne Grund heißt Dubai im Volksmund „Little Bombay", gilt es als größte indische Metropole außerhalb des Subkontinents.

Was auffällt: Über vielen Ladenportalen und in vielen Schaufenstern prangen neuerdings Schilder in kyrillischer Schrift. 1995 kamen rund 500.000 Bürger aus den GUS-Republiken auf Besuch und hinterließen mehr als eine Milliarde US-Dollar. Usbeken, Kasachen, Kaukasier und auch Russen, erfahren wir, seien die Großmeister des Dealens. Sie kauften geradezu alles und en gros, um es daheim zu unverschämt hohen Preisen zu verkaufen. Die Hotels, in denen sie absteigen, erkennt man in der Regel an den Kartonbergen, die sich davor auf den Gehsteigen türmen. Die verpackte Ware wird dort – manchmal sogar über Nacht, denn Diebstahl ist hier so gut wie unbekannt – gestapelt, bis man sie irgendwann per LKW zu den Frachtschiffen oder -flugzeugen bringt.

Ein Freund erzählt, er habe erlebt, wie im Schauraum von Toyota ein Mann aus Moskau auftauchte, sich nach dem Vorrat an Landcruisern, den teuersten Geländewagen, erkundigte, schließlich fünfzig Stück mit dicken Dollarbündeln aus dem Aktenkoffer kaufte und drei Stunden später die Papiere und auf Anhängern auch gleich die fabriksneuen Fahrzeuge mitnahm. Inzwischen haben sich Dubais Autohändler für solche Besuche gewappnet und auf ihren Lagerplätzen Abertausende von Fahrzeugen – die gesamten Typenprogramme in x-facher Ausführung – geparkt.

IM BASAR VON BUR DUBAI. Um fünf Fils, umgerechnet etwa 15 Groschen (zwei Pfennig), setzen wir schließlich auf einem *Abra*, einem Wassertaxi, von Deira auf das westliche Ufer des Creek nach Bur Dubai über. Auf dem makellos blauen Himmel dreht ein propellerbetriebenes Wasserflugzeug seine Runden. Es ist eine jener drei Beechcrafts, die demnächst im Shuttle-Dienst zwischen hier und Abu Dhabi verkehren sollen, und bis dahin interimistisch Panoramaflüge über der Stadt absolvieren. Neben uns im Wasser trainiert eine Mannschaft für das traditionelle Ruderrennen am kommenden Nationalfeiertag. Es sind mindestens sechzig Mann, die sich, Galeerensträflingen gleich, auf das kehlige Kommando ihres Steuermanns hin in die

Der Phantasie postmoderner Architekten sind in Dubai kaum Grenzen gesetzt. Ihre Konstrukte machen die Künstlichkeit dieser klimagekühlten Mega-Oase besonders deutlich – insbesondere zu Zeiten des Shopping Festivals, wenn die Stadtverwaltung die Fassaden entlang der Renommiermeile am Creek mit bunten Lichtgirlanden behängen läßt.

Riemen legen. Ihre nackten, eingeölten Oberkörper glänzen in der Abendsonne.

Im Bastakiya-Viertel, wo wir anlegen, stehen noch einige jener sandfarbenen Paläste aus Korallenstein, die sich die Händlerkönige aus dem Iran, aus Indien und Belutschistan Mitte des vorigen Jahrhunderts, als die „Waffenstillstandsverträge" zwischen den Briten und den örtlichen Beduinen endlich eine halbwegs friedvolle Zukunft verhießen, hier hingestellt haben. Sogar ein paar alte Windtürme, mit denen sich die hitzegeplagten Bewohner in den Sommern vor der Erfindung der Air Condition einen leisen, kühlenden Lufthauch ins Innere des Hauses zuleiten konnten, sind erhalten geblieben.

Auch in Bur Dubai stoßen wir auf Basargassen. Und auch in ihnen fließt ein ununterbrochener Menschenstrom, findet sich viel Neon und Plastik und Imitat, zwischendurch jedoch auch genuine Eleganz. Sofort erkennbar, und zwar an ihren meist blond gefärbten Haaren, den zu knappen Röcken oder Shorts und prall gefüllten Nylonsäcken, sind die Kundinnen aus den GUS-Staaten. Viele kommen nach Dubai, um hier in den zwei Wochen, die ihnen die Aufenthaltsbehörde erlaubt, als Amateurprostituierte zu arbeiten. Sie verdienen dabei so viel Geld, wie ihre Angehörigen daheim in ihrem halben Leben nicht. Geballt treten diese Schönheiten entlang der al-Fahidi-Straße auf. Dort gibt es Hunderte von Läden für Elektronik-Artikel, in die sich die über Nacht erworbenen Einkünfte besonders gewinnbringend investieren lassen. Zu Beginn der Damen-Invasion vor zwei, drei Jahren sah sich die Regierung übrigens mit so vielen Klagen von Hoteliers und Gästen konfrontiert, daß sie die Zahl und Gültigkeitsdauer der einschlägigen Visa limitierte. Doch nachdem die Nachbaremirate Sharjah und Ras al-Khaima, ob der zu erwartenden Devisen frohlockend, den russischen, ukrainischen und litauischen Maschinen die

Landung auf ihren Flughäfen gestatteten und deren Passagiere von dort einfach per Bus an den Creek kamen, führte man die liberalen Einreisebestimmungen sehr rasch wieder ein.

Frommen Moslems muß dieses Dubai wie ein wiedererstandenes Sodom und Gomorrha erscheinen. In den Regalen der Supermärkte stapeln sich Spirituosen und Schweinefleisch. In den Straßen und auf den Stränden tummeln sich Horden halbnackter Ausländerinnen. Von den in den Bars und Lobbies der zweitklassigen Hotels aufreizend offen agierenden Schönen der Nacht ganz zu schweigen. Doch diese Liberalität hat auch einen feinen, geistigen Aspekt: In den Emiraten dürfen alle – Christen, Buddhisten, Hinduisten, ja selbst die anderswo in der Region scharf verfolgten Anhänger vermeintlich häretischer, islamischer Gruppen wie die Ahmedija und Bahai ihren Glauben offen bekennen und leben. Theologen führen diese Toleranz auf den Hanafismus zurück, jene duldsamste unter den vier Rechtsschulen des sunnitischen Islam, der die hiesigen Beduinen anhängen.

KURZE ZEITREISE, UNTERIRDISCH. Die touristische Hauptattraktion des Bezirks bildet das Museum. Es ist im al-Fahidi-Fort untergebracht, dem mit nicht einmal 150 Jahren ältesten Gebäude der Stadt. Als wir es vor ein paar Jahren besuchten, barg es hinter seinem prächtig geschnitzten, hölzernen Tor nur einige Vitrinen mit Silberschmuck, Trachten und Kamelsätteln, archaischen Waffen und Musikinstrumenten. Im Innenhof waren eine *Barasti*-Hütte – eine Hütte aus Palmwedeln –, ein paar traditionelle Boote und zwei, drei rostige, von den Portugiesen geerbte Kanonen ausgestellt. Inzwischen wurde die Anlage um einen unterirdischen Annex, eine Art begehbares Kompendium der beduinischen Alltagskultur, maßgeblich erweitert. Dort wandelt man durch einen lebensecht nachgestalteten Basar, erhält Einblicke in vielerlei Werkstätten und Läden und bekommt mit modernsten didaktischen Methoden vor Augen geführt, wie Dhaue gebaut und Dattelhaine gepflegt, wie Fische gefangen und Falken gezüchtet werden, wie einst Kinderspiele und Koranstunden abliefen, und wie der Perlenhandel und die Bewässerungssysteme funktionierten.

Im weiter nördlich gelegenen Stadtteil Shindagha hat man die wunderschönen alten Korallensteinhäuser kürzlich leider allesamt demoliert. Lediglich der Palast von Scheich Said al-Maktoum, der Dubai von 1912 bis 1958 regierte, wurde authentisch und mit größter Sorgfalt rekonstruiert und erglänzt nun allabendlich im Scheinwerferlicht. Auf

Gut betucht und fit for fun: Die heutige Vätergeneration verbrachte ihre Jugend noch in flachen, fensterlosen Häusern aus luftgetrockneten Lehmziegeln oder in Palmwedelhütten, die im Winter regelmäßig der Schamal, der kühle Nordwind aus dem Iran, zerzauste. Ihre Kinder sind, vom Konsum-Virus aus dem Westen längst infiziert, in der klimagekühlten Shopping-Mall so zu Hause, wie die Altvorderen es im Beduinenzelt waren.

Historisches Zentrum des Altstadtviertels von Bur Dubai und seit kurzem Heimat eines aufregenden, nach modernsten didaktischen Methoden gestalteten Museums ist das um 1800 erbaute Fahidi Fort (auf dieser Seite: seine Portalfront mit der bei Dunkelheit festlich illuminierten Dhau; Mitte der gegenüberliegende Seite: eine im unterirdischen Museumstrakt rekonstruierte historische Hafenszene). Paradebeispiele für die Gigantomanie vieler Bauvorhaben sind die Moschee von Jumeirah und das in Bau befindliche neue Chikago Beach Hotel.

dem benachbarten Leergelände hat man anläßlich des Shopping Festivals eine Art Freiluft-Folklore-Schau installiert, die der jungen Generation das kulturelle Erbe ihrer Väter und Mütter – vom Teppichknüpfen und Perlentauchen bis zum Bau von Ziehbrunnen und Palmhäusern – veranschaulicht. Sie soll gemäß jüngstem, allerhöchstem Beschluß eine Dauereinrichtung werden.

VERNEIGUNG GEN WESTEN. Den nächsten offiziellen Termin haben wir südwestlich der Stadt, in der Freihandelszone von Jebel Ali. Auch ihr Pressesprecher schießt ein Feuerwerk an Erfolgszahlen ab. Über 900 Konzerne aus aller Welt, tut er kund, hätten hier auf 100 Quadratkilometern bisher 1,6 Milliarden Dollar investiert und so 30.000 Arbeitsplätze geschaffen. Sie genössen modernste Verkehrs- und Kommunikationseinrichtungen, politische Stabilität, minimale Energie- und Wasserpreise, eine garantierte Steuerfreiheit für 15 Jahre sowie den Vorteil, keinen – wie sonst im Lande vorgeschrieben – lokalen Partner mit 51 Prozent an ihren Geschäften beteiligen zu müssen.

Gegründet wurde die Zone 1977. Doch Golfkrieg und mangelnde Bekanntheit ließen das Projekt dahindämmern. Also schuf man (mit massiver Finanzhilfe aus der Bundeskasse) erst einmal eine begleitende industrielle Infrastruktur – ein Stahlwerk, eine Gasverflüssigungsanlage, eine der weltweit größten Aluminiumhütten und, um deren Abwärme zu nutzen und den rasch wachsenden Durst Dubais zu löschen, eine gigantische Meerwasserentsalzungsanlage. Schon vorher war nebenan mit Port Raschid der größte künstliche Hafen der Welt entstanden, in dessen Trockendocks Tanker (die bis jetzt noch gar niemand baut) mit einer Ladekapazität von einer Million Tonnen Platz haben. Als man schließlich 1985 in Sachen Freihandelszone einen zweiten, professioneller beworbenen Anlauf unternahm, erwies sich der Weg zum Erfolg als frei.

Auf dem Rückweg machen wir im Villenviertel Jumeirah halt. Hier haben Archäologen Ende der sechziger Jahre die Reste einer regelrechten Handelsstadt aus omajjadischer, also frühislamischer Zeit zutage gefördert. Auf einem Areal von zwanzig Hektar legten sie die Fundamente eines Scheichpalasts, mehrerer Wohnhäuser, einer Karawanserei und eines kleinen Basars mit etlichen Läden bloß. Funde belegen, daß schon damals die Karawanen auf ihrem Weg zwischen Irak und Oman hier Station machten. Auch nördlich von Dubai, in al-Qusais, wurden die Altertumsforscher fündig. 120 Gräber aus dem zweiten vorchristlichen Jahrtausend offenbarten dort neben Skeletten unter anderem Werkzeuge aus Stein und Bronze, Keramiken, Dolchgriffe, Pfeilspitzen und mit Kohle gefüllte Muscheln.

Der Strand von Jumeirah entpuppt sich als Badeküste wie aus dem Bilderbuch. Der Sand fein, flach und nicht, wie in so vielen anderen arabischen Ländern, durch Abfall verunziert. Das Meer türkisfarben und makellos klar. Und kilometerweit bloß vereinzelte Menschen. Der Traum jedes vom Winter gepeinigten Europäers! Jetzt, Anfang März, sind Wasser und Luft frühlingshaft warm. Im Juli freilich klettert das Quecksilber an der Küste (bei neunzig Prozent Luftfeuchtigkeit) auf 45 Grad. Im Landesinneren auf bis zu fünfzig. Und selbst das Meer ist heißer als das menschliche Blut. Man schwitzt dann angeblich sogar beim Tauchen.

Noch vor 25 Jahren war dieser Strand über weite Strecken von einem Wall aus Muschel-

Ein inmitten der futuristischen Stadtlandschaft ziemlich anachronistisches Verkehrsmittel verbindet bis zum heutigen Tag – ungeachtet zweier Brücken und eines Straßentunnels – die beiden Ufer des Creek: das Wassertaxi (arab.: abra). Kapitäne und zugleich Eigentümer der hölzernen, mit simplen Sitzbänken versehenen Nußschalen sind vielfach betagte Perlentaucher im Ruhestand.

schalen gesäumt. Die örtlichen Fischer hatten sich, bevor die Ölquellen zu sprudeln begannen, wie überall entlang der südlichen Golfküste in den Sommermonaten bei ihren Scheichs sowie bei indischen Händlern als Perlentaucher verdingt. Im Laufe der Zeit holten sie Millionen von Austern vom Meeresgrund, die sie an Land im Akkord öffneten. Mittlerweile haben Wind und Wellen die Schalenberge allerdings abgetragen.

Lokalaugenschein auf der nahen Baustelle des Monsterhotels am Chikago Beach. Am Ufer ragt, umgeben von einem dichten Wald aus Kränen, bereits ein Appartementblock von absurden Ausmaßen in den Himmel. Es ist kurz vor Sonnenuntergang und von einem nahen Minarett ruft über Lautsprecher der Muezzin. „*Allahu akbar*". Die moslemischen Bauarbeiter klettern vom Gerüst und verrichten mitten im Sand ihr Gebet. Hier in Dubai verbeugen sie sich dabei Richtung Westen.

EIN STECKENPFERD DER SCHEICHS. Besuch in der Falkenstation von al-Awir. Bald nach der Stadtgrenze zweigen wir vom Highway auf eine Piste ab und rumpeln über eine staubgraue Öde aus Stein und Geröll hinein in die Ausläufer der Rub al-Khali, des „Leeren Viertels". Hinter einer Düne wachsen aus dem Nichts eine Handvoll Zelte und Palmhütten. In ihrem Schatten dösen mehrere Beduinen. Vor ihnen in der prallen Sonne sind einige kunstvoll gedrechselte, an der Oberseite mit Fell überzogene Holzpflöcke in den Sand gerammt. Auf jedem hockt – mit einer Schnur an den Läufen festgebunden und einer Ledermaske über dem Kopf – ein Falke. Die Tiere wirken wachsam, aber gelassen. Nur selten flattert eines kurz irritiert auf. Während wir den obligaten Kaffee schlürfen, bekommen wir die Grundzüge der Falkenzucht erläutert.

Wir hören, wie man die Vögel auf ihren Herbstzügen aus Europa und Zentralasien Richtung Süden fängt – nämlich entweder am Boden mit Netzen oder, vom fahrenden Auto aus, mit lebendigen Tauben, die man mit feinen Schlingen aus Zwirn präpariert, in denen sich die Falken mit ihren langen Zehen verheddern. Wir erfahren, wie man die gefangenen Tiere zähmt: indem man sie wochenlang an die Stimme und streichelnden Hände ihres Trainers gewöhnt, dabei mit Fleischstückchen beschwichtigt und, immer öfter die Kopfmaske lüpfend, mit der neuen Umgebung vertraut macht. Und wir bekommen erklärt, wie schließlich der Jagdinstinkt der gezähmten Vögel mit Hilfe von Ködern – Bündeln aus Federn und Fleisch, die man erst am Boden zieht und später durch die Luft wirbelt – verfeinert wird. Zu guter Letzt inszeniert man uns zu Ehren eine kleine Flugschau. Zwei Prachtexemplare werden in den Himmel entlassen, schrauben sich in Windeseile hoch, um hunderte Meter über unseren Köpfen, stecknadelkopfgroß inmitten der endlosen Bläue, ihre Kreise zu ziehen und am Ende auf Kommando ihres Herren im Sturzflug wieder herabzustechen. Die Eleganz der Darbietung ist hinreißend.

„Die Falknerei", erklärt uns der Chefausbildner, „ist nicht bloß ein Mittel zur Jagd, sondern wie bei euch in Europa die klassische Musik oder Malerei ein traditionsbehaftetes Kulturgut." Sie zählt zu den beliebtesten Steckenpferden der Scheichs. Die Falken werden entweder importiert (aus Pakistan, dem Iran, Syrien aber auch Mitteleuropa) oder selbst gezüchtet und auf Anwesen wie diesem von Spezialisten dressiert. Da die natürliche Beute, der Trill und die Hubara, eine gansgroße Kragentrappe, schon sehr selten ist und

In Shindagah, dem einstigen Nobelbezirk an der letzten Krümmung des Creek vor dem offenen Meer, wurden vor kurzem erst die Korallensteinhäuser aus dem vorigen Jahrhundert allesamt geschleift. Stehen ließ man in Ufernähe lediglich den Palast Scheich Saids, des 1958 verstorbenen Herrschers von Dubai. Er wurde mit großem Aufwand generalrenoviert und gleißt seither allabendlich im Scheinwerferlicht.

unter Naturschutz steht, nimmt man immer öfter mit Tauben aus mitgeführten Käfigen vorlieb. Oder man packt in der Saison zwischen Oktober und Jänner den ganzen Troß – Falken, Geländewagen und Gehilfen – in einen Jumbo-Jet und fliegt hinüber in die reichen Jagdgründe Pakistans.

Die Jagdfalken zählen, wie ihre bevorzugte Beute, die Houbara-Trappen, auch, zu den akut gefährdeten Tierarten der Region. Ihre Zucht unterliegt deshalb strengen Auflagen. Schon das Gelege in der Brutmaschine wird von den zuständigen Behörden kontrolliert. Die frisch geschlüpften Jungen erhalten einen Identifikationsring. Ein- und Ausfuhr sind nur mit einer dem Washingtoner Artenschutzabkommen (CITES) entsprechenden Genehmigung gestattet. Und auch für die Jagd ist eine spezielle Lizenz obligat.

GEDULDETE GÄSTE. Während der Rückfahrt in die Stadt kommen wir mit dem Fahrer ins Gespräch. Er heißt Mirza, ist 21 Jahre alt und kommt aus Karachi. Er habe nach der Schule hier in Dubai einen Wirtschaftslehrgang absolviert, danach aber keine adäquate Arbeit gefunden. Sein Traumjob sei es, Computer zu verkaufen. Doch nun bleibe er erstmal zwei Jahre lang Chauffeur. Für 1998 sei die Hochzeit seiner ältesten Schwester, die er jetzt noch finanziell mitversorgen müsse, anberaumt. Danach sei er freier und kehre vielleicht zurück nach Pakistan. Außerdem: Gemessen an der Situation seiner Landsleute am Bau, gehe es ihm mit seinen 1.500 Dirham im Monat ohnehin gut.

Gastarbeiter aus den Billigstlohnländern bekommen in der Regel eine Aufenthaltsgenehmigung für zwei Jahre. Ihre Pässe müssen sie in der Firma hinterlegen. Bereiten sie Probleme, werden sie sofort abgeschoben. Sie arbeiten sechs Tage pro Woche, zehn – mit Überstunden auch zwölf oder dreizehn – Stunden pro Tag. Viele sind aufgrund der Gebühren, die sie in ihrer Heimat vor der Abreise an Schlepper zahlten, oder wegen der hohen Flugpreise verschuldet. Ihren Job dürfen sie im Land ohne Erlaubnis nicht wechseln und ihre Frauen erst ab einem Nettoeinkommen von 4.000 Dirham nachholen. Ihr Durchschnittsverdienst beträgt 600-700 Dirham, Kost sowie Logis in den Massenunterkünften am Stadtrand inklusive. In ihrer Heimat bekämen sie, wenn überhaupt, knapp die Hälfte.

DEKADENTER FREITAG. Ein Wochenendausflug in die Wüste, organisiert von der Incentive-Abteilung der stadteigenen Fluglinie Emirates. Unser Ziel heißt Hatta, liegt 100 Kilometer südöstlich von Dubai und ist unter anderem für seinen Tabak, Weizen und Futterklee berühmt. Auch gelten die Palmen der Oase als höchste und schönste im ganzen Land. Hier am Fuß zerklüfteter Vulkanberge an der Grenze zum Oman, hat die wüste Natur eine Rarität geschaffen: natürliche, aus dem Fels geschliffene Swimmingpools. Ihr kühles, kristallklares Wasser hat unzählige

Ausflügler angelockt. An der Zufahrtsstraße staut sich der Verkehr.

Zum Lunch bekommen wir eine Kostprobe der gehobenen arabischen Küche und Gastfreundschaft kredenzt. Mitten im Sand hat man ein luftiges Zelt aufgebaut. Drinnen ist die Tischwäsche aus Damast, das Tafelsilber von Christofle, der Boden mit handgeknüpften Teppichen ausgelegt. Die Kühlbox hat man als orientalische Schatztruhe getarnt. Bei 35 Grad im Schatten servieren zwei livrierte Lakaien von *Mezzes,* dem legendären Vorspeisen-Potpourri, über Beluga-Kaviar und pochierten Lachs bis zu Cheddar und Dattel-Sorbet so ziemlich alles, was man sich in dieser Umgebung nicht erwartet. Als Durstlöscher dienen auf den Punkt gekühlter Sauternes sowie Moët & Chandon.

Das Nationalgericht Dubais – das vor allem bei Hochzeiten mit Vorliebe servierte „gefüllte Kamel" – enthält man uns freilich vor. Als wir hören, welche Prozedur seine Zubereitung bedeutet, wissen wir, warum: Hauptzutaten sind ein ungefähr acht Monate altes, männliches Babykamel, zwei, drei Lämmer und mehrere Hühner. Das Kamel wird gehäutet, ausgenommen und mit den mittlerweile im Ganzen gekochten Hühnern und Lämmern sowie Mandeln, Pistazien, Zimt, Kardamom und, nicht zu vergessen, einer Riesenportion Reis gefüllt und anschließend zugenäht. Inzwischen hat man eine tiefe Grube gegraben, die nun von unten befeuert, mit heißen Steinen samt einer Metallplatte ausgelegt und, um das Ankleben des Fleisches zu verhindern, innen mit Rippen von Palmwedeln verkleidet wird. In die solcherart präparierte Kochstelle wird das Kamel, dessen von Natur aus eher zähes Fleisch zuvor mit Dattelessig ein wenig weich gerieben wurde, versenkt, die Grube mit Wasser gefüllt und mit einem Wachstuch abgedeckt, unter der das Tier nun zwei Tage lang vor sich hin schmoren muß. Für das Festmahl wird es

Ursprünglich diente in Arabien wie überall sonst in der Welt die Falkenjagd lediglich dazu, den Menüplan der Menschen aufzufetten. Erst im Lauf des vorigen Jahrhunderts – Feuerwaffen waren längst in Gebrauch – begannen die Beduinen den Kampf auf Leben und Tod aus Zeitvertreib zu inszenieren. Aus der nötigen Nahrungsbeschaffung wurde ein spannendes Spektakel und schließlich eine sublime Kunst. Größe und Menge der Beute verloren rasch an Bedeutung. Viel wichtiger wurden der ästhetische und sportliche Aspekt – die Grazie des Fluges und die Schnelligkeit des Kills.

Seit Menschengedenken bis um die Mitte unseres Jahrhunderts war der Speiseplan der Beduinen von extremer Eintönigkeit: Datteln, Schafs- oder Ziegenfleisch, deren Milch, hie und da ein Hase, eine Trappe – die Beutetiere der Jagdfalken – sowie entlang der Küste Fisch. Seit dem Aufkommen der Kühltruhe und dem Anschluß an das globale Handelsnetz gibt es kaum etwas, das Dubais Köche nicht kredenzen. Obgleich es nicht immer so extravagant zugeht wie beim Galamenü für betuchte Touristen im Wüstenzelt, die in Kaviar, Lachs und Champagner schwelgen.
Palaver beim Hochzeitsfest – wie es die Sitte vorschreibt, am Boden sitzend bei einem Schälchen Mokka.

schließlich tranchiert und zusammen mit Hühnereiern, die acht Stunden lang in süßem Tee gezogen haben, auf zwei gigantischen Platten – einer mit dem Fleisch, der zweiten mit der Fülle – serviert.

Zur Verdauung geht es per Geländewagen zum *Wadi bashing*, dem insbesondere die Gastarbeiter aus dem Westen in ihrer Freizeit mit Vorliebe frönen. Mit heulendem Motor über die sanften Luv- und steilen Leehänge der Sicheldünen zu rasen, den heißen Wind um die Ohren, den Sand zwischen den Zähnen und immer in leiser Sorge vor dem Steckenbleiben – das verschafft tatsächlich ein amüsantes, wenn auch etwas infantiles Hochgefühl der Abenteurerei.

HOCHZEIT AUF MORGENLÄNDISCH. Abends auf der Fahrt von der Wüste zurück nach Dubai, taucht am Stadtrand aus der Nachtschwärze plötzlich ein grellbuntes Gebilde auf. In der Früh hat es, wie schon so oft in diesem Winter, geregnet. Die *Sabkha*, die salzig-weißen Sandflächen, haben sich in riesige Seen verwandelt. Hier sind sie nun Spiegel, die die Lichterflut noch verdoppeln. Erst beim Näherkommen erkennen wir ein enormes Gebäude, das von einem Netz aus Abertausenden Glühbirnen überzogen ist. Am Fuß dieser farbigen Kaskaden, am Ufer der Seen, ankert eine riesige Wagenflotte – edle Limousinen, vorwiegend Stuttgarter Provenienz. Sie funkeln wie galaktisches Spielzeug, das unvermutet von der Milchstraße herab an den Rand der Wüste gefallen ist.

Neben den Wagen, auf einem weiten Platz, stehen mehrere große Zelte. Davor sitzen teils auf Teppichen, teils im Sand Beduinen: die Männer mit Kopftüchern und in schlichten, schneeweißen Kleidern, den traditionellen *Dischdaschas,* die Frauen in prunkvollen Stickgewändern. Manche hocken still und

Wie tief die Golfaraber von heute noch in den alten, beduinischen Traditionen verwurzelt sind, zeigt allein die Tatsache, daß viele von ihnen an den Wochenenden die klimagekühlten Stadthäuser verlassen, mit Kind und Kegel im vierradbetriebenen Geländewagen hinaus in die Wüste fahren und dort wie ihre Vorväter die Zelte aufschlagen, Teppiche ausbreiten, picknicken und danach einfach dasitzen.

Im Gegensatz zu manch puritanischen Nachbarstaaten sind den Bürgern der Emirate – mit wenigen Ausnahmen wie etwa dem Glücksspiel und selbstverständlich der Prostitution – sämtliche gängigen Freizeitvergnügungen erlaubt. Im Bild: eine Szene aus dem Luna-Park, den die Stadtverwaltung von Dubai während des Shopping Festivals im Spätwinter 1996 vorübergehend am Südufer des Creeks aufbauen ließ.

reglos da wie Wanderfalken vor der Jagd. Andere paffen Wasserpfeifen und verlieren sich in arabesken Erzählungen. Alle nippen von Zeit zu Zeit an winzigen Schälchen kochendheißen Kaffees.

Kaum haben wir den Platz betreten, sind wir auch schon eingeladen. Wir erfahren, daß alle Anwesenden Gäste bei einer Hochzeit sind. Eine Tochter aus dem Clan der Maktoums, der vielhundertköpfigen Herrscherfamilie von Dubai, wird verheiratet. Nun schon den fünften Abend feiern drinnen im Palast die Angehörigen und draußen auf dem Vorplatz die aus dem ganzen Land herbeigeströmten Untertanen.

Jedesmal, wenn sich uns Sitzenden jemand nähert, erheben sich einige der Männer, um ihre Nase kurz, aber herzhaft an jener des Neuankömmlings zu reiben. Plötzlich stimmt jemand ein Lied an. Es klingt wie das Stöhnen eines sterbenden Kamels. Die anderen fallen mit kehligen Stimmen ein. Bald stehen die Männer einander in zwei Reihen gegenüber. Sie wippen, die Arme um die Schultern des Nächsten geschlungen, mit den Hüften vor und zurück und stampfen einfache Rhythmen in den Boden. Dabei malen sie mit ihren Kamelstecken, dünnen, gekrümmten Stäben aus Bambus, magische Zeichen in die Luft. Die Frauen wiegen ihre Köpfe so, daß ihre schenkellangen Mähnen im Takt der Gesänge hin- und herwogen. Dazu kullern sie vielsagend mit ihren kajalgeschwärzten Augen.

Inzwischen haben sich auf dem Platz zahlreiche Menschentrauben gebildet. In ihrer Mitte stehen Musiker, Einwanderer, die ohne Rücksicht auf die Gehörnerven des Publikums drauflosspielen. Libanesen terrorisieren ihre Umgebung gnadenlos mit baßgeschwängerten Rockklängen aus überdimensionalen Verstärkern. Dunkelhäutige, rundgesichtige Männer messen auf ihren Trommeln den Pulsschlag Afrikas. Und moslemische Immigranten vom Subkontinent schlagen lautstark und mit Bravour ihre Tablas. Es ist eine gewaltige panislamische Session.

Einige Einheimische hupen sich, in ihren Luxuskarossen sitzend, im Schrittempo den Weg durch die Zuhörer frei. Sie tragen glitzernde Rolex-Uhren am Handgelenk und haben ihre Handys am Ohr. Hinter den getönten Scheiben ihrer klimagekühlten Festungen thronen sie wie Fremdlinge in ihrer eigenen Welt.

ZEITENWANDEL. Erinnerung an einen Abend vor über zehn Jahren in einer Bar des örtlichen Hilton. Sie diente damals den englischsprachigen *Expatriates* als Enklave, wo

Dubai ist nicht nur eine Goldgrube für Glücksritter und Geschäftsleute, sondern auch ein Magnet für Arbeitsuchende. Letztere, vornehmlich vom Subkontinent zugereist, verdienen im Durchschnitt höchstens ein Viertel des Lohns ihrer Branchenkollegen im Westen, aber immer noch doppelt soviel wie daheim. Sie schuften in Zwölf-Stunden-Schichten sechs bis sieben Tage die Woche und schlafen in einem riesigen Barackenlager ein Stück außerhalb der Stadt. Ihre einheimischen Gastgeber hingegen beschäftigen sich vorwiegend als Geschäftsleute oder in der Verwaltung. Manuellen Tätigkeiten gehen sie nur in Ausnahmefällen nach.

Die ganz große Zeit der Seefahrt am Golf und im Oman, als die ansässigen Araber in der Tradition Sindbads den Warenverkehr quer über den Indischen Ozean beherrschten, ist zwar vorbei. Doch am Leben ist das alte Händlererbe – ein Blick auf das emsige Treiben an der Hafenmole am Creek beweist's – sehr wohl. Dementsprechend ist auch der Bedarf an neuen Dhaus ungebrochen. Was den meist indischen und pakistanischen Zimmerleuten in den Werften von Sur, Ajman, Abu Dhabi oder Dubai (unten) stets volle Auftragsbücher beschert.

sie sich wie zu Hause fühlen durften und am Tresen bei Chips, Guiness und Gin Tonic über Gott und die Welt, den Ölpreis und die Ehefrauen schwatzten. Eine illustre Runde aus Journalisten, Agronomen, Militärberatern, PR- und Kaufleuten, Bau- und Erdöl-Ingenieuren hatte uns willkommen geheißen. Aus dem anfänglichen Small talk schälten sich rasch ernsthafte Gespräche. Man schwelgte. Von den famosen Arbeitsbedingungen und dem uneingeschränkten Leistungsprinzip, dem perfekten Kommunikationssystem und der finanzstrategisch günstigen Lage zwischen den großen Märkten des Fernen Ostens, Europas und der USA. Und natürlich von den hohen Gehältern, für die man keinerlei Steuern zahlte. Zudem, so hörten wir damals, sei das Gesundheitssystem vorzüglich und die Kriminalitätsrate minimal. Es gebe keinen Ruß in der Luft und keine Ölpest am Strand. Und seit immer mehr Showstars und Theaterkompanien in Dubai Station machten, werde sogar das Defizit an westlicher Kultur erträglicher.

In der Zwischenzeit hat sich, dünkt mir, wenig und viel zugleich geändert. Auf den ersten Blick scheinen die Rahmenbedingungen für Privilegierte genauso verlockend wie ehedem. Die asiatischen Arbeitskräfte, auch Hausangestellte und Gärtner, sind nach wie vor billig. Der Benzinpreis steht immer noch bei rund dreieinhalb Schilling (50 Pfennig) und der Steuersatz bei null Prozent. Infrastruktur, Freizeitangebot sowie Umwelt und Sicherheit lassen kaum etwas zu wünschen übrig. Und die allgemeine, klimabedingte Arbeitspause in Büros und Läden zwischen Mittag und spätem Nachmittag verleiht dem stressigen Business-Alltag wie damals einen wohltuenden Hauch von orientalischem Laisser-faire.

Doch die traditionelle Gesellschaftsordnung ist am Auseinanderbrechen. Die Zeiten, da die Privatnummer des Herrschers auf den

Seit klar ist, daß Dubais Ölquellen in ungefähr zwanzig Jahren versiegen werden, arbeiten die Scheichs mit Hochdruck an einer zweiten Karriere für ihr Emirat – als Handels-, Finanz- und Touristenzentrum. Endziel ist eine Art arabisches Hongkong. Der Architektur kommt die Rolle zu, die Zukunftsorientiertheit der Stadt zu verdeutlichen. Gegenüberliegende Seite oben: das Dach des Creek Golf Clubs, das den Segeln der Dhaus nachempfunden ist.

Eine Methode, ihrem Emirat weltweit Bekanntheit zu verschaffen, bestand für Dubais Herrscher, den Makthoum-Clan, darin, hochkarätige, prominent besetzte Sportereignisse zu veranstalten. Ein frühes Prestigeprojekt war der Mitte der achtziger Jahre im Wüstensand angelegte Emirates Golf Club – von Anfang an ein beliebter Treff der internationalen Golfelite. In den ersten drei Jahren seines Bestehens heuerte das Management eigens Taucher an. Sie fischten aus den Teichen des Geländes in dieser Zeit angeblich 150.000 Bälle. Mittlerweile haben freilich auch die meisten einheimischen Clubmitglieder ihr Handicap erreicht und so das Arbeitspensum der Taucher radikal reduziert.

Gelben Seiten des Telephonbuches zu finden war, sind längst vorbei. Und der *Madschlis*, die tägliche Audienzstunde des Scheichs, zu der ihm jeder Untergebene persönliche Anliegen vortragen konnte, ist einem anonymen Verwaltungsapparat gewichen. Was freilich angesichts der Ergebnisse des aktuellen Zensus nicht verwundert. Demnach lebten Anfang 1996 in den Emiraten bereits 2,37 Millionen Menschen, an die 700.000 nur in Dubai (Anfang der Achtziger waren es noch knapp 900.000 im ganzen Land, ein Drittel davon in Dubai gewesen). 1995 allein wuchs die Einwohnerzahl um sieben Prozent und damit auch der soziale Druck.

Im Gespräch räumt ein Journalist der für ihre Offenheit bekannten englischen Tageszeitung „Khaleej Times“ ein, daß man den einheimischen Beduinen wohl nicht unbegrenzt gut bezahlte Jobs in der öffentlichen Verwaltung beschaffen dürfe, nur um ihnen das Arbeiten zu ersparen. Und daß man wohl auch der enormen Überfremdung – über neunzig Prozent der Beschäftigten sind Ausländer – nicht bis in alle Ewigkeit bloß mit Streik- und Gewerkschaftsverbot begegnen könne. Im Sommer 1994 hätten etliche der alteingesessenen und steinreichen Händlerfamilien aus Indien für erstaunliche Unruhe gesorgt, indem sie, nach Jahrzehnten des Zuwartens, das Recht auf Einbürgerung und Grundstückserwerb forderten. Die Herrscherfamilie habe sie nur mit Mühe und durch indirekte finanzielle Zugeständnisse davon abbringen können, die Angelegenheit vor den Internationalen Gerichtshof in Den Haag zu tragen.

Dubais Ölvorkommen, die seinen Haushalt nach wie vor zu achtzig Prozent finanzieren, wurden ursprünglich auf rund sechs Milliarden Barrel geschätzt. Beinah die Hälfte der Vorräte gilt als aufgebraucht. In zwanzig Jahren, so heißt es, werden sie endgültig erschöpft sein. Vor kurzem hat die Regierung die Hafen- und Frachtgebühren erhöht und erstmals Zoll – vier Prozent – eingeführt. Ausländer zahlen neuerdings für Strom und Wasser doppelte Tarife. Und auch die medizinische Behandlung ist für sie nicht mehr kostenfrei. Wie hat Mohammed al-Abbar, der blutjunge Leiter des neugegründeten Economic Department, einer Art Wirtschaftsministerium, kürzlich gemeint? „Dubai hat nichts mehr zu verschenken. Vielmehr wird es künftig realistische Preise für seine Leistungen fordern. Wir haben das Öl als Katalysator genutzt, um die Stadt aufzubauen. Unsere Dumpingpreise für Unternehmer waren eine Werbekampagne, um unter den anderen Golfstaaten aufzufallen. Jetzt, da die Investoren unsere Lage und Infrastruktur schätzen gelernt haben, können wir anfangen, realistisch zu wirtschaften – wie jeder andere Staat der Erde."

AUF DEM GOLFPLATZ. Unterwegs irgendwo zwischen Garhoud-Brücke, Flughafen und Industrieareal. In dieser Gegend toben sich Dubais Baulöwen besonders erbarmungslos aus. Kräne, Preßlufthämmer, Caterpillars, vielhundertköpfige, behelmte Bautrupps, Staub, Staus, endlose Umleitungen. Überall halbfertige Bürotürme, Shopping Centers, Schnellstraßen, Flyovers. Hier zeigt sich die Stadt von ihrer ungastlichsten Seite. Doch wie in Alfred Kubins Roman „Die andere Seite" genügt es, ein paar Meter ein Sträßchen entlang zu fahren, um in eine Gegenwelt zu gelangen. Gepflegte Stille, sattgrüner englischer Rasen, Tennis-Courts, ein Pool, ein Parkplatz voller blankpolierter Cad-

Ein besonderes Steckenpferd von Scheich Mohammed, Dubais Verteidigungsminister, ist der Rennsport. Die Zabeel Stabels nahe der Sheikh Zayid Road sind nur eines von mehreren Edelgestüten, die er in der Stadt betreibt. Auf fast jeden der 120 Vierbeiner, die hier logieren, kommt ein zweibeiniger Betreuer. Die Tiere genießen ein Luxusleben mit Klimaanlage und Swimmingpool. Ihr Futter wird eigens eingeflogen. Und jedes leiseste Hüsteln wird von Spezialisten in der angrenzenden Veterinärklinik sorgsam untersucht.

dies. Der 1992 eröffnete Creek Golf Club gehört zu den besonders raffinierten Ködern, mit denen die Stadt betuchte Touristen aus aller Welt anzulocken sucht. Das Dach des mondänen Clubhauses ist den Segeln arabischer Dhaus nachempfunden. Von seiner Terrasse reicht der Blick über die ganze Stadt, von der Skyline Deiras im Norden über das fast schon veraltete Wahrzeichen im Westen, den 136-Meter-Finger des World Trade Center, bis zum südlichen Ende des Creek, einem in dieser Boomtown wohl nicht vermuteten, von vielerlei Vogelarten bevölkerten Naturschutzgebiet.

Am folgenden Wochenende sind wir als Gäste zum Finale des „Desert Classic" geladen. Von Nick Faldo bis Severiano Ballesteros gibt sich die Creme der Profigolfer ein Stelldichein. 1989 ins Leben gerufen, war dieses Turnier das erste einer Reihe hochdotierter Sportereignisse, mit denen die vier derzeit herrschenden Maktoum-Brüder – Hamdan, Ahmed, Maktoum und Mohammed – für ihr Emirat Werbung betrieben. Mittlerweile ist Dubai dank allerlei superlativischer Pferde- und Powerboot-Rennen, Segel-Regatten, Airshows, Golf- und Tennis-Turniere längst ein Prestigetreff der internationalen Sport-Hautevolee geworden. Der Emirates Golf Club, der das „Desert Classic" seither jährlich veranstaltet, ist Dubais zweites Golferparadies und liegt am westlichen Stadtrand. Inmitten von Wüste. Er verfügt über 27 Löcher, drei künstliche Teiche und verbraucht täglich an die vier Millionen Liter entsalzten Meerwassers.

DHAUWERFT UND GOLDSUQ. Tags darauf treffen wir wie vereinbart Achmed. Wir waren mit ihm während des Golfturniers ins Gespräch gekommen, weil auch ihm gleichgültig gewesen war, wem dort Scheich Ahmed bin Said Al-Maktoum, der „Godfather" des Golfclubs, am Ende des Tages die 24karätige Siegestrophäe überreichen würde. Achmed ist Iraner und wie viele seiner Landsleute 1979 als Reaktion auf Khomeinis Machtergreifung nach Dubai emigriert. Seither betreibt er hier Handel mit Waren aller Art.

Über ein Drittel der offiziell rund 600.000 Stadtbewohner, hat er uns stolz erklärt, stamme ursprünglich aus dem Iran. Denn als gegen Ende des vorigen Jahrhunderts die mehrheitlich schiitische Regierung in Teheran restriktive Zollgesetze erließ und in der Folge persische Küstenstädte wie Hormuz, Lingah oder Bander Abbas rapide an Attraktivität verloren, seien viele der dort ansässigen, ohnehin größtenteils sunnitischen und des Arabischen

kundigen Händler an den Creek übersiedelt. Dort pflegten sie fortan, ihre Waren von den großen Frachtern auf kleine Dhaus umzuladen und damit in abgelegene, für die Zollwächter kaum kontrollierbare Buchten und Fischerhäfen am nördlichen Golfufer weiterzubefördern. Diesem Prinzip des „Re-Exports“ verdanke Dubai seine langfristige Prosperität. Und seine engen kommerziellen, aber auch kulturellen Bande mit dem Iran.

Wie vorgestern trägt Achmed auch heute Nadelstreifanzug und mehrere goldene Siegelringe. Seine Augen verbirgt er hinter einer spiegelnden Ray-Ban-Brille. Aus den Lautsprechern seines 7er-BMW säuselt Barry Manilow. Wir fahren am Fischmarkt, dann am gräßlichen Betonkasten des Hyatt-Regency und schließlich am Gemüsegroßmarkt vorbei zur Werft von al-Hamriya. Hier werden noch nach traditioneller Technik Dhaus gebaut. Als wir kommen, hocken gerade etliche Hilfskräfte unter einem mächtigen aufgebockten

Dubais Flughafen – im Bild: seine Moschee – wurde in den vergangenen Jahren konsequent zur Drehscheibe zwischen den Großräumen Europa und Fernost ausgebaut. Die Zahl der jährlichen Passagiere wächst pro anno um über zehn Prozent und nähert sich der Sieben-Millionen-Marke. Erst 1994 wurde ein neuer Terminal eröffnet, mit dem Bau eines weiteren wird demnächst begonnen. Und schon gibt es Gerüchte, daß in wenigen Jahren überhaupt ein komplett neuer, natürlich noch viel gigantischerer Airport entstehen soll.
Gegenüberliegende Seite: oben – einer der vielen Paläste der Herrscherfamilie, anläßlich einer Hochzeit festlich herausgeputzt; Mitte und unten – Impressionen aus Dubais berühmtem Goldsuq.

Auf den Rennplatz zu gehen – gleich, ob Kamele oder Pferde laufen zu sehen – ist eine Leidenschaft, der man in Dubai mit besonderer Inbrunst frönt (im Bild: die Tribüne auf dem Turf von Nadd al-Sheba). Die Lust auf Glücksspiel dürfen sie als gläubige Moslems allerdings nur indirekt, über eine unentgeltliche Lotterie befriedigen, deren Preise Sponsorfirmen werbewirksam beisteuern.

Schiffskörper und verschrauben Spanten. Andere imprägnieren ihn, wie wir später erfahren, mit Haifischöl, auf daß sein Holz sich nicht verziehe, sowie einer Mixtur aus gekochtem Schmierfett und weißer Tünche. Eine dritte Gruppe sägt, wie unzählige Generationen vor ihr, ohne Planvorlage Latten zu. Etwas abseits steht ein Bedu, ein eingeborener Araber, und beobachtet die Arbeiter. „1.200 Bruttoregistertonnen", erklärt er uns mit weit ausholender Geste. „Mein Schiff!" Nebenan ist eine Gruppe Paschtunen, Flüchtlinge aus dem zerkriegten Afghanistan, mit dem Flechten von Reusen aus Draht beschäftigt. Dubai exportiert diese Fisch- und Lobsterfallen en masse in die ganze Golfregion. Draußen am Horizont zieht währenddessen ein Riesentanker ostwärts Richtung Hormuz.

Von hier, flüstert Ahmed und dreht Barry Manilow leiser, hätten sich in Neumondnächten vor kurzem noch schwer beladene Schnellboote auf den Weg hinüber in den Iran gemacht. Früher habe man eigens konstruierte, besonders schnelle, sogenannte Goldboote auch in den Bäuchen der Dhaus versteckt und knapp vor der indischen Küste zu Wasser gelassen. So hätten die Goldschmuggler den Zollpatrouillen oft ein Schnippchen geschlagen. Wurden sie erwischt, drohten schwere Strafen – Gefängnis, Bußgeld, Beschlagnahmung des Schiffes. Doch die Profite für die Großhändler waren so hoch, daß sie selbst den Verlust eines Viertels der Fuhren verkrafteten. Heute, nachdem Indien seine Handelsschranken beseitigt hat, lohne sich die Mühe nicht mehr.

Danach führt uns Ahmed zum Goldsuq, einer auf den ersten Blick unscheinbaren Einkaufsgasse. In seinen rund 200 schmalen Läden lagern, sagt die Statistik des „World Gold Council", acht bis zehn Tonnen Goldschmuck. Er wird nach Gewicht verkauft, zu Preisen, die so niedrig sind wie nirgendwo sonst auf der Welt. Wir werden Zeugen einer

offenbar typischen Einkaufsszene. Vier Damen, nach Landessitte mit *Burqa* und *Abbaya,* schwarzer Gesichtsmaske und schwarzem Überwurf, manierlich verhüllt, stürmen ein Geschäft. Worauf zwei Verkäufer unter lautem Geschnatter und Gezeter ganze Goldberge vor ihnen aufhäufen. Minuten später ist der Spuk vorbei, der Haufen merklich abgetragen. Die Damen besteigen schwerst beladen und sichtlich zufrieden die Stretchlimousine, die sie vor dem Laden erwartet, und rollen davon.

Anschließend haben wir einen Gesprächstermin mit dem Juniorchef der größten Schmuckhandelsfirma (siehe Interview, Seite 178). Er residiert an einem bemerkenswerten Ort: dem „New Gold Building" am Ausgang des Suqs. In dem unansehnlichen Betonklotz haben fast alle der rund fünfzig in Dubai aktiven Goldgroßhändler ihren Sitz. Die mit dem Bau befaßten Statiker müssen dies wohl von Anfang an in Betracht gezogen haben.

IM MORGENGRAUEN ZUM PFERDETRAINING. Die Zabeel Stables liegen einen knappen Kilometer Luftlinie vom World Trade Center entfernt. Vor der Kulisse der nagelneuen Büro- und Hoteltürme, die die Sheik Zayed Road, die Stadtautobahn Richtung Abu Dhabi, zu Dutzenden säumen, wandeln wir über englischen, von Blumenrabatten gefaßten Rasen. Rund 120 arabische und andere Vollblüter genießen hier, von achtzig Pflegern und 15 Arbeitsreitern betreut, einen Pferdehimmel auf Erden. Ihnen stehen unter anderem vollklimatisierte Ställe, eine 2.000 Meter lange Trainingsbahn, ein Swimmingpool, Duschkabinen aus Tropenholz, eine Veterinärklinik samt OP-Saal und eine Futtermittelfabrik, die die Zutaten für die individuellen Menüpläne regelmäßig aus Europa und Australien eingeflogen bekommt, zur Verfügung. Herr über dieses – und mehrere ähnliche – Trainigsparadiese ist General Scheich

Das Areal neben dem Startgelände des Kamelrennplatzes verströmt die Atmosphäre eines Karawanenlagers. Die Mehrheit der Tiere kommt aus den Dörfern und Zeltlagern der Umgebung. Doch einige besonders kostbare werden aus Qatar, Saudi-Arabien oder dem Oman eigens auf Sattelschleppern herangekarrt. Freilich: ob einheimische Domestiken oder ausländische Stargäste – alle Vierbeiner werden vor dem Rennen am Hals mit einer schwarzen Ziffer durchnumeriert.

Der Start zum Großen Preis von Dubai: An der gelinde gesagt etwas konfusen Art, in der er erfolgt, offenbart sich die Unberechenbarkeit und psychische Labilität der „Schiffe der Wüste“. Denn für manche der hochdotierten Tiere steht die Richtung, die sie nehmen sollen, noch keinesfalls fest: Sie kehren, sobald das Startseil fällt und der Jockey mit der Peitsche auf die Hinterbacke eindrischt, am Stand um und sprinten in die Gegenrichtung davon. Andere machen sich im Zickzack auf den Weg. Und gelegentlich geriert sich eines besonders divenhaft, verweigert jegliche Fortbewegung und bleibt wie angewurzelt stehen.

Die Amerikanisierung hat in Dubai wie in Abu Dhabi große Teile des Alltagslebens erfaßt. Die Folge sind Traditionsverlust, Hektik, Materialismus … Phänomene der modernen Zivilisation, die der Westen nur allzu gut kennt und die hier am Golf bloß deshalb ein wenig krasser ausgeprägt scheinen, weil die gegenteilige, genüg- und geruhsame Lebensart noch weniger lange zurückliegt.

Mohammed bin Rashid al-Maktoum, seines Zeichens Verteidigungsminister der Emirate, Sportenthusiast und wohl reichster Pferdebesitzer der Welt.

Die Idee hinter seinen Bemühungen erklärt uns der Cheftrainer, ein Inder namens Satish Seemar, im Empfangspavillon beim Tee. Man habe die alte Theorie, daß Rassepferde, die den Winter im milden Klima verbringen in der folgenden Rennsaison bessere Leistungen erbrächten, in der Praxis beweisen wollen. Also begann man, Tiere aus Europa und Amerika, aber auch Australien für die jeweils kalte Jahreszeit nach Dubai zu fliegen. Vor einigen Jahren hat Scheich Mohammed für das Projekt sogar eine eigene Managementfirma – „Godolphin Racing" – gegründet. Mittlerweile heimsen die Tiere, die unter diesem Label starten, in Übersee die meisten großen Preise ein.

Abends dann ein Galopper-Derby auf dem nahen Rennplatz von Nadd al-Sheba. Clubhaus und Tribüne sind von Ascot'scher Grandezza. Entsprechend der Fuhrpark vor dem Eingang und das Publikum. Und auch die Preise: Neben dem Zieleinlauf warten eine Phalanx von mehreren Dutzend, im Sonnenlicht glänzenden Luxuslimousinen und seltsamerweise auch ein riesigengroßer Caterpillar auf ihre Gewinner. Das im Koran festgeschriebene Verbot von Glücksspielen umgehen die Veranstalter dabei auf gevifte Art: Die Besucher nehmen unentgeltlich und daher legal an einer Lotterie teil. Die werbewirksamen Preise sind von Firmen gesponsert. Folglich geht niemand als Verlierer vom Platz.

In zwei Wochen, so klärt uns ein Tribünennachbar auf, finde hier in Dubai erstmals der World Cup statt. Es wird mit vier Millionen Dollar Dotierung das teuerste Rennen der Geschichte sein. Die Aktiva der Familie Maktoum werden auf fünf Milliarden Dollar geschätzt.

EIN FREITAG AUF DEM KAMELRENNPLATZ. Wir kommen gerade rechtzeitig zu einem Start. Etwa dreißig Kamele sind angetreten. Die Distanz: zehn Kilometer. Als Jockeys fungieren sechs-, siebenjährige Knaben. Sie tragen Sturzhelme und knallbunte Trikots und sind an den steilen Höckern mit 3M-Haftbändern festgemacht. Auf Kommando kappen die Betreuer die Halteseile und der Haufen stürmt, eine Sandwolke hinter sich lassend, davon. Einige Tiere sind in heilloser Panik in die Gegenrichtung gestartet und lassen sich erst nach Minuten und mit Mühe wieder bändigen. Andere machen sich in unkontrolliertem Zickzack auf den Weg. Der Pulk wird von einem Sanitätswagen des Roten Halbmonds und mehreren Kleinbussen begleitet, aus denen die Coaches ihren Schützlingen Anweisungen zurufen. Nahe dem Start lagern Hunderte Kamele – die möglichen Helden der noch folgenden Rennen. Zwischen ihnen, in den Sand gestreckt, dösen Männer und Kinder. Der Ort gleicht dem Rastplatz einer riesigen Karawane. Unmittelbar daneben jedoch erhebt sich ein überdimensionales Beduinenzelt aus Spannbeton. In seinem Schatten, auf einer mit Lederfauteuils bestückten Tribüne verfolgen die Spitzen des Staates über Videomonitore den Rennverlauf. In ihrer Mitte: einmal mehr der Sportenthusiast Scheich Mohammed. Der Tribüne gegenüber stehen, wie schon beim Pferderennen, wieder die fahrbaren Hauptgewinne aufgereiht.

Kein Zweifel, auch hier handelt es sich um ein millionenschweres Spektakel. Es wird vom staatlichen Fernsehen stundenlang und landesweit übertragen. Und viele Renntiere sind eigens mit Sattelschleppern aus dem benachbarten Qatar, aus Saudi-Arabien und dem Oman angereist. Die Leidenschaft freilich, mit der die Beduinen das Geschehen verfolgen, scheint mir von dem modernen Beiwerk, den Bildschirmen, Kameras und Karossen unabhängig. Wie sie mit Inbrunst die Vorzüge mancher Tiere erörtern. Wie sie, wenn die Schnellsten schließlich nach gut fünfzehn Minuten röchelnd, mit hängender Zunge und Schaum vor dem Maul in die Zielgerade einbiegen, in beinah hysterisches Gebrüll ausbrechen. Und mit welchem Stolz sie der Sieg ihres vierbeinigen Lieblings erfüllt. Das alles ist, scheint mir, mehr als schnöder Zeitvertreib. Diese Leidenschaft wurzelt tiefer – in jener gar nicht so fernen Vergangenheit, als es hier am Rand der großen Wüste all das technische Spielzeug noch nicht gab und Kamele, neben Jagdfalken, Dattelpalmen und Frauen, den einzig wichtigen irdischen Besitz darstellten.

Die Palmwedel-Hütte im Innenhof des Fahidi Forts. In diesem alten, oberirdischen Bereich des Museums (vor wenigen Jahren hat man einen ultramodernen, unterirdischen hinzugebaut) wird simpel, aber anschaulich das archaische Leben der Vätergeneration dokumentiert. Anstatt der schnupfenerregenden Aircondition kühlt den Besucher hier noch die durch einen Windturm einströmende Luft. Oben: Selbst in den Motiven mancher Teppichknüpfer spiegelt sich die Verehrung, die Staatspräsident Scheich Zayid bei seinem Volk genießt, wider.

آبو ظبي والآمارات الصغيرة

Abu Dhabi und die kleinen Emirate

Der Zwergstaat als Ölriese

In der Hauptstadt. Dubai und Abu Dhabi – ein seltsameres Brüderpaar läßt sich in der Familie der arabischen Städte kaum finden. Der eine, vergleichsweise langsam entlang eines gewundenen Meeresarms gewachsen, ist im Kern seines Wesen selbstbewußt, weil von Jugend an im Zentrum des Handels und deshalb an einen gewissen Wohlstand gewöhnt. Der andere, vor drei Jahrzehnten noch ein schmächtiger Kerl, der sein Dasein auf einer schmalen, sumpfigen Nehrung mit Datteln, Fisch und ein wenig Perlenhandel fristete, ist heute ein in die Höhe geschossenes Glückskind, das seinen neuen Reichtum zur Gänze jenen winzigen Lebewesen der Urmeere verdankt, die sich vor rund fünfhundert Millionen Jahren just auf seinem späteren Territorium in Unmengen zu Faulschlamm und schließlich zu jener Mixtur aus Aliphaten, Phenolen, Naphthenen und anderen Kohlenwasserstoffen verwandelten, die man heute Rohöl nennt. Die beiden waren eifersüchtige Rivalen, die einander, obwohl sie ursprünglich demselben Stamm angehörten, oft beraubten. Vor einem Vierteljahrhundert haben sie sich, erwachsener geworden, in einem Bündnis vereint und den neuen Frieden bislang auch nicht bereut. Gemeinsam sorgen sie für fünf kleinere Geschwister, wobei Abu Dhabi der Nährvater ist, der mit seinen Einkünften aus dem Öl für über achtzig Prozent des stattlichen Familienbudgets aufkommt.

Ob seine Freigebigkeit freilich einem weiten Herz oder doch eher einem klugen Kopf entspringt? Sicher hat Scheich Zayid Bin Sultan Al-Nahayan, der mittlerweile fast achtzigjährige Herrscher des Emirats Abu Dhabi und Präsident des Staates, das Schicksal seiner Vorgänger nicht vergessen. Von den letzten vierzehn Scheichs seines Stammes, der Bani Yas, wurden acht ermordet, vier durch Familienrebellionen gestürzt. Nur zwei starben friedlich. Ebenso sicher aber fließt in seinen Adern noch das echte Blut eines Beduinen, für den das Teilen mit dem Bruder zu den höchsten Werten zählt. Und mit Sicherheit haben er und die Oberhäupter aller anderen Emirate erkannt, daß Öl zu fördern und Geschäfte zu machen, eine weit einträglichere und bequemere Beschäftigung ist, als Krieg zu führen.

Manhattan am Golf, ein Überblick. An unserem ersten Abend sind wir Gäste des österreichischen Handelsdelegierten. Sein Appartement ist eines der höchst gelege-

Vorhergehende Seiten: Sandmeer am Rand der Liwa-Oasen (Seite 52/53); Szene auf dem wöchentlichen Kamelmarkt von al-Ain (54/55); und die – nur im geologischen Sinne – auf Sand gebaute Hauptstadt Abu Dhabi.

Auch wenn in Abu Dhabi Stadt sämtliche Moscheen von Wolkenkratzern hochhaushoch überragt werden: Der Glaube hat im Stadtgefüge auch räumlich seinen fixen Platz. Scheich Zayid legt Wert darauf, daß seine Untertanen jeweils in möglichst unmittelbarer Umgebung ein Gotteshaus zum Beten vorfinden. Neues Symbol für die Bedeutung der Religion in der Gesellschaft wird die nach dem über achtzigjährigen Staatspräsidenten benannte, 150 Millionen Dollar teure Moschee sein, die schon in ein, zwei Jahren am Südrand der Stadt eröffnet werden wird.

nen in der Stadt. „Silver Tower“, 26. Stock. Das Panorama ist dementsprechend schwindelerregend. Ganz Abu Dhabi liegt uns zu Füßen.

Noch 1958, als in diesem Emirat das erste Erdöl entdeckt wurde, war seine Hauptstadt eine winzige Siedlung, die sich zwar bei Ebbe über die *Sabkha,* den salzigen Sand des Watts, bei Flut jedoch nur mit dem Boot erreichen ließ und rund 5.000 Einwohner, vornehmlich Fischer, zählte. „Wir pflügten“, schrieb der britische Archäologe Geoffrey Bibby damals in seinem Buch über die Suche nach dem legendären Hafen Dilmun, „in unseren Land-Rovers auf weichen Reifen und im Vierradantrieb durch verwehten Sand. Vor uns standen eine Reihe zerzauster Palmen, zur Linken das weißgetünchte Fort, zur Rechten eine Handvoll Barastihütten, ein paar magere Ziegen, versprengte Hühner, und Esel, die gleichgültig an Abfallpapier knabberten. Die Spurrillen im Sand bildeten die einzige Straße. Sie

Abendstimmung über Abu Dhabi: Aus der Vogelperspektive wird das entfesselte Wachstum der einstigen Oase erst richtig offenbar. Langzeit-Gäste der Hauptstadt schmunzeln über die seit Jahren regelmäßig geäußerte Prophezeiung, schon demnächst werde sich die Bauwut legen. Der Boom hält bis heute ungebrochen an, und ein Ende ist, wie die Vielzahl noch junger Baustellen zeigt, auch mittelfristig nicht in Sicht. In den Siebzigern waren die Emirate hauptsächlich als Stopover auf dem Weg in den Fernen Osten bekannt, denn in den hiesigen Duty Free Shops ließ sich hemmungslos und günstig einkaufen. Inzwischen beginnt sich im Westen jedoch herumzusprechen, daß es auch als Urlaubsziel so manche Reize birgt. Allen voran endlose, menschenleere Strände und Sandwüsten (im Bild links: Eine Dhau auf Westkurs in der künstlichen Lagune von Abu Dhabi).

schlängelten sich zwischen den Hütten hindurch zum Ufer. Dort stießen wir auf zwei Gebäude aus Zement: das Quartier der Polizei und das Büro der Ölgesellschaft."

Nun, keine vierzig Jahre später, blicken wir auf ein arabisches Manhattan hinab. Ein Meer aus Wolkenkratzern, von einem Raster rechtwinkelig verlaufender Straßen in quadratische Inseln zerschnitten. Unser Gastgeber hilft bei der Erstorientierung: Direkt unter uns, auf der von Palmen und Blumenrabatten gesäumten Corniche, sind zwei Wahrzeichen der Stadt auszumachen: Der Vulkanbrunnen und der Uhrturm, von dem die legendäre Airport Road, die älteste geteerte Straße vor Ort, hinaus zum Flughafen führt. Nicht weit davon das für hiesige Verhältnisse methusalemische, weil über hundert Jahre alte, fein säuberlich restaurierte Fort al-Hosn, der unförmige Betonklotz des Kulturzentrums und das mit niedrigen Kiosken bebaute Areal des Suqs. Ganz im Westen der fast zehn Kilometer langen, T-förmigen Insel der besonders grüne Villenbezirk Batin, wo auch die Söhne Scheich Zayids ihre Paläste haben und das Intercont, das Hilton sowie das Versammlungsgebäude des Supreme Council, des Staatsrats, stehen. Im Südosten, ungefähr dort, wo die al-Maqta-Brücke, vom gleichnamigen archaischen Wehrturm bewacht, die Stadtinsel mit dem Festland verbindet, erahnt man am Horizont Umm an-Nar, die „Mutter des Feuers" – jene weit kleinere Nachbarinsel, die, wie reiche Gräberfunde belegen, schon vor über 4000 Jahren besiedelt war und auf der sich auch Abu Dhabis neue, gigantische Entsalzungsanlage erhebt. In der Gegenrichtung, am Horizont off shore, die küstennächste der unzähligen Bohrplattformen und davor, zwischen Stadt und offenem Meer, der Welt angeblich größte künstliche Insel – ein Stück aufgeschüttete, flache Wüste, aus dem schon in Bälde ein Freizeitparadies mit Swimmingpools, Seilbahnen, Sportanlagen und einem Zoo werden soll.

Das bei weitem älteste Gebäude der Hauptstadt – das Fort al-Hosn, oft auch „Altes" oder „Weißes" Fort genannt. Das weißgetünchte Gemäuer, das gegen Ende des vorigen Jahrhunderts anstelle einer gut fünfzig Jahre älteren Festung errichtet wurde, diente dem Herrscher lange Zeit als Residenz. Heute, da Wehrbauten längst überflüssig sind, ist in ihm das historische „Dokumentations- und Forschungszentrum" der Stadt untergebracht.

Vor gut vier Jahren, erwähnt unser Gastgeber, als er sein luftiges Domizil bezog, habe keines der Nachbarhäuser mehr als zehn Etagen gehabt. Inzwischen ragen in unmittelbarer Umgebung mehrere Dutzend Wohn- und Büropaläste doppelt so hoch in den Himmel. Jedes Jahr heiße es, heuer lasse der Bauboom bestimmt nach. Dann aber halte er doch wieder an. Der Kränewald ist von imposanter Dichte.

TOUR D'HORIZON ZU EBENER ERDE. Am nächsten Morgen nehmen wir an einer offiziellen Stadtrundfahrt teil. Die Führerin – eine

Abu Dhabis Bürger führen ein von materiellen Risken und staatlichen Übergriffen weitgehend freies Leben. Das liegt nicht nur am ölbedingten Reichtum, sondern auch an einer spezifischen Gesellschaftsstruktur. Denn während die Regime manch anderer arabischer Länder ihre Macht vorwiegend militärisch legitimieren, fußt die Hierarchie in den Scheichtümern in erster Linie auf traditionellen Stammesloyalitäten und der daraus resultierenden Autorität einzelner Großfamilien. Zumindest grosso modo herrscht zwischen Regierenden und Regierten Konsens und, daraus resultierend, eine geradezu anachronistische soziale Stabilität.
Im Bild: Szene aus dem Frauen-Handwerkszentrum von Abu Dhabi (oben) und vor einer Moschee im Stadtzentrum (unten).

Wo sich erst Mitte des 18. Jahrhunderts die ersten Beduinen überhaupt auf Dauer niederließen, erhebt sich heute ein arabisches Manhattan. Kaum ein Dutzend Gebäude haben sich aus der Zeit vor dem Ölboom, der in den frühen sechziger Jahren ausbrach, erhalten (im Bild: ein Wachturm auf der künstlichen Sandbank vor der Stadt). Gegenüberliegende Seite von oben nach unten: Abu Dhabis Central Park mit seinen von der großen Entsalzungsanlage auf Umm an-Nar gespeisten Fontänen; die Corniche mit dem Vulkanbrunnen; eine zur Reparatur in den Hafen geschleppte Ölförderplattform.

Deutsche, weil ein gut Teil der Urlaubsgäste aus diesem Sprachraum kommt – flüchtet sich in Ermangelung ausreichender Attraktionen ins Anekdotische. Sie gibt die beiden Paradegeschichten (die ernsthafte Historiker freilich als Gründungslegenden abtun) zum besten: Vor gut 200 Jahren hätten Beduinen aus dem Landesinneren hier, inmitten der salzigen Sabkha, eine Gazelle beim Trinken beobachtet und den Ort daraufhin Abu Dhabi, „Vater der Gazelle", getauft; und später dann sei um die Süßwasserquelle herum al-Hosn, das Fort, errichtet worden, in dem heute das Stadt- und Dokumentationsarchiv untergebracht ist. Sie erzählt auch, daß bis heute kaum exakte Adressen existieren, weshalb die Post nicht zugestellt, sondern ausschließlich in Brieffächern deponiert wird und man Wege in der Regel nur anhand markanter Gebäude oder Geschäfte beschreibt; daß die Palmen im Stadtgebiet wöchentlich gewaschen werden und der sogenannte Bainunah-Tower mit seinen 42 Stockwerken derzeit das höchste Gebäude am Golf darstellt und die Einheimischen mit Stolz erfüllt.

Irgendwann bringt uns der Bus zum Dhau-Hafen. An seiner Mole zerlegen Fischer aus Indien und Pakistan mit blutigen Messern den frischen Fang. Andere waschen sich mit Wasserschläuchen den Schweiß von der Haut. Es riecht nach Salz und Fisch, nach Tang und Teer. Ein erfrischender Kontrapunkt zur allgemeinen Geschniegeltheit.

Im äußersten Westen der Stadt rollen wir eine endlose Mauer entlang. Hinter ihr, erfahren wir, verbirgt sich der „Ladies Beach", ein den Geboten des Korans entsprechender, ausschließlich Frauen vorbehaltener Strand. Immerhin: Buben bis sechs Jahre sind als Begleitung erlaubt. Vor dem Eingang, in der prallen Hitze, stehen mehrere Besucherinnen. Ihre Körper und Köpfe sind komplett in schwarze *Tschadors* gehüllt. Die Farbwahl für dieses traditionelle, aus Persien stammende Kleidungsstück werde ich nie verstehen. Wo doch dunkler Stoff die Sonnenstrahlen gnadenlos absorbiert!

Zweimal macht der Bus zum Schluß noch Station. Zuerst beim Handarbeitszentrum, wo sozial minderprivilegierte Frauen klöppelnd, flechtend und hennamalend auf rührige Weise beduinisches Kunsthandwerk am Leben erhalten. Und dann beim Petroleum Museum, wo wir Grundsätzliches über die Methoden der Entdeckung, Förderung und Verarbeitung von Öl und Gas erfahren. Zuletzt bekommen wir einen historischen Film über das Alltagsleben der Einheimischen vor dem Boom gezeigt. Es sind Bilder von beeindruckender Kargheit. Bilder, wie sie Bibby beschrieb.

SCHLEMMEN BEIM PRINZEN. Noch am Vorabend, wenige Stunden nach der Ankunft, haben wir durch einen unglaublichen Zufall den Protokollchef eines Präsidentensohnes kennengelernt. Er hatte an der Hotelbar aufgeschnappt, daß wir für ein Buch recherchieren und uns für den Folgetag zum Lunch geladen. Nun sitzen wir in einem dickgepolsterten Mercedes auf dem Weg in den Palast. Wie es sich für Herren seines Status offenbar geziemt, fährt er deutlich zu schnell und hantiert dabei gleichzeitig mit einem Telephonpager und zwei Handys. Empfangen werden wir von etwa dreißig jungen Herren in blütenweißen Dischdaschas, die, unter klirrenden Kristallustern in brokatbezogenen Fauteuils sitzend, Small talk halten. Als wir den Saal betreten, erhebt sich der Hausherr. Alle anderen tun es ihm gleich. Das folgende Hän-

Neunzehn von zwanzig Bürgern der Emirate sind moslemischen Glaubens, die überwiegende Mehrheit davon Sunniten, die meisten anderen Schiiten. Christen stellen lediglich knapp vier Prozent. Grundsätzlich genießen auch Anhänger aller anderen Religionen die Freiheit, ihren Glauben offen zu bekennen und zu leben.

degeschüttle erinnert an das Begrüßungsritual zweier Eishockey-Teams vor dem Match. Währenddessen flimmert im Hintergrund über einen riesigen Fernsehschirm CNN. Und wir trauen unseren Augen nicht. Just jetzt, in diesen Minuten, läuft live ein Programm über das Abu Dhabi von anno dazumal. Zu sehen ist – wohlgemerkt live, nicht auf Video – Scheich Zayid, der Vater des Gastgebers, in jungen Jahren als Falkenjäger, sind Kamelkarawanen und Krieger, archaische Basare, Zeltlager und Sand, viel Sand.

Der Mittagstisch ist nebenan auf dem Fußboden bereitet und bedeckt eine Fläche von ungefähr drei mal fünf Metern. Auf kolossalen Platten häufen sich von der Königsdattel bis zum Limonensorbet und von der Lammkeule bis zum Hummer die kulinarischen Köstlichkeiten dieser Welt. Und zwar in einer Menge, die mindestens dem Zwanzigfachen des Gesamtvolumens aller anwesenden Mägen entspricht. Wieder einmal erleben wir in natura die charakteristische „Reishand" der Beduinen. Jene über viele Generationen an Lagerfeuern angelernte Manier, mit bloßen Fingern Reis, aber auch andere Speisen zu packen, zu kneten, in der geschlossenen Faust zum Mund zu führen und zwischen die Zähne zu schieben. Beim Verlassen des Palasts entdecken wir im gepflasterten Hof zwischen den vielen Karossen ein winziges, mit Sand beschüttetes Geviert und darauf ein Beduinenzelt aus Kamelhaar. „Die Privatwüste des Prinzen", lacht der Protokollchef. Ein Symptom für die Unterdrückung einer vererbten Leidenschaft?

UFER-BUMMEL. Es folgt ein ausgedehnter Verdauungsspaziergang. Er führt vom Sheraton die Corniche entlang, am einzigen noch existierenden Hotel aus der Pionierzeit, dem Al Ain Palace vorbei zum „Brunnen der Kaffeekanne", der Dalla – dem Symbol für arabische Gastfreundschaft, das auch die Ein-Dirham-Münze des Landes ziert. Etwa auf Höhe des Vulkanbrunnens, der abends, in rotes Scheinwerferlicht getaucht, den – vorwiegend männlichen – Flaneuren als Treffpunkt dient, passieren wir mehrere Schaltstellen der Macht: das Hauptquartier der „Abu Dhabi National Oil Company", der ADNOC, die immerhin täglich über 350 Millionen Liter Rohöl produziert; das der „Investment Authority", die für die sinnvolle Anlage der Einkünfte sorgt; und auch die ehemalige Zentrale der „Bank of Credit and Commerce", besser bekannt unter dem Kürzel BCCI – jenes von Scheich Zayid gegründete Geldinstitut, dessen Manager angeblich überaus rege im Waffen-

und Drogenhandel tätig waren und das 1991 mit Schulden in Höhe von zwanzig Milliarden Dollar zusammenbrach.

Die Rasensprenger entlang dieser Meile des Mammons kämpfen mit wahren Fontänen gegen die Hitze des Tages an. Die Phalanx der gläsernen Hochhausfassaden gleißt in der Abendsonne wie der Goldbarren in der Benson & Hedges-Reklame. Zu ihren Füßen schnurren Kolonnen glitzernder Großraumlimousinen mehrreihig dem nächsten Geschäftstermin entgegen. Der kollektive Wille zur Repräsentation ist überdeutlich. Vor kurzem erst erließ die Stadtverwaltung ein Gesetz, das den Anrainern dieses Prachtboulevards aus ästhetischen Gründen untersagt, ihre Wäsche zum Trocknen auf die Balkone zu hängen.

Dahinter, auf den Freiflächen und in den Höfen, liegt der Sand, auf dem die Stadt ruht, noch offen zutage. Hier, wo stellenweise sogar Wüstensträucher wachsen, ist das Revier der Gastarbeiter vom Subkontinent mit ihren Imbißstuben und Wäschereien, Kolonialwarenhandlungen und Videoverleihen. Hier, im Schatten der himmelstürmenden Monumente des Überflusses, stehen auch viele kleine Moscheen. Scheich Zayid wünscht, daß in seinen Städten jeder Gläubige zum Beten höchstens 400 Meter weit gehen muß. 2.600 Gotteshäuser gibt es bereits im Land. Und ihre Zahl wächst täglich weiter. Prunkstück wird künftig die am Südrand der Insel in Bau befindliche, 150 Millionen Dollar teure Scheich Zayid-Moschee sein.

Abends die nächste Kalorienorgie, diesmal im Fish Market, dem vielgerühmten Spezialitätenrestaurant des Intercont. Seine Vitrinen, aus denen man wie auf dem Markt mit dem Korb in der Hand selbst auswählt, geben uns einen ersten Geschmack vom immensen Reichtum der umliegenden Gewässer an Meeresgetier. Angeblich können die alten örtlichen Fischer noch an die 300 Arten unterscheiden. Wir schlemmen zur Einstimmung einen *Hamour*, den im ganzen Golf für sein leckeres, festes, weißliches Fleisch bekannten Raubfisch.

Vor dem Hoteleingang Heerscharen von Sicherheitsbeamten. Hektik, Absperrungen, Walkie-talkies. Scheich Khalifa, der ehemalige Emir von Qatar, den sein Sohn im Vorjahr ins Exil vertrieb, habe, hören wir, seit Monaten für sich und seinen Riesentroß die Luxussuiten einer ganzen Etage angemietet.

IN DIE LIWA. Nachtfahrt von Abu Dhabi zwei Stunden lang nach Südwesten in die berühmten Oasen. Es gewittert und gießt in

Nächtliche Lichtspiele an der Straße zwischen Küste und Liwa-Oasen: die petrochemischen Anlagen von Habshan kurz vor Ausbruch eines Gewitters. Hier, unweit der Verwaltungsstadt Madinat Zayid, erstrecken sich Abu Dhabis größte Gas- und Ölfelder auf dem Festland. Sie heißen Bu Hasa, Bab, Sahil und Asab und liefern derzeit – gemeinsam mit den off-shore-Lagern draußen im Golf – fast zwei Millionen Faß pro Tag.

Die kommerzielle Landwirtschaft wird in Abu Dhabi wohl in erster Linie aus sozialhygienischen Gründen betrieben. Erstens, um den Einheimischen, die schon bisher Bauern waren, ein Betätigungsfeld und nicht ohne Gegenleistung einfach Geld zu geben. Und zweitens, um sich den Traum jedes Beduinen – ein grünes Paradies auf Erden – zu verwirklichen. Denn in Wahrheit wäre es mit Sicherheit billiger, Gemüse und Obst zu importieren, als es unter Wüstenbedingungen selbst anzubauen. Im Bild: ein Gärtner im Innenhof des Forts von al-Ain.

Strömen. Nach der Abzweigung von der Küstenstraße bei Tarif tauchen zu beiden Seiten am Horizont immer wieder lodernde Flammen auf. Ein paar Schreckmomente lang verfolgt mich der blödsinnige Gedanke, die gewaltigen Blitze hätten die Öllager im Wüstenboden entzündet. Doch in Wirklichkeit passieren wir Bu Hasa, Sahil, al-Asab ..., die großen Gas- und Ölförderfelder des Landes. Was hier noch abgefackelt wird, ist freilich nur ein Bruchteil der Menge, die man in den Siebzigern ungenutzt in den Himmel pustete. Denn inzwischen wird das Gas auf der Insel Das, dem der Küste vorgelagerten Verarbeitungs- und Verladezentrum von Abu Dhabis Ölindustrie, verflüssigt und in speziellen Kühltankern nach Fernost verschifft.

Der Besuch einer petrochemischen Anlage, sowohl off shore als auch on shore, wurde uns nicht erlaubt. Sicherheit geht den zuständigen Behörden über alles. So müssen wir mit dem Blick aus der Distanz auf diverse riesige Bohrgestänge und die Raffinerie bei Madinah Zayid vorlieb nehmen. Er ist imposant genug.

Bei al-Mariyah erreichen wir schließlich die *Liwa,* jenen halbmondförmigen Kranz aus Oasen, deren Grundwasser aus einer geologischen Laune der Natur süßer ist als im Rest der Region und damit einer Handvoll Beduinen für Jahrhunderte ihr, wenn auch karges, Dasein ermöglichte. Der Tag bricht an. Durch einen Spalt in der dichten Wolkendecke kommt für wenige Minuten als glühende Orange die Sonne zum Vorschein. Ihr Licht erhellt eine wunderschöne Wüstenlandschaft. Ein endloses Dünenwellenmeer. Die Wellenkämme sind bis zu 200 Meter hoch und ihre Kurven von erotischer Vollkommenheit. Die Täler sind vielerorts von akkurat abgesteckten, sattgrünen Feldern bedeckt.

Der Versuch, die Wüste weitflächig urbar zu machen, kostet Scheich Zayid Hunderte Millionen Dollar und wird von Ökologen

und Ökonomen gleichermaßen skeptisch beurteilt. Er ist wohl eher tiefenpsychologisch denn rational zu erklären. Für jeden Wüstenbewohner ist das Paradies grün. Und für jeden Beduinen erfüllt sich ein Traum, kann er einmal Bauer sein. Nie werde ich den Stolz vergessen, mit dem der Manager jener Musterfarm, die wir an diesem Tag besichtigen, eine Karotte aus dem Boden zieht und vor unseren Augen geradezu rituell verspeist.

An der Präsidentenwiege. Die Stadt al-Ain liegt 160 Kilometer östlich von Abu Dhabi, direkt an der Grenze zum Oman. Für diese Strecke durch den Wüstenbezirk Taff brauchte Wilfred Thesiger vor einem halben Jahrhundert auf dem Rücken eines schnellen Batinah-Kamels vier Tage. Geoffrey Bibby schaffte sie 1959 in seinem Land-Rover dünenauf und dünenab immerhin in einem Viertel der Zeit. Wir sind auf dem sechsspurigen Highway knapp eineinhalb Stunden unterwegs. Ursprünglich war al-Ain eines von neun Dörfern, die über ein dreißig Quadratkilometer großes Oasengebiet verstreut lagen. Um das Siedlungskonglomerat, das den Namen des Ortes Buraimi trug, brach 1952 ein bewaffneter Konflikt aus. Saudiarabische Truppen fielen mit Unterstützung der Arabian-American Oil Company in die noch unbedeutende, von Muscat und Abu Dhabi gemeinsam verwaltete Oase ein. Ihr Ziel: sich langfristig den Zugriff auf die westlich der Hadjar-Berge im Inneroman vermuteten Ölvorkommen zu sichern. Denn in jenen Jahren war der Grenzverlauf wie so oft in dieser Region noch keineswegs klar definiert. Nachdem die Briten auf Seiten der Omanis eingegriffen und sich die Saudis zurückgezogen hatten, setzte man sich an den grünen Tisch. Doch erst 1974 akzeptierte Riad formell die noch heute gültige, offene Grenze, die den

Der Blick vom Strand des Hotel Hilton auf Abu Dhabis zentrale Skyline. Um 1760 als dauerhafte Siedlung gegründet, erlebte die heutige Hauptstadt dank der florierenden Perlenfischerei im ausgehenden 19. Jahrhundert einen ersten Boom. In den dreißiger Jahren folgte, ausgelöst durch die Zuchtperlen aus Japan, ein dramatischer Niedergang, den Scheich Shakbut, der damalige Herrscher, verzweifelt zu bremsen versuchte, indem er zuhauf Konzessionen zur Ölsuche vergab. Doch das große Geld brachte das Schwarze Gold erst ab Anfang der Sechziger.

Ort in eine östliche Hälfte, das omanische Buraimi, und eine westliche, das zu Abu Dhabi gehörige al-Ain, teilt.

Letzteres zählt heute über 200.000 Einwohner. Seine Hoheit Scheich Zayid, der hier geboren wurde, machte aus ihm eine moderne, grüne Metropole mit einer Universität, Hochhäusern, drei Dutzend ausgedehnten Gartenanlagen und sogar einem Lunapark samt Eishalle, in der die Einheimischen bei fünfzig Grad Außentemperatur mit Wollsocken unter ihren Dischdaschas auf Schlittschuhen ihre Runden drehen. Etwas außerhalb, in einem Ausflugspark, hat man eines jener fast 5000 Jahre alten Rundgräber rekonstruiert, wie sie Archäologen am Fuß des nahen Djebel Hafit, im Nachbarort Hili und auch auf Umm an-Nar zuhauf gefunden haben.

Eines der in diesen Zeiten des Friedens obsoleten Wüstenforts wurde in ein Museum verwandelt. Es birgt auch eine Sammlung historischer Photographien. Auf einer ist Scheich Zayid im Kreise seiner Getreuen zu sehen: er tanzt bloßfüßig und mit dem Gewehr in der Hand zur Feier von *Bayram,* dem Fest des Fastenbrechens, im Sand. Welchen zivilisatorischen Quantensprung dieser Mann erlebt hat! 1918 geboren, amtierte er lange Jahre als Gouverneur von al-Ain. Sein Stamm war bettelarm und dessen Oberhaupt, Zayids Bruder Schachbut, ein Primus inter pares, den jedermann jederzeit aufsuchen konnte und dessen Ansehen und Einfluß ausschließlich auf seinem Charisma und seinem Sinn für Gerechtigkeit beruhten. Als dann die Flut der Petrodollars hereinbrach und er – 1966, in einem unblutigen Putsch – Schachbut, der das Geld im Palast hortete, statt es in den Aufbau des Landes zu investieren, stürzte, mutierte Zayid binnen weniger Jahre zu einem der reichsten Männer der Welt. Seither residiert er, stets von schwerbewaffneten Leibwächtern umgeben, in unvorstellbar luxuriösen Palästen und bekommt seinen höfischen Alltag von mehreren Protokollchefs organisiert.

An die Ostküste. In den Emiraten ist der Kreisverkehr der Fetisch aller Urbanisten. Zu den erlesensten Exemplaren zählt der sogenannte „Cultural Roundabout“ am Ostrand von Sharjah. Freilich nicht so sehr wegen seiner verkehrstechnischen Funktion (er ist angelegt und vielbefahren wie andere seiner Art auch), sondern weil Scheich Sultan bin Mohammed al-Qasimi, Sharjahs schöngeistiger und repräsentationsfreudiger Herrscher, ihn zum kulturellen Herz seiner Stadt erkoren hat. Der Platz ist von mehreren arabes-

Der Herrscher von Sharjah steht im Ruf, Kunstfreund und -kenner zu sein. Eine Fahrt durch sein Emirat, das drittgrößte der Föderation, zeigt, weshalb: Obwohl er über ungleich weniger Einkünfte verfügt als seine beiden westlichen Nachbarn, hat er sich bereits zu Lebzeiten mit einer Reihe repräsentativer Bauten verewigt. Das Bild auf dieser Seite zeigt ein filigranes Detail aus dem Neuen Suq. Links oben: das Rathaus; darunter: das Dach des neuen Suq.

kenverzierten Palästen umstanden, unter ihnen die Museen für Naturgeschichte und Archäologie und jenes für moderne Kunst, in dem sogar international besetzte Biennalen stattfinden. Ihr neoorientalischer Prunk korrespondiert mit dem des pompösen neuen Suq, den wir kurz zuvor im Stadtkern am Ufer der Lagune bewundert haben – und er kontrastiert mit der leichten Schäbigkeit, die generell das Straßenbild dieses deutlich ärmeren Emirates prägt.

Wir sind vom Cultural Roundabout Richtung Osten ins Landesinnere abgezweigt. Unser Cicerone ist Horst Kauch, ein gebürtiger Steirer und Tausendsassa, der seit Jahrzehnten in Dubai lebt und sich als Profitaucher auf den Bohrplattformen ebenso sein Geld verdient hat wie als Tierhändler und Manager des hiesigen Zoos (siehe Interview, Seite 190). Entlang der Straße wechseln einander tote und blühende Farmen ab. Leblose Palmstümpfe, verfallene Häuser und wenig weiter schmucke Villen, dichte Zitronen- und Mangohaine, ja Erdbeerfelder. Je näher die Anwesen den Oasenzentren, desto desolater seltsamerweise ihr Zustand. Als die Dieselpumpen in Mode kamen, erläutert Horst, hätten anfangs alle wie wild gepumpt und damit den Grundwasserspiegel rapide gesenkt. Nun müsse man schon sehr tief bohren, um noch Wasser zu finden, und das koste natürlich viel Geld. Folglich graben die neureichen Farmer am Wüstenrand den alteingesessenen konsequent ihr Lebenselixier ab.

In Dhaid, einer der größten Oasen des Landes, bekommen wir zum ersten Mal auf dieser Reise ein *Falaj* zu Gesicht, jenes uralte und komplizierte Kanal- und Schleusensystem, mit dessen Hilfe das Quellwasser gerecht auf alle Gartenparzellen verteilt wird. Drüben im Oman werden wir ihm noch zuhauf begegnen. In Dhaid zeigt uns unser Begleiter auch die verwitterten Reste der örtlichen, nunmehr vom riesigen Antennenturm der Etisalat, der hiesigen Telecom, überragten Festung. Die Oase war eine wichtige Karawanenstation auf der Route zwischen Sharjah und der östlichen Küste. Ihre Bewohner lebten vom Verkauf von Wasser. Und vom Tribut, den sie von den Durchreisenden für ihre Waren erpreßten. Zu diesen Waren zählten übrigens sehr lange auch Sklaven. Wilfred Thesiger berichtete noch 1949 von einem skrupellosen Profitjäger, der mit 48 Leibeigenen im Schlepptau ganz in der Nähe durch die Wüste zog.

1971, als sich die Engländer davonmachten, waren die Ostgebiete der Emirate am Golf von Oman nur im Jeep zu erreichen. Doch dann beschloß man, die idyllischen Strände in die Riviera der Region zu verwandeln und baute quer durch die bis fast 2.000 Meter hohe Bergkette eine breite Zubringerstraße. Mehrere Hotels entstanden, darunter mit dem Oceanic in Khor Fakkan sogar eines der Luxuskategorie. Doch das erlitt ein kurioses Schicksal: Kurz nach seiner Fertigstellung beschlossen nämlich die Saudis, dem Emir von Sharjah, auf dessen Territorium Khor Fakkan liegt, eine große Freitagsmoschee zu schenken. Freilich verknüpften sie das aus diplomatischen Gründen unablehnbare Präsent mit dem Wunsch, er möge in seinem Herrschaftsbereich den Ausschank von Alkohol künftig untersagen. Seither liegt ganz Sharjah trocken, und das Oceanic steht mehr oder weniger leer. Auch der Rest der Küste, die übrigens mehrheitlich zum Emirat Fujairah gehört, hat sich nicht wirklich als Touristenmagnet entpuppt.

Bedeutsam hingegen ist ihre Rolle für die Seefahrt. Denn nicht nur verfügt Khor Fakkan über einen wichtigen Containerhafen. Seit den beiden Golfkriegen, als selbst zivile Schiffe von Raketen getroffen wurden und in der Folge die Versicherungsprämien für die Passage durch die Straße von Hormuz ins uferlose stiegen, liegen vor seiner Küste auch zahllose Tanker und Frachter auf Reede und warten dort auf kurzfristige Order zur Einfahrt in den Golf.

Wir gelangen durch das Wadi Ham über Masafi, dessen Mineralwasser man im ganzen Land trinkt, nach Dibba. Auf etlichen der schroffen Bergkegel entlang der Strecke thronen alte Wehrtürme. Der Ort Dibba selbst, den sich die Emirate von Sharjah und Fujairah sowie das Sultanat von Oman teilen, ist als Schauplatz einer entscheidenden Schlacht in die frühislamische Geschichte eingegangen. 633, ein Jahr nach dem Tod des Propheten, errangen in dieser weiten Bucht die moslemischen Truppen, die Arabien im Namen ihrer noch blutjungen Religion ein zweites Mal eroberten, einen wichtigen Sieg gegen abtrünnige Stämme, die daraufhin endgültig jeglicher Häresie abschworen.

Von Dibba, einem kleinenHafen an der Ostküste, der durch eine 634 von moslemischen Truppen gegen Sektierer gewonnene Schlacht in die Geschichte einging, führt eine abenteuerliche Piste, die „Omani Mountain Road", in die bizarre Bergwelt der Halbinsel Musandam. Sie wurde in den frühen achtziger Jahren angelegt. Zuvor war Khasab, der Hauptort der entlegenen Provinz, nur per Flugzeug oder Schiff erreichbar. Bis heute ist der Weg nach Gewittern regelmäßig tagelang durch Felsstürze und Muren blockiert. Panoramablick von einem der vielen verlassenen Bergdörfer im Inneren Musandams. Die Ausnehmung im Boden links unten diente den Bewohnern als Mühlstein.

Durch die Berge. Die Grenze in den Oman ist eine offene. Ihre Überquerung in Dibba ist nur an einem kleinen Hinweisschild, an den geänderten Nummerntafeln der Autos und an den Frauen zu bemerken, die südlich von ihr das obligate Schwarz, im omanischen Norden jedoch herzerfrischend bunte Kleider tragen. Gleich dahinter verengt sich die Landschaft. Eine Tafel fordert Lenker auf, sie mögen ihre Fahrt in einem niedrigen Gang, am besten im Allrad und extrem umsichtig fortsetzen. Die nächste Stunde holpern wir durch eine wenige Meter breite Schlucht.

In den kleineren, östlichen Emiraten und auf der angrenzenden, zum Oman gehörigen Halbinsel Musandam ist der Alltag vieler Menschen, sieht man von Sozial- und Infrastrukturmaßnahmen des Staates ab, bis heute vom Ölreichtum weitgehend unberührt.
Gegenüberliegende Seite oben: ein Greis vom Stamm der Shihuh, den indigenen Bergnomaden der Musandam, bewacht hoch oben auf einer Felsterrasse nahe dem Djebel Harim die Ruinen seines verwaisten Heimatdorfes; Mitte: charakteristische Küstenlandschaft; unten: der Fischreichtum der Küstengewässer garantiert täglich üppige Beute.
Diese Seite: das Zeugnis einer kriegerischen Vergangenheit – ein alter Wachturm an der Westgrenze von Ras al-Khaimah.

Knorrige, von den Felsstürzen und Sturzfluten zerschundene Bäume säumen die Piste, versprengte Ziegenherden und einheimische Wanderer auf dem Weg nach Gott weiß wohin kreuzen sie. Am Ausgang der Schlucht, etliche hundert Meter höher, eröffnet sich ein grandioses Panorama. Die Halbinsel Musandam – eine Welt aus der Urzeit der Schöpfungsgeschichte, voller wilder, tektonischer Verwerfungen. Es ist die Heimat der Shihuh, jener unbändigen Halbnomaden, die je nach Saison unten in den winzigen Buchten am Meer oder oben auf den schmalen Bergterrassen leben, und über die selbst die eingeweihtesten Ethnologen nicht so recht sagen können, ob in ihren Adern neben arabischem Blut das von Portugiesen oder Persern oder Zuwanderern aus Belutschistan fließt, und ob sie wirklich allein Allah oder nicht doch auch anderen, animistischen Gottheiten huldigen.

Vom höchsten Punkt dieser Strecke läßt sich gut der weitere gewundene Verlauf der

Omani Mountain Road, der Piste nach Khasab, erkennen. Wir werden sie in ein paar Wochen in der Gegenrichtung, vom Norden her, befahren. Unsere heutige Route führt westwärts durch das Wadi Bih. Wo dieses in den Golf mündet, liegt Ras al-Khaima.

An der nördlichen Küste. Das Land der Ichthyophagen, der „Fischesser", nannte Ptolemäus den Küstenstreifen zwischen „Leerem Viertel" und Golf. Islamische Historiker bezeichneten es als Sahil al-Uwman, als „omanische Küste". Schon die Portugiesen hatten hier Festungen errichtet, um die Türken und Perser daran zu hindern, ihnen den Weg nach Ostindien zu versperren – ein handelsstrategisches Motiv, das später auch die Briten veranlaßte, Flagge zu zeigen. Als die Araber daraufhin den Heiligen Krieg gegen die ungläubigen Eindringlinge ausriefen, brandmarkten die Europäer sie als Piraten. Als deren Hochburg galt Ras al-Khaima, das Dschulfar des Mittelalters. Es wurde 1819 von englischen Kanonenbooten in Schutt und Asche gebombt. Kurz darauf begann London, mit den diversen Stammesscheichs Frieden zu schließen. Aus der „Piratenküste" wurde die „Trucial Coast", die „Vertragsküste" – de facto eine Art Protektorat.

Ras al-Khaima legte viel später noch einmal einen kleinen Rest von Unfügsamkeit an den Tag, indem es erst 1972, ein Jahr nachdem sich die anderen sechs Scheichtümer zu den Vereinigten Arabischen Emiraten zusammengetan hatten, zögerlich der Föderation beitrat. Heute vermittelt Ras al-Khaima eine Vorstellung davon, wie es Abu Dhabi und Dubai ohne oder mit nur ganz wenig Öl ergangen wäre. Es gibt ein Schotter- und ein Zementwerk, eine Fabrik für Sanitärkeramik und Pharmazeutika, ein bißchen Schmuggel, Landwirtschaft und Fremdenverkehr, ein hübsches Museum und einen – jawohl, internationalen – Flughafen. Dennoch verströmt der Ort Tristesse. Er scheint mehr Straßen und Kreisverkehre als Häuser zu haben. Und diese sind meist halbfertige Neubauten. In Hülle und Fülle vorhanden sind hingegen „Showrooms" – Schauräume für alle Arten von Konsumgütern, wobei mir völlig schleierhaft ist, wer eigentlich die vielen dargebotenen Sofas und Traktoren und Tiefkühltruhen kauft. Ras al-Khaima hat gerade 140.000 Einwohner. Und die beiden angrenzenden Duodezstaaten Umm al-Qaiwain und Ajman, die bis heute völlig vergessen im toten Winkel der Weltgeschichte liegen, zählen gar nur fünfunddreißig- beziehungsweise hundertzwanzigtausend.

Gegen die allgemeine Kulturkonfusion, von der viele andere arabische Völker befallen sind, scheinen die Omanis erstaunlicherweise halbwegs immun zu sein. Natürlich geben auch hierzulande die Wohlhabenderen ihr Geld für manch importierte Zerstreuung wie etwa TV-Geräte, Satellitenschüsseln und Luxuslimousinen aus, aber gewisse Traditionen werden – so empfindet man als Besucher – sorgsamer gepflegt als anderswo. Dazu gehören nicht nur die sprichwörtliche Gastfreundschaft und glaubensbedingte Toleranz allem Fremden gegenüber, sondern auch die Geselligkeit untereinander. Lebendiges Beispiel: die in der südlichen Batinah-Ebene regelmäßig an Freitagnachmittagen stattfindenden Stierkämpfe – ein nicht nur sportliches, sondern auch soziales Ereignis ersten Ranges.

مسقط والسهول الساحلية

MUSCAT UND DIE KÜSTENEBENE

IN DER HEIMAT SINDBADS UND DER SULTANE

CHARMANTE ORDNUNG. Wo sind wir nun eigentlich gelandet? Irgendwo an der kalifornischen Küste zwischen Santa Barbara und Long Beach? In Kapstadt? Oder Sidney? Auf dem sechsspurigen Highway vom Flughafen in die Stadt schnurrt der Verkehr trotz extremer Dichte mit einer Diszipliniertheit, wie wir sie uns für weite Teile Europas nur wünschen könnten. Die Gebäude zu beiden Seiten erstrahlen in makellosem Weiß und haben größtenteils die Ausmaße von Palästen. Palmenalleen und Blumenmeere säumen den Weg. Der sattgrüne Rasen zwischen ihnen sieht aus, als hätte man ihn mit Nagelschere und Pinzette manikürt. Und in regelmäßigen Abständen fordern Schilder die Vorbeifahrenden auf: *Keep your city clean!* Weder Anzeichen von Armut noch Abfälle sind zu sehen, weder streunende Hunde noch halbfertige Häuser. Und auch die Luft ist von bestechender Reinheit. Wären da nicht die arabischen Schriftzeichen auf den Werbeplakaten und Autokennzeichen und die Kuppeln und Minarette der Moscheen, trügen die Damen und Herren hinter den Volants nicht Kopftücher und Turbane, und führe nicht soeben draußen vor der Küste eine Dhau vorbei – nie würden wir vermuten, in einer orientalischen Großstadt zu sein.

„Heute segelten wir ganz nahe an die Arabische Küste heran und sahen eine lange Kette völlig kahler Berge. Wir entdeckten ein großes Fort, das am Eingang zu einer Bucht auf hohem Felsen thronte. In dieser Bucht, vor der Stadt Muscat, warfen wir Anker. Diese Stadt wird von einem arabischen Prinzen regiert und ist von mehreren Mauerreihen und Türmen umgeben ... In dem Felsental von Muscat herrscht eine ziemlich erdrückende Hitze (in der Sonne 41 Grad Reaumur). Das grelle Licht ist hier sehr gefährlich, weil es weder von Bäumen noch Büschen noch dem kleinsten bißchen Gras gemildert wird. Man findet keine Europäer, weil das Klima für sie eine tödliche Gefahr darstellt." Ida Pfeiffer, die weltreisende Rechtsanwaltsgattin aus Wien, die diese Zeilen am 1. Mai des Revolutionsjahres 1848 in ihr Tagebuch notierte, würde heute wohl ihren Augen nicht trauen. Zwar gleichen im Sommer die Buchten am Nordrand des Hadjar-Gebirges, dessen nackter schwarzer Fels jeden Sonnenstrahl erbarmungslos speichert, noch heute Backöfen. Doch abgesehen davon, daß sich mittlerweile das Leben der Hauptstädter in der heißen Saison größtenteils in klimatisierten Räumen abspielt: Jener winzige Hafen, von dem aus die Omanis zur Zeit Ida Pfeiffers ein Seeimperi-

Vorhergehende Doppelseiten: die Welt als Schattenriß – Felsformationen im Hadjar-Massiv an der Grenze zwischen Emiraten und Oman (78/79); zwei Teilnehmer an einem Nostalgierudern in einer Shasha, einem traditionellen Fischerboot aus Palmwedeln, wie man es nur noch ganz vereinzelt entlang der Batinah-Küste findet (80/81); und: traditionelle Dhau, vor Anker in der Bucht von Mutrah (Seite 82/83).

Das königliche Wappen am Hauptportal des Al-Alam-Palasts in der Altstadt von Muscat: Es enthält neben der Krone, wie die Landesflagge des Sultanats auch, einen Khandjar und zwei gekreuzte Bogenschwerter, sogenannte Kitarah.

Trotz radikaler Umbauten und Abbruchaktionen hat sich das historische Zentrum Muscats zu einem gewissen Grad bis heute die Aura eines romantischen Hafens bewahrt. Anstelle des alten Palasts seines Vaters ließ Sultan Qabus zwar schon in den ersten Jahren seiner Regentschaft einen neuen, den Al-Alam-Palast errichten (Bild oben). Auch wurden damals der ausgedehnte Basar und die Geschäfts- und Wohnviertel der – vornehmlich indischen – Händler geschleift. Doch dominiert wird die enge Bucht immer noch von den beiden malerischen Burgen Mirani und Djalali, die von den Portugiesen um 1587, nach Überfällen durch türkische Flottenverbände, ausgebaut wurden. Gegenüberliegende Seite unten: die Burg in der benachbarten Bucht von Mutrah.

um regierten, das von Sansibar bis ins heutige Pakistan reichte, ist zu einem von üppigem Grün durchzogenen großstädtischen Ballungsraum angeschwollen, der sich bereits fünfzig Kilometer weit entlang der Küste und auch tief hinein in das Hinterland erstreckt und immerhin 600.000 Einwohner zählt.

Sanfte Kontrolle. Noch am Tag unserer Ankunft absolvieren wir den für Medienleute obligaten Antrittsbesuch im zuständigen Büro des Ministeriums für Information bei Anthony Ashworth. Die Bande zwischen Muscat und London waren schon zu Zeiten der großen Konflikte mit den Imamen des Landesinneren sehr eng. Jahrzehntelang bildete das Sultanat de facto eine britische Kolonie. Und Sultan Qabus selbst, der das Land nunmehr seit über einem Vierteljahrhundert als ebenso absoluter wie aufgeklärter Monarch regiert, wurde in der Militärakademie von Sandhurst, der britischen Kaderschmiede schlechthin, erzogen. Wie gegenwärtig der Einfluß der ehemaligen Schirmherren trotz der zum Staatsprogramm erhobenen „Omanisierung“ der Arbeitswelt immer noch ist, zeigt allein die Person unseres Gastgebers.

Der Einfluß der einstigen Schutzmacht Großbritannien ist im Oman – nicht nur was die dudelsackpfeifende Garde betrifft – nach wie vor deutlich zu spüren. Von der Wohlgeordnetheit des Alltagslebens bis zur Erziehung der Führungselite atmet vieles britischen Geist. Doch die Zeiten, da der Sultan politisch wie ökonomisch völlig von London abhing, sind spätestens seit dem Amtsantritt von Sultan Qabus im Jahr 1970 endgültig aus und vorbei.

Als Musterexemplar eines britischen Gentleman der alten Schule spielt Anthony Ashworth seit vielen Jahren eine Art medialen Schrankenwärter, der neuangekommene ausländische Berichterstatter in längeren Gesprächen geistig inspiziert, bevor sie in das Land ausschwärmen, und der sie auch während ihrer Recherchearbeit betreut.

Den omanischen Behörden sind brutale und plumpe Überwachungsmethoden, wie sie in manch anderem Land der Region üblich sind, völlig fremd. Die Staatsgewalt, Polizei und Militär, ist in der Öffentlichkeit selbst nachts praktisch nicht präsent. Und Amnesty International hat dem Oman in Sachen Menschenrechtspolitik erst unlängst wieder eine blütenweiße Weste konzediert. Doch ganz diskret erfüllt sich die Obrigkeit sehr wohl ihren Wunsch, zu wissen, was die Journalisten aus der Fremde während ihres Besuchs so treiben.

Sultan Said ibn Taimur, der 38 Jahre lang bis 1970 regierte, hatte sich nicht nur rigoros jeder Form von Fortschritt verschlossen und es so geschafft, aus seinem hundert Jahre zuvor noch überaus fortschrittlichen Land eines der rückständigsten der Welt zu machen. Er war zudem in höchstem Maße xenophob. Wer aus- oder einreisen wollte, brauchte des Herrschers persönliche Genehmigung. Und Ausländern wurde, wenn überhaupt, nur in raren Einzelfällen der Aufenthalt erlaubt.

Sein Sohn Qabus, der am 23. Juli 1970, gerade dreißig Jahre alt, unblutig gegen den Vater putschte, öffnete die Grenzen. Er ließ – mit Hilfe des neuen Ölreichtums und westlicher Berater – Straßen, Schulen, Spitäler und andere Unentbehrlichkeiten, die es zuvor so gut wie nicht gegeben hatte, bauen und schuf in wenigen Jahren einen modernen Musterstaat. Doch so, wie der junge Sultan von Beginn seiner Regierungszeit an erfolgreich darauf achtete, die Fauna und Flora des Landes in ihrer Unberührtheit zu bewahren, so war er auch bedacht, die Seele und reiche Kultur seines Volkes vor schädlichen Einflüssen zu schützen. Modernität und westlicher Lifestyle dürften, so sein Credo, die überlieferten Sitten und Traditionen nur ergänzen, nicht ersetzen. Deshalb braucht, wer nicht als Tourist einreist, einen inländischen Bürgen, der ihn einlädt und ihm ein „Non Objection Certificate“, eine Art Unbedenklichkeitsbescheinigung, besorgt. Deshalb erhält kein Gastarbeiter, gleichgültig ob er aus Bangladesch oder den Benelux-Staaten kommt, die Staatsbürgerschaft. Und deshalb bleibt die Zahl der Touristen im Land auch bis auf weiteres mit Absicht beschränkt (was allein durch die zur Zeit noch bescheidene Gesamtzahl von 2.000 Hotelzimmern gewährleistet scheint).

Alltagsszenen an der Corniche von Mutrah: An der Promenade entlang der ganzen Bucht ließ die Stadtverwaltung im Zuge des Beautification-Programms aus Kunststoff heimische Tiere nachbilden – ein Mosaiksteinchen im erfolgreichen Bemühen, der Bevölkerung die Bedeutung des Naturschutzes zu vermitteln. Bild unten: Müßiggänger, traditionsgemäß mit Dischdascha und färbig besticktem Kumma angetan, vertreiben sich nahe dem Fischmarkt im Sand mit archaischen Spielen die Zeit.

Altneustadt. Noch am selben Abend nehmen wir ein Taxi in das alte Muscat. Zu Zeiten des starrsinnigen Sultan Said hatte hier noch tiefstes Mittelalter geherrscht. Es gab ein einziges Spital. Das hatte zwölf Betten. Und nur eine asphaltierte Straße. Die war drei Kilometer lang und führte zum Palast. Sonnenbrillen, Fahrräder, Radios und anderes „westliches Teufelszeug" waren verboten. Die Stadttore wurden bei Einbruch der Dunkelheit geschlossen, und wer sich vor Sonnenaufgang aus dem Haus wagte, mußte per Dekret eine Laterne bei sich tragen. Sultan Qabus modelte dann, als sichtbares Symbol für den grundlegenden Wandel der Gesellschaft, das Herz der Hauptstadt radikal um. Er ließ den Basar samt einem Großteil der historischen Innenstadt und die Palmhüttensiedlungen an der Peripherie schleifen. Die Überbleibsel verwandelte er in ein schmuckes, aber ziemlich steriles Verwaltungsviertel. Die alte Stadtmauer ersetzte er durch eine neue, deren Tore breit genug für

Hunger ist im Oman ein Fremdwort. Doch der Reichtum durch die Ölexporte hat auch im Agrargefüge des Landes deutliche Spuren hinterlassen. So wurde etwa in den Oasen des Landesinneren der Weizenanbau weitgehend eingestellt, nachdem sich der Export aus Australien als wesentlich preiswerter entpuppte. Die freigewordenen Flächen werden mit Futterpflanzen, vorwiegend Luzernen, bebaut, was den Tierbestand rapide wachsen ließ. Seither droht den in dem Wüstenstaat ohnehin raren Grasflächen Überweidung. Zudem ließen die veränderten Ernährungsgewohnheiten der Omanis die Nachfrage nach Datteln und in der Folge vielerorts das Einkommen der Bauern erheblich sinken (Bild oben: ein Gemüsehändler auf dem Markt von Mutrah). Eine Stütze der Nahrungsmittelproduktion ist nach wie vor die Küstenfischerei (gegenüberliegende Seite: ein Händler auf dem Fischmarkt von Mutrah).

Ein Wahrzeichen von Muscats Zwillingsstadt, dem Hafen Mutrah, sind die mit reichem Schnitzwerk verzierten Fassaden der bis zu 200 Jahre alten Handelshäuser an der Corniche. Dahinter liegt der Bezirk Sur al-Liwatiya. Er wird von den Khodjas, schiitischen Einwanderern aus Pakistan, bewohnt und galt lange Zeit nicht nur für Fremde, sondern auch für andersgläubige Nachbarn als Tabuzone. Noch heute sind in den engen Wohngassen Schaulustige alles andere als gern gesehen.

Autos waren. Und zwischen die portugiesischen Festungen Mirani und Djalali zwängte er eine neue Residenz – den von indischen Architekten entworfenen, in Farben und Formen gelinde gesagt etwas kuriosen Al-Alam-Palast.

Seltsamerweise hat der Ort trotz dieser Verjüngungskur einen Rest seiner legendären Romantik bewahrt. Die beiden Burgen, die übrigens dem Militär unterstehen und dem gemeinen Volk deshalb verschlossen bleiben, sind abends in ein bombastisches goldenes Flutlicht getaucht. Sie machen einen höchst theatralischen Eindruck. Als würden vor ihrer Kulisse Verdi-Opern aufgeführt oder von Kanonensalven und Feuerwerken begleitete Son-et-Lumière-Spektakel stattfinden.

MUTRAH. „Hinter Muscat", schrieb die Pfeiffer, „erstreckt sich ein langes felsiges Tal. Darin findet sich ein Dorf mit mehreren

Gräbern und (welch wunderbare Sache!) ein kleiner Garten mit sechs Palmen, einem Feigen- und einem Granatapfelbaum. Dieses Dorf heißt Mutrah und ist größer und dichter bevölkert als Muscat." Der Unterschied zwischen den beiden Nachbarorten hat sich seit damals verstärkt. Mutrah ist, seit dem Niedergang der omanischen Seemacht, weil es einen Zugang zum Hinterland bietet, das pulsierende Herz des historischen Stadtbereichs. Hier befinden sich Mina Qabus, Omans modernster und größter Containerhafen, und der neue Fischmarkt samt Kühl- und Konservenfabrik. An der Corniche, der elegant geschwungenen Küstenstraße, stehen noch etliche der über hundertjährigen, mit filigranem Schnitzwerk verzierten Prachthäuser der reichen Händler vom Subkontinent. Und gleich daneben, hinter einem unscheinbaren Bogenportal, liegt der berühmte Basar, der älteste und größte im Land.

Das vom Sultan beharrlich propagierte Prinzip, alt und neu zu verknüpfen, wurde auch bei der Renovierung dieses Basars beherzigt. Nachdem vor etlichen Jahren ein Teil der ohnedies baufälligen Holzstruktur abgebrannt war, ließ sich zwar die Ausbreitung von Alu-Portalen und Betonwänden nicht vermeiden. Doch über das ästhetische Wirrwarr zu ebener Erde hat man ein stilvolles, dezent bemaltes Dach aus Bambus und geflochtenen Palmblättern gespannt. Auch das Sortiment der Läden ist reich an reizvollen Kontrasten. Da findet sich viel Kunstfaser, Plüsch und Plastik aus Indien und Fernost, aber ebensoviel Handgefertigtes aus dem eigenen Land. Silberne Amulettkapseln und Krummdolche aus Nizwa, Töpferware aus Bahla, Seidenstoffe aus den Handwebereien von Sur, kupferne Kaffeekannen, hölzerne Hochzeitstruhen, Flechtwerk aus Palm- und Kokosfasern. Und natürlich Unmengen von Weihrauch aus dem Dhofar, der dem ganzen Gassenlabyrinth ein sakrales Flair verleiht.

Am Haupteingang, wo Käufer und Müßiggänger in einem nicht enden wollenden Strom defilieren, entdecken wir ein paar Stühle, Wasserpfeifen, Kartenspieler – ein Teehaus. Eine gute Gelegenheit, in Muße das Äußere der Passanten zu studieren. Was sofort auffällt: Sakkos und Hosen oder gar Jeans sind noch rar. Die große Mehrheit, Männer wie Frauen, kleidet sich noch traditionell. Fast alle tragen sie die kragenlose, mit einer Bordüre besetzte Dischdascha, wobei die Älteren das konservative Weiß, die jüngeren modische Pastelltöne wie Lachs und Lila bevorzugen. Und fast alle haben sie entweder eine bunt bestickte Rundkappe, die *Kumma,* oder eine *Ammama,* den würdevollen, ebenfalls farbenprächtigen Turban, am Kopf. Eine charmante Note verleiht den Männern die kleine Quaste, die ihnen vom Halsausschnitt baumelt. Sie ist zur ständigen Erbauung der Sinne mit dem Lieblingsparfum seiner Frau beträufelt.

Wie weit die Passion der Omanis für erlesene Düfte geht, erleben wir wenig später am Westrand der Stadt. Dort wird in einem kleinen, unauffälligen Fabriksgebäude an der Straße zum Samail-Paß „Amouage", der Welt teuerstes Parfüm, hergestellt. Der Starparfumeur Guy Robert aus Grasse habe, wie uns der Sales Manager in dem getäfelten Schauraum mit routiniertem Stolz aufzählt, „aus

Die großen, hölzernen Dhaus und die schroffen, vulkanisch-schwarzen Küstenberge tragen beide wesentlich zur Unverkennbarkeit der Region rund um Muscat bei. Was die Exotik des Ambientes freilich aus der Sicht europäischer Gäste ein klein wenig mindern mag, ist die Tatsache, daß die früher schier unbezwingbaren Felsriegel mittlerweile bequem auf tadellosen Asphaltstraßen zu überwinden sind und die als Segelschiffe konzipierten Dhaus statt mit windgeblähter Takelage mit tuckerndem Dieselmotor das Meer durchpflügen.

Das Al-Bustan Palace (im unteren Bild: seine imposante Lobby) ist das Prunkstück der omanischen Hotellerie – ein modernes Märchen aus Tausendundeiner Nacht. Ausstattung und Service sind gleichermaßen von überschwenglichem Luxus und verschafften dem südöstlich von Muscat gelegenen, oktogonalen Palast den Ruf, eines der besten Hotels der Welt zu sein. Kein Wunder, daß seine oberste, die neunte Etage regelmäßig Staatsgästen der Regierung als Domizil dient. Der Erlesenheit des Hauses entspricht übrigens die der Umgebung. Die hoteleigene Bucht ist eine Landschaftssymphonie aus weißem Sandstrand, schwarzen Felskegeln und perfekt gepflegten, mit Kokos- und Dattelpalmen dicht bestandenen Parkanlagen.
Bild oben: in der Abteilung für Geschichte der Seefahrt im sehenswerten „Oman Museum“ im Hauptstadtbezirk Qurum.

Silberweihrauch, Myrrhe, Damaszener und einheimischem Rosenöl, aus Schwertlilie, Aprikose, Zitrone, Jasmin, Birne, Patschuli, Sandelholz, Moschus, Zibet, grauer Ambra und über hundert weiteren Essenzen und Ölen eine Mischung kreiert, die den unverwechselbaren Duft des Maiglöckchens, aus dem sich bekanntlich kein natürliches Extrakt gewinnen läßt, perfekt einfängt". Ein Fünfzig-Milliliter-Flakon aus Kristall kostet knapp hundertfünfzig Dollar. Soll er aus Sterling-Silber sein und mit 24karätigem Gold überzogen, sind für dasselbe Volumen achthundert zu bezahlen.

Spätabendlicher Bummel entlang der Corniche von Mutrah. Wir schlendern vom Riyam Park mit seinen Karussells, Autodroms und dem Aussichtsturm in Form eines Weihrauchbrenners westwärts, Richtung Hafen. Alles ist über die Maßen ordentlich. Rechts und links der Promenade stehen Steinböcke, Adler und weiße Oryx-Antilopen aus Polyester, wie man sie im Rahmen des sogenannten „Beautification"-Programms im ganzen Land aufgestellt hat. Die Autofahrer respektieren mit fast schon übertriebener Beflissenheit das Tempo-Limit von 40 Stundenkilometern. Wir begegnen keiner einzigen dubiosen Gestalt, keinem Betrunkenen, der uns anpöbeln könnte; nur bieder flanierenden Familien und händchenhaltenden Pärchen und Männern. Umso erstaunter sind wir, als wir später von der Existenz sogenannter „Vergnügungs-Hochzeiten" erfahren – Kurzehen, die vor allem unter den Schiiten des Landes und meist sogar mit dem Sanctus eines Imams für nur zwei, drei Tage geschlossen werden, und bei denen der Bräutigam seiner Auserwählten das Brautgeld nach der Scheidung in bar und persönlich bezahlt.

AN DER KÜSTE. Tags darauf nehmen uns Heidi und Chris Beal, die gleichsam als Omans touristisches Urgestein seit den siebziger Jahren landesweit exklusive Touren organisieren, mit auf eine Bootsfahrt entlang der Küste. Unser Ziel: die weit verästelte Bucht von Bandar Djissah. Sie entpuppt sich als jedes Tauchers und auch Sonnenanbeters Traum. Die Strände zwischen den steilen Klippen – feinsandig, endlos und menschenleer. Das Wasser lau und gläsern. Und die maritime Fauna, das läßt sich schon nach ein bißchen Schnorcheln behaupten, von einer Vielfalt und Farbenpracht, die es problemlos mit den schönsten Revieren des Roten Meeres, der Karibik oder der Malediven aufnimmt. Vor ein paar Jahren hegte der Club Méditerranée Pläne, in diesem Paradies eine Dependance zu errichten. Doch die omanischen Umweltbehörden schrieben so strenge Auflagen vor, daß die Herren aus Frankreich ihr Projekt dankend zurückzogen.

Das ein paar Buchten näher an der Stadt gelegene Aquarium hingegen enttäuscht. Ein paar triste, im Leerlauf vor sich hinpaddelnde Schildkröten in einem kahlen, knöcheltiefen Bassin; ein paar Seepferdchen, Buntbarsche, Krebse. Dazu Schautafeln, das Gerippe eines Wals. Der Vergleich mit der freien Natur macht sicher.

Auf der Rückfahrt schauen wir im vielgerühmten Al-Bustan Palace vorbei. Der oktogonale Palast gilt als exquisitestes Hotel der Region und eines der besten der ganzen Welt. Es wurde Anfang der achtziger Jahre in nur eineinhalb Jahren für das Gipfeltreffen der GCC, des Kooperationsrates der Golfstaaten, dem auch der Oman angehört, errichtet und beherbergt seither auch alle offiziellen Gäste des Sultans. Baukosten: 130 Millionen Rial (über vier Milliarden Schilling oder 600 Millionen Mark). Die 33 Meter hohe, von Weihrauchduft geschwängerte und mit Marmor vertäfelte Mittelhalle hat mehr von einer Kathedrale als von der Lobby eines Hotels.

IM MODERNEN MUSCAT. Wir freilich sind am anderen Ende der Stadt untergebracht – im Gulf Hotel, dem traditionellen Hauptquartier für ausländische Journalisten. Von seiner Frühstücksterrasse genießt man einen traumhaften Blick auf das Pool, den kilometerweiten Sandstrand von Qurum, und auf den von Villensiedlungen umgebenen Mangrovensumpf des gleichnamigen Naturreservats. Von hier aus erkunden wir, zwischen diversen Interview-Terminen, auch die jüngeren Stadtbezirke – al-Khuwair mit seinen monumentalen Ministeriumsbauten; Ghubra mit der Entsalzungsanlage, der an ihren bunten Röhren erkennbaren Hauptquelle der ganzen „Capital Area"; die Botschafts- und Nobelviertel Madinat Qabus und Qurum; die absolut amerikanisch anmutenden Shoppingkomplexe bei Wattayah und schließlich das landeinwärts in einem engen Tal zusammengedrängte zentrale Geschäfts- und Bankenviertel Ruwi.

Zwei Museumsbesuche prägen sich besonders tief ins Gedächtnis: der im Kindermuseum, das dem Nachwuchs auf animatorische, höchst unterhaltsame Weise das Funktionieren der physikalischen Welt nahebringt und auch bei uns Erwachsenen für zwei Stunden eine unbändige Spiel- und Experimentierlust weckt. Und der im Oman Museum, das vom 5000 Jahre alten Kupferland Magan bis zur

Gewiß: Mittlerweile haben auch den legendären Basar von Mutrah allerlei fragwürdige Massenprodukte überschwemmt. Doch aus dem Meer von Küchengeräten, Kunstledertaschen und synthetischen Geweben indischer und pakistanischer Provenienz ragen immer noch so manche Inseln des gehobenen Geschmacks hervor. Im Goldsuq stößt man nach wie vor auf erlesenen Schmuck, in den angrenzenden Antiquitätenläden auf kostbare silberne Amulette, Khandjars und Korankapseln und im Suq der Parfumeure auf betörende Duftessenzen, Öle und Räucherwaren.

„Renaissance" genannten Modernisierungskampagne des jetzigen Sultans, von der Seekriegsführung bis zum Falaj-Bau, zahllose Aspekte der Landesgeschichte überaus anschaulich vermittelt.

Zeitungslektüre an einem beliebigen Tag. Eine kleine Kollektion an Themen von den Lokalseiten der „Times of Oman": Zwei Frauen, eine Britin und eine Inderin, sind in Muscat tags zuvor zum Islam konvertiert. Ein 84jähriger wurde ein weiteres Mal Vater und hält damit beim Stand von vierundzwanzig Kindern, die er mit drei Frauen zeugte. Ein Zwanzigzeiler ist jener Pressekonferenz gewidmet, in der die Restaurantkette „Pizza Hut" der staunenden Öffentlichkeit eine neue „Gefüllte Knusperpizza" präsentierte. Und ein Polizeimajor wird aus Anlaß des „Police Day" mit den Worten zitiert, es gebe im Sultanat kein organisiertes Verbrechen. Weshalb sich seine Arbeit auf die Ermittlung bei Autounfällen und kleinen Diebstählen beschränke.

Die Hauptstadtregion verfügt über einige hervorragende Museen, allen voran jene für Naturgeschichte und für Erdöl sowie das der Landesgeschichte gewidmete „Oman Museum". Die originellste Sammlung beherbergt wohl das in einem Kuppelbau an der Stadtautobahn untergebrachte Kindermuseum im Bezirk Qurum. Es verwandelt auch erwachsene Besucher in staunende Kinder, die ihr Wissen um physikalische Phänomene wie etwa Schwerkraft, Spektralfarben und Strahlungswärme eigenhändig experimentierend erweitern. Im Bild unten: Shopping im Suq von Mutrah.

Stierkampf auf omanisch: Nicht Tier gegen Mensch, sondern Tier gegen Tier treten hierzulande in den einfachen Sandarenen gegeneinander an, um ihre Kräfte zu messen und das Prestige ihrer Besitzer zu heben. Kopf an Kopf, die Hörner ineinander verkeilt, versuchen die Bullen, ihren Widersacher zurückzudrängen. Nach etlichen Minuten des gegenseitigen Drückens und Pressens steht der Sieger durch Schiedsspruch fest. Die Kontrahenten werden mit wildem Gestikuliere und Geschrei getrennt und an der Leine abgeführt.

Welch gesegnetes Land, in dem die Lokalreporter über nichts Kontroversielleres berichten können. Oder sollen?

Der Charme der Unverderbtheit und des Provinziellen hat auch eine kleine Kehrseite: Immer wieder hören wir von europäischen *Expatriates*, daß man spätestens nach ein, zwei Jahren in der Hauptstadt die Begrenztheit der sozialen Aktivitäten und das kärgliche Angebot an Kino, Konzerten, Theater, an Nachtleben überhaupt als Manko empfindet.

KASSANDRA RUFT. Zu Besuch bei Kamal Abdulredha Sultan, dem Sproß einer der alteingesessenen, einflußreichen Händlerfamilien von Muscat. Er gilt als einer der kontroversen und zugleich eloquenten Geister, der aus seinen Einwänden und Anregungen zu Zustand und Zukunft des Landes nicht nur kein Hehl macht, sondern sie regelmäßig in

Zeitungen publiziert. Kamal Sultan ist Geschäftsmann, zugleich Philosoph und als solcher Pessimist. Natürlich, sagt er, gebe das Erreichte Grund zum Stolz, aber die Herausforderungen der nächsten Jahre seien immens. Nach und nach skizziert er ein Szenario wachsender Bedrohungen. Das absehbare Versiegen der Öl- ergo Geldquellen, der Wassermangel und die damit einhergehende Versalzung der Böden, die Überfischung der Küstengewässer, der fragwürdige Einfluß der Universalkultur via Äther auf die heimische Jugend... Gar nicht zu reden von der enormen Geburtenrate. Sie betrage an die vier Prozent.

Es ist die alte Frage: Ist das Glas halb leer oder halb voll? Angesichts der enormen Errungenschaften der „Renaissance“, wie die in nur 25 Jahren erfolgte Verwandlung des mittelalterlichen in einen modernen Staat in der offiziellen Lesart heißt, läßt Kritik leicht als Beckmesserei erscheinen. Andrerseits tun kompetente Kassandrarufer dem kollektiven Bewußtsein sicherlich gut. Steht doch allgemein außer Zweifel, daß diese Insel der Seligen ein wenig stürmischere Zeiten zu erwarten hat.

Ein weiteres Orientierungsgespräch, zwei Abende später. Unser Gastgeber ist diesmal Abdullah Al-Amry, seines Zeichens ehemaliger Diplomat, Chef des omanischen Radios, Generaldirektor im Ministerium für Information, aber auch Musiker und Poet. Wie schon bei Kamal Sultan bekommen wir auch hier mit Kardamom versetzten Kaffee und Datteln und tablettweise sündhaft süße Leckereien kredenzt. Auch hier benetzt man uns zum zeremoniellen Abschluß des Abends die Hände mit Rosenwasser und reicht nach alter omanischer Sitte in einem bunt bemalten Tonbrenner qualmenden Weihrauch, dessen intensiven Duft wir mit weit geöffneten Sakkos auf unser Gewand einwirken lassen. Aber die Themen der Unterhaltung sind unverfänglicher.

Abdullah Al-Amry gibt uns eine Idee vom reichen folkloristischen Erbe des Landes, von den hunderterlei Gesängen, Tänzen und Kostümen der Fischer und Dattelpflücker und Beduinen. Er erwähnt, wie wenig wir im Westen von den unendlichen Feinheiten der arabischen Musik erahnten, beklagt den Niveauverlust der arabischen Poesie und erzählt von den Plänen seiner Majestät, demnächst schon in Sohar eine Kunsthochschule ins Leben zu rufen. Auch auf die Mentalität der Omanis kommen wir zu sprechen. Weil uns längst aufgefallen ist, daß die niemals wütend werden, sondern sich einem Konflikt lieber entziehen, indem sie gehen. Daß sie bei der Begegnung mit Fremden eine wohltuende Balance zwischen Neugier und Diskretion bewahren. Und daß man in diesem Land seltsamerweise auch kaum auf greinende Kinder oder aggressive Hunde trifft. Er meint, dies liege an einem gesunden, nationalen Stolz. Das Land sei zum einen nie wirklich Kolonie gewesen. Zum anderen hätten seine Seefahrer den heutigen Omanis eben ihre Liberalität und Weltoffenheit vererbt. Außerdem predige ihre Religion, der Ibadismus, seit nunmehr über tausend Jahren Toleranz. Offenbar mit Erfolg.

Jeden Freitag nachmittags versammeln sich an mehreren Orten in der südlichen Batinah-Ebene Männer, um das in der arabischen Welt einzigartige Spektakel zu veranstalten: Stierkämpfe ohne jegliches Blutvergießen. Der Lohn für die Besitzer der Sieger dieser Zweikämpfe ist nicht etwa Preisgeld, sondern lediglich das gesteigerte Renommee für sich und den vierbeinigen Schützling.

Die Küste entlang. Freitag Nachmittag. Wir starten zu einer Rundfahrt durch die Batinah, die breite Küstenebene nordwestlich der Hauptstadt. Die ganze Gegend, von Sib über Barka bis al-Khaburah, ist berühmt für ihre Stierkämpfe. Wir erleben ein solches Spektakel nahe dem Flughafen, in Marbella. Es ist – trotz des Ortsnamens – in keiner Weise mit den blutrünstigen Gemetzeln in spanischen Arenen vergleichbar. Bei der omanischen Corrida treten die Tiere gegeneinander an. Es fließt kein Blut (und auch kein Preisgeld). Und die Rolle des Menschen beschränkt sich auf die eines Schiedsrichters. Sieger ist der Bulle, der seinen Rivalen zuerst einen Schritt zurückdrängen kann.

Cirka zwei- bis dreihundert Männer haben sich eingefunden. Sie bilden stehend einen äußeren Kreis von Zuschauern. Weiter innen warten, durch keinerlei Barrieren voneinan-

Auch Barka, die erste größere Siedlung westlich von Muscat, verfügt – im Oman muß man beinahe sagen: selbstverständlich – über eine stattliche, kürzlich generalrenovierte Festung. Aus strategischen Gründen nahe der Küste gelegen, ist sie gegen Osten und Süden durch drei Rundtürme geschützt. Der Eingang ist dem Meer zugewandt. Eine Eigentümlichkeit der Anlage ist ihr mächtiger Kanonenturm, der die übrige Bausubstanz um mehr als zwei Drittel überragt.

der getrennt, die stolzen Stierbesitzer mit ihren Schützlingen an der Leine auf den großen Auftritt. Im Zentrum des Sandplatzes wird, in eine Staubwolke gehüllt, Stirn gegen Stirn um den Sieg gerungen. Am Ende jedes Kampfes versuchen eigens trainierte „Fänger“ die ineinander verkeilten Kontrahenten zu trennen, indem sie lange Stöcke schwingen oder die Stiere an den Schwänzen ziehen. Bisweilen versucht ein Bulle auszubrechen und das Publikum wird von kurzer Panik erfaßt. Doch die Tiere lassen sich stets schnell beschwichtigen. Die Resultate der Kämpfe werden tags darauf in der Zeitung abgedruckt.

DREI FESTUNGEN. Am Stadtrand von Barka besuchen wir Bait Naman, ein sonderbares, beeindruckendes Stück Architektur. Hoch aus einem Meer von Dattelpalmen aufragend, diente es erst als Plantagenhaus und um 1750 dann, mit Wehrmauern und -türmen ergänzt, Ahmad ibn Said, dem Begründer der Al-Bu-Said-Dynastie, als Raststation auf der Reise zwischen Muscat und Rustaq.

Dieses Rustaq, etwa fünfzig Kilometer landeinwärts gelegen und die größte Oase der Region, spielte in der Geschichte des Inneromans eine Schlüsselrolle. Da sich von hier aus sowohl die Batinah als auch wichtige Zugangswege in das Djebel Akhdar-Gebiet besonders gut bewachen ließen, verlegte schon der erste Imam der Yaruba-Dynastie Anfang des 17. Jahrhunderts seinen Regierungssitz hierher. Auch mehreren seiner Nachfolger und den beiden ersten Herrschern der Al Bu Said, darunter besagtem Ahmad ibn Said, diente der Ort als Residenz. 1868 wählten die Stämme hier einen Imam als Gegenregenten zum Sultan. Erst 1955 kam Rustaq endgültig unter die Kontrolle Muscats.

An das schwere Holztor der Festung, die auf einem mächtigen Felsen thront und im Kern noch aus sassanidischer, also vorislamischer Zeit stammt, klopfen wir vergeblich. Unter Renovierung, für Besucher gesperrt! Der alte Suq zu ihren Füßen hingegen ist bereit, uns zu empfangen. Und wie! Mit herabhängenden, löchrigen Dächern aus Wellblech und Schilf, mit zerbröselnden Mauern und einem geradezu rührend kargen Sortiment. In diesem derart auf Akkuratesse erpichten Land wirkt solch ästhetische Schludrigkeit fast schon tröstlich. Ein greiser Altwarenhändler streckt uns aus dem Dunkel seiner Ladennische eine Hand voller Maria-Theresien-Taler entgegen. Die Silbermünze mit dem Portrait der tief dekolletierten Habsburgerin war hierzulande bis 1970 als inoffizielle Währung im Umlauf und ist heute ein beliebtes Souvenir.

Auch das Innere al-Hazms, der kurzzeitigen Residenz des Yaruba-Imams Sultan ibn Saif, bleibt uns verwehrt, weil es noch fertig „beautifiziert" zu werden hat. In Nakhl jedoch, der Dritten im Bunde der großen Imam-Burgen am Südrand der Batinah, haben wir Glück. Sie hat ihre Schönheitskur gerade hinter sich. Man gewährt Einlaß. Was abgesehen von der Aufwendigkeit der Renovierungsarbeit und der liebevollen Gestaltung des Interieurs angenehm auffällt: Der Eintritt ist – wie übrigens in sämtlichen Festungen des Landes – frei. Und beim Gang über die unzähligen Treppen und Terrassen in die Gemächer und auf die Turmdächer sind wir völlig ungestört. Der einzige Aufseher der riesigen Anlage hält unten an der Pforte die Stellung. Noch vor wenigen Jahren brauchte, wer die Festungen der Gegend besichtigen wollte, für jede einzelne eine ministerielle Genehmigung, was einen Canossagang in eine Bürokratenburg der Hauptstadt erforderte.

SOHAR – die berühmte Seefahrermetropole. Sie stellt in unserer urbanisierten Gegenwart den seltenen Fall einer Stadt dar, die in der Vergangenheit weit größer war, als sie heute ist. „Ihre kilometerlange Küste", schrieb der arabische Geograph al-Muqadasi, „ist stets sehr geschäftig mit Hunderten von Schiffen, die prachtvollen Häuser sind aus Teakholz und Steinen gebaut, und es gibt ei-

An der westlichen Peripherie von Barka erhebt sich Bait Naman: Noch vor wenigen Jahren dämmerte das architektonisch eigenwillige Gebäude mit zerbröselnden Mauern, ohne Fußböden und Decken als Ruine seinem endgültigen Zerfall entgegen. Doch dann wurde es, wie so viele Festungsanlagen des Landes, einer peniblen Restaurierung unterzogen, um seither als Schmuckstück omanischer Wehrarchitektur interessiertem Publikum offenzustehen.

Sohar, der große Hafen in der nördlichen Batinah, ist nicht nur für seine weithin sichtbare, schneeweiße – weil makellos restaurierte – Festung berühmt. Legendärer Bekanntheit erfreut sich der Ort, der im 10. Jahrhundert als wichtigster Hafen der arabischen Halbinsel galt, auch als – angebliche – Heimat Sindbad des Seefahrers.

nen Frischwasser-Kanal." Zu Muqadasis Zeit, im 10. Jahrhundert, war Sohar mit zwölftausend Gebäuden der wichtigste Hafen der arabischen Halbinsel und einer der wohlhabendsten der Welt. Von ihm aus trieben arabische, aber auch persische und jüdische Kaufleute Handel mit Ostafrika, Indien und dem Fernen Osten. Und seine Seefahrer – unter ihnen möglicherweise der märchenhafte Sindbad aus Tausendundeiner Nacht – waren wahre Künstler der Navigation. Nicht zufällig trug die Stadt den Beinamen „Tor nach China". Wobei sie den zusätzlichen Vorteil genoß, an der Mündung des Wadi Djizzi zu liegen, jenes Seitentales, durch das die Karawanen von der Küste durch das Hadjar-Massiv nach Buraimi und weiter an die Gestade des Golfes zogen.

Große kommerzielle Bedeutung besaß die Metropole auch dank der reichen Kupferminen in ihrem Hinterland, die sie, schon kurz nach der Zeitenwende, zu einem der führenden Exporteure dieses Gebrauchsmetalls

Bis zu sechzig Meter hoch ragen die Beobachtungstürme der Festung von Nakhl über die Palmenhaine der Oase hinaus. Mitte des vorigen Jahrhunderts in seine heutige Form gebracht, präsentiert sich der Bau nach der 1990 erfolgten, aufwendigen Restaurierung als Schmuckkästchen voller sehenswerter, weil kunstvoll verzierten Holztore, Fenster und Balkendecken. Landesweiter Bekanntheit erfreut sich der Ort auch dank des unmittelbar hinter dem Ort beginnenden Wadi Mistal, dessen wohlig warme Thermalquellen namens Hammam Thuwarihein an Wochenenden vielfrequentiertes Ausflugsziel für Einheimische darstellen.

Auch wenn im Oman die allermeisten Basare längst modernisiert oder überhaupt dem Zeitgeist gemäß Shopping-Zentren nach westlichem Muster gewichen sind: Hie und da kann man sehr wohl noch archaischen Typen in archaischem Ambiente begegnen. Die schönsten Beispiele für malerische Märkte halten Bahla, Ibri und, vor allem der olfaktorischen Reize wegen, die Altstadt von Salalah bereit. Eine Klasse für sich sind, obwohl vor ein paar Jahren generalrenoviert beziehungsweise neu erbaut, die Basare von Mutrah und Nizwa. Im Bild: ein Händler im alten Suq am Fuß der Festung von Rustaq.

machten. Die zugehörigen Schmelzöfen befanden sich, wie Archäologen anhand altertümlicher Schlackehalden herausfanden, im Stadtgebiet.

Das heutige Sohar verströmt ein nicht ganz so kosmopolitisches Flair. Mit seinen vielen gepflegten Grünanlagen und dem moderaten Klima erinnert es eher an ein mediterranes Kurstädtchen. Vor allem die weißgetünchte Häuserfront entlang der Corniche mit dem frisch renovierten Fort und dem Büro des *Wali,* des Bezirksgouverneurs, wirkt überaus proper. Was nicht darüber hinwegtäuschen darf, daß Sohars Rolle als Industriestandort neuerdings wieder wächst. Bei Lasail im Wadi Djizzi wird nach wie vor in ansehnlichen Mengen Kupfer abgebaut. Dazu kommt ein beachtliches Farm- und Fischereiwesen. Und demnächst nimmt man eine moderne Hafenanlage in Betrieb.

Im Frühjahr stülpen Dattelbauern, nachdem sie die männlichen Blütenstände zwecks Bestäubung an die weiblichen gebunden haben, den entstehenden Fruchtständen Plastiksäckchen über, um sie vor Insekten und Vögeln zu schützen.
Bild unten: ein Stilleben mit geschnitztem Koranständer und der kupfernen Kaffeekanne, der Dalla – dem Symbol für arabische Gastfreundschaft.

Ein süsser Ausflug – Quriyat.

Was für eine Landschaft. Wir sind am späten Mittag aus Muscat aufgebrochen und durchqueren auf teilweise sehr kurviger Asphaltstraße eine bizarre Felsszenerie. Rot, Grün, Blau, Ocker, Braun ... das Gestein schimmert in allen erdenklichen Schattierungen. Nach etwa sechzig Kilometern erhebt sich rechter Hand düster und schroff der Djebel Aswad, der „Schwarze Berg“, an dessen Abhängen die Regierung schon in den siebziger Jahren ein Reservat zur Rettung des arabischen Tahr einrichtete (siehe Interview, Seite 181). Kurz danach schlängelt sich die Straße in Serpentinen dem Meer entgegen. Quriyat, der einst für seine Salzgärten und Pferdezucht gepriesene, von den Portugiesen zerstörte Hafen liegt uns zu Füßen.

Die im ganzen Land bekannten Halwa-Kocher der Stadt sind für gewöhnlich nur morgens aktiv. Doch mit etwas Glück stöbern wir in einer Ecke des ansonsten recht reizlosen Suqs einen Nachzügler auf. In mehreren großen, vom Stockwerk darunter mit Holz befeuerten Kupferkesseln blubbert eine zähflüssige Zuckermasse – das künftige *Halwa,* bei dem echte Omanis, wenn sie es zum *Qahwa,* zum Kaffee, naschen, ein regelrechtes Suchtverhalten entwickeln. Während der gesamten Prozedur, die zwischen zwei und vier Stunden dauere, müsse er, erklärt uns der Koch, die Mixtur aus Wasser, Eiern und Zucker ständig rühren, um ein Verklumpen und Anbrennen zu verhindern. Als er uns schließlich mit klebrigen Fingern ein Würfelchen zum Kosten reicht, verstehen wir die süße Passion seiner Landsleute. Nur um unsere Zahnplomben ängstigen wir uns ein wenig.

Auf der Rückfahrt glühen die Berge in der Abendsonne mit einer Intensität, als würde in ihrem Inneren noch Lava brodeln. Hier im Hinterland von Muscat findet sich eine geologische Sensation: eine offen zutage liegende „Mohorovičić-Diskontinuität“, in Seismologenkreisen liebevoll auch „Moho“ genannt. Während einander Erdkruste und Erdmantel überall sonst auf der Welt in etlichen Kilometern Tiefe berühren (diese Grenzzone heißt Moho), tun sie es an diesem Küstenstrich für jedermann sicht- und betastbar an der Erdoberfläche. Wie das kam? Aus einem gewaltigen Spalt in der Kruste schoß in der Kreidezeit, also vor plus-minus hundert Millionen Jahren, Magma empor, ergoß sich auf den Meeresboden, erstarrte und wurde durch tektonischen Druck gegen die Kontinentalplatte Arabiens und schließlich an Land geschoben. Das Resultat: schwarzes, scharfkantiges Basaltgestein, vor dem sich Erdkundler mit größter Ehrfurcht verbeugen.

In einem Wüstenland wie dem Oman ist die Versorgung mit Wasser naturgemäß von besonders existentieller Bedeutung. Doch wie in so vielen ariden Gebieten der Welt, wird der Lebensstoff auch hier langsam, aber sicher knapp. Schuld daran ist – neben der Industrialisierung, dem Bevölkerungswachstum und dem mit dem Lebensstandard mitwachsenden privaten Verbrauch – die Modernisierung der Landwirtschaft. Teure Pumpanlagen ersetzen die althergebrachten, mit Ochsen betriebenen Ziehbrunnen. Die Folge: Der Grundwasserspiegel sinkt vielerorts rapide, in küstennahen Gebieten füllt Meerwasser den Leerraum auf und verdirbt die natürlichen unterirdischen Reservoirs. Im Bild: Eine Oase mit traditionellem Faladj-Kanal.

Ungefähr auf halbem Weg zwischen Bahla und Ibri erheben sich auf einem Höhenrücken am Fuß der an dieser Stelle besonders schroffen Hadjar-Berge die erstaunlich gut erhaltenen Reste von einundzwanzig Bienenkorbgräbern. Sie sind größtenteils noch über zwei Meter hoch, stammen aus dem frühen dritten Jahrtausend vor Christus und zählen zu den spektakulärsten archäologischen Monumenten im Oman.

Die folgenden Doppelseiten zeigen: eine Kamelmutter mit Kind am Fuß der bis zu 200 Meter hohen Sanddünen der Wahiba-Wüste (Seiten 110/111); den Park-, Koch- und Fütterungsplatz der Familie Said Sultan al-Bedris (112/113) sowie den Betsaal der Moschee in Misfah, einem Bergdorf oberhalb der Oase al-Hamra (114/115).

2769 OMAN

سور ، الشرقية وجبال الحجر

SUR, SHARQIYA UND DIE HADJAR-BERGE

VON DOLCHEN, DHAUS UND DATTELN

BEI DEN BEDUS. Erste Fahrt ins Landesinnere. Größer könnte der Kontrast zur „Capital Area" nicht sein. Wir befinden uns hoch oben auf einer Düne am Rand der Wahiba Sands, jener Sandwüste, die im äußersten Osten des Nordoman das Hadjar-Gebirge vom Indischen Ozean trennt. Unser Gastgeber heißt Said Sultan Al-Bedri, ist Beduine und schätzungsweise vierzig Jahre alt. Er gehört zum legendären Hauptstamm der Wahibis. Sein Clan, die Bedri, besteht aus mehreren hundert Leuten. Said hat zwölf Kamele, acht Kinder, eine Frau und einen Pick-up Marke Toyota. Mit diesem Besitz zieht er mehrmals im Jahr, je nach Zustand der Weidegründe und Temperatur, näher an die Berge oder an das Wadi. Das offene Zelt aus Palmwedeln, in dessen Schatten wir hocken, dient der ganzen Familie als Schlafstatt. Auf einem Holzbrett steht ein knallrotes, transportables TV-Gerät, das von einer Autobatterie gespeist wird. Jeden Nachmittag kurven Saids Söhne mit dem Wagen eine halbe Stunde durch den Sand, um für das Hauptabendprogramm Strom zu erzeugen.

Said leidet nicht eigentlich an Existenzsorgen, doch sein Mangel an Geld ist chronisch. Er verdient es bei Gelegenheit als Fahrer (etwa indem er Fische nach Dubai führt) oder durch den Verkauf einer Ziege, eines Schafes am nächsten Markt. Hat er Glück, erregt eines seiner Kamele bei einem Rennen Aufmerksamkeit. Für talentierte Tiere lassen sich Preise von mehreren zehntausend Rial erzielen.

Kurz vor Sonnenuntergang begleiten wir Said und seinen ältesten Sohn zum Kamelfüttern. Die Suche nach den Fährten führt kreuz und quer über hundert und mehr Meter hohe Dünen. Jedes der einzeln in der Landschaft umherhumpelnden Tiere – ihre Vorderläufe sind mit Stricken gefesselt – bekommt als Zusatzkost eine Schüssel voll proteinreicher *Pellets* und *Seeh,* Dattelpaste, verabreicht.

Abends schlachtet man uns zu Ehren ein Schaf. Noch während der Blutstrahl im Sand versickert, wird das tote Tier an einer Ecke der Wagenpritsche aufgehängt, ausgeweidet, zerlegt und landet – mit welch herrlicher Selbstverständlichkeit! – im Topf. Die Kinder sammeln inzwischen Brennholz. Einen der Buben habe ich kurz zuvor noch beobachtet, wie er aus einem Nylonsack mehrere lebende Riesenheuschrecken fischte und sich lachend über das Gesicht krabbeln ließ. Jetzt hat er sein Spielzeug geröstet und zernagt es genüßlich zwischen den Zähnen.

Der Khandjar, wie die Omanis ihren Krummdolch nennen, war bis in die frühen siebziger Jahre ein unverzichtbares Requisit jedes Mannes, das er, sobald er sich aus dem Haus begab, zwecks Reputation aber auch persönlicher Sicherheit deutlich sichtbar seitlich an der Hüfte trug. In friedlichen Zeiten wie diesen wird die einstige Waffe nur als Dekor bei festlichen Anlässen umgebunden. Die Schäfte teurerer Exemplare sind wie einst mit ziseliertem Silber oder auch Gold verziert. Für die Griffe jedoch verwendet man statt dem früher begehrten Rhinozeroshorn aus Artenschutzgründen ein Substitut vom Büffel.

Lagerfeuer am Rand der Wahiba Sands: Die Zahl der nomadisierenden Beduinen im ganzen Oman wird auf rund 150.000 geschätzt. Bei den Behörden sind fünf- bis sechshundert Stämme registriert. Sie leiten ihre Herkunft von rund einem Dutzend Hauptstämmen ab. Theoretisch unterstehen alle Bedus dem staatlichen Rechtssystem. Doch geht es um Alltagsangelegenheiten, mischt sich die Polizei möglichst wenig ein.

Die Kunde, daß Said Gäste hat und ein Festessen veranstaltet, verbreitet sich wie ein Lauffeuer. Auf welche Weise, bleibt ein Rätsel. Aus allen Richtungen tauchen über den Dünenkuppen die Zwillingslichter von Scheinwerfern auf. Schließlich scharen sich über zwei Dutzend Männer ums Lagerfeuer. Als Michael Westermann sie photographiert, amüsieren sie sich königlich über das Farbengewitter, das der Blitz auf ihrer Netzhaut hinterläßt. Immer wieder muß er den Auslöser drücken. Ihre Dischdaschas scheinen danach jedesmal zu phosphoreszieren. Die unbekümmerte Heiterkeit steckt an. Wir schwatzen und schwatzen. Der flackernde Feuerschein hat die Kamele angelockt. Schweigend strecken sie uns aus der Dunkelheit ihre Köpfe entgegen. Einen Moment sehen sie aus, als warteten sie auf einen Kuß.

Später lassen wir uns, gesättigt und müde, einfach fallen und starren in den unfaßbaren Sternenhimmel. Ein kühler Wind wirbelt über

Die bedingungslose Liebe der Beduinen zu ihrem Kamel ist nicht verwunderlich, wenn man bedenkt, was sie diesem „Geschenk Allahs" verdanken: sein Fleisch (das mit zunehmendem Alter allerdings ziemlich zäh wird); seine Milch (die arm an Fett, dafür jedoch reich an Vitaminen und Mineralien ist); seine Haare (aus denen sich Zelte und weiche, wärmende Decken machen lassen); die Haut (das Grundmaterial für unverwüstliche Ledertaschen, -gürtel und -sandalen); und der Dung, der getrocknet als Brennmaterial dient.

In den Weiten der Wüste hat das Kamel dem Menschen soziale Kontakte und den Aufbau von Herrschaftsstruktur überhaupt erst möglich gemacht. Denn es kann in 24 Stunden bis zu 150 Kilometer weit wandern und dabei bis zu 200 Kilo schleppen. Im Notfall gibt es sich mit ein paar Ästchen von holzigen Stauden oder einigen Büscheln trockenen Grases zufrieden, und selbst in der größten Sommerhitze kann es bis zu zwei Wochen lang von seinen im Körper mitgeführten Wasserreserven zehren.

das Lager. Aber die Glut wärmt. Es gibt auch ein Heimatgefühl ohne Grundbucheintragung. Die Städte und ihr Fortschritt sind galaxienweit entfernt.

Und doch: Die Männer an unserer Seite sind nicht mehr jene langmähnigen, unbändigen Nomaden, denen Lawrence von Arabien und Wilfred Thesiger begegneten. Zumindest die Jüngeren können lesen und schreiben und haben für ein paar Jahre Jobs in der Armee. Viele besitzen in den Oasen am Wüstenrand Gärten, in deren Nähe sie zur Erntezeit ziehen. Die Kinder gehen zur Schule. Für die Alten wurden im Tal an der Hauptstraße feste Häuser gebaut, in denen sie, umgeben vom Komfort der Seßhaften, ihren Lebensabend verbringen. Die Regierung liefert den Beduinen, wo es knapp wird, Wasser mit Tankwagen zu. Sie sorgt für Spitäler, Ausbildungsplätze, und eine gewisse soziale Sicherheit. Vor allem aber brachte sie Frieden. „Vor 1970", sagt Said, „war das Leben unsäglich schwer. Ganze Stämme gingen an Durst zugrunde. Mit den Nachbarn kämpfte man ununterbrochen um Brunnen, Kamele, Weidegründe." Nun gebe es, Sultan Qabus sei Dank, endlich ein Rechtssystem und klare Reviergrenzen und für Notfälle einen staatlichen Schiedsrichter.

DURCH DIE SHARQIYA. Am nächsten Morgen besuchen wir ganz in der Nähe, in al-Qabil, ein Kamelrennen. Es ist das archaische Gegenstück zu jener hochnoblen Veranstaltung, der wir in Dubai beiwohnten. Ein Volksfest eher denn ein Wettkampf. Eine schnurgerade Sandpiste. An ihrem Ende, kurz hinter dem Ziel, ein Drahtzaun, der die wie ferngesteuert galoppierenden Tiere zum Stehenbleiben zwingt. Und ein Erdhügel – der Treffpunkt für das p. t. Publikum, in das sich auch buntgewandete Beduinenfrauen mischen. In dem Moment, in dem die Tiere am Start mit Kindjockeys auf dem Höcker davonstieben, schwingen sich die Betreuer auf ihre Geländewagen und rasen seitlich des Turfs wie verrückt hupend und brüllend hinterher. Es ist ein Rennen neben dem Rennen. Die Männer haben freilich guten Grund, ihre Schützlinge anzufeuern: Neben der Ehre und den enthusiastischen Fans erwartet die Sieger am Ziel eine Gruppe von Kundschaftern aus den Emiraten. Und die zahlen im Auftrag ihrer Scheichs Preise, für die man ein fabrikneues Auto bekommt. Die Kamele der Wahibis gelten als rasanteste Rennkamele ganz Arabiens.

Ein weiterer Morgen in der Sharqiya. Es geht von Mintirib am Fuß der Wahiba das Wadi Batha entlang nach Osten, Richtung

Meer. Wir begegnen Pritschenwagen, die Beduinenkinder zur Schule führen, und rudelweise jungen Kamelen, denen ihre Herren ein Lauftraining verpassen. Rechts und links der teils sandigen, teils schottrigen Piste immer wieder Nomadenlager, Palmenhaine, Wanderdünen, vereinzelte Felskegel, stählerne Wassertanks und kleine Moscheen, die Reisenden als spirituelle Raststationen dienen. An einer Stelle entdecken wir in dem staubtrockenen Flußbett kreisrunde, von Erdaushub umkränzte Löcher. Es sind Schächte, die den Verlauf eines Falaj, eines alten unterirdischen Wasserkanals, anzeigen.

Rund um die beiden Oasen Bilad Bani Bu Hassan und Bu Ali durchqueren wir einen, wenn auch schütteren, so doch regelrechten Wald. Er besteht aus Prosopis, einer wundersamen Spezies von Baum, deren Wurzeln dem Grundwasser bis in eine Tiefe von sechzig Metern entgegenwachsen. Ihre kleinen, wächsernen Blätter können, erklärt unser Begleiter,

Im Inneren des Oman verdanken die meisten Oasen ihre Existenz den sogenannten Aflaj (Singularform: Faladj), einem vermutlich rund 500 Jahre vor Christi Geburt ersonnenen, weitverzweigten System aus Tunnels und Kanälen, über die aus Quellen oder unterirdischen Brunnen Wasser in die Dörfer und auf die Felder geleitet wird. Entsprechend der Unverzichtbarkeit des kostbaren Naß für die bäuerliche Wirtschaft ist die Verteilung des Faladjwassers unter den Oasenbewohnern durch Gesetze geregelt und wird streng kontrolliert. Im Bild: Gärten in der Oase Mudayrib.

Ein Koranlehrer in der Oase Mudayrib beim Vermitteln seines Wissens an die Enkelgeneration. Omanis sind in der großen Mehrheit Anhänger des Ibadismus, einer Glaubensrichtung innerhalb des Islam, die sich bereits im späten 7. Jahrhundert von den Sunniten und Schiiten abspaltete und deren Lehrgebäude ursprünglich in Basra im heutigen Südirak errichtet wurde. Ibaditen halten am Ideal eines egalitären Wahlimamats fest und gelten als Vertreter eher gemäßigter theologischer Auffassungen. Sie leben heute, abgesehen vom Oman, wohin sie bereits in der ersten Hälfte des 8. Jahrhunderts gelangten, in größeren Gemeinschaften vor allem in den berühmten sieben Städten des Wadi Mzab in Inneralgerien und auf der tunesischen Insel Djerba.

Wildwest-Stimmung bei einem Wettritt in der Nähe von Sur. Diese Veranstaltungen finden weit seltener statt, als Kamelrennen. Auch die Gewinnspannen für die Züchter sind beim Pferdesport ungleich geringer. Doch für den Zuschauer aus Europa ist das Spektakel nicht minder spannend. Zumal manche Jockeys ein an Rodeo-Ritte erinnerndes Geschick an den Tag legen. Die Termine und Schauplätze der Pferderennen sind allerdings nur Eingeweihten – und selbst diese erfahren sie erst kurz vorher – bekannt.

ein Norweger, der monatelang unter den Wahibis gelebt hat, gleichsam in einem Prozeß der entgegengesetzten Transpiration, Nebel und Tau direkt aus der Luft absorbieren. Weshalb *al-Ghaf,* wie die Araber diesen unbezahlbaren Lieferanten von Schatten, Futter, Bau- und Brennholz nennen, selbst mehrere Jahre ohne Regen überdauern kann.

Der Küstenort al-Ashkharah wirkt stimmungssenkend. Schmucklose, wie willkürlich in den Sand gewürfelte Häuser. Am Strand verrottende Fischköpfe und Flossen. Blutlachen. Verwesungsgestank. Ein paar Dutzend Fischer feilschen, mit martialischen Tranchiermessern bewehrt, wie wild um den frischen Fang. Bestimmte seltene Sorten werden, so erfahren wir, von Kunden zwei Wochen im voraus geordert. Was erneut frappiert, ist die enorme Vielfalt und Menge an Fischen. Eine amerikanische Studie nannte kürzlich den Mineralreichtum des Küstengebirges als Grund. Trotzdem bemerke ich einen Behördenvertreter der, etwas abseits stehend, die Fangmengen in einer Liste vermerkt. Das globale Phänomen der Überfischung macht auch vor den omanischen Hoheitsgewässern nicht halt. Angeblich werden schon demnächst Quoten eingeführt.

DAS TOR NACH SANSIBAR. Sur, Omans einstiger Ostafrika-Hafen. Eine erste Rundfahrt offenbart wenig Erbauliches. Das Gros der Stadt: neuzeitlich, gesichtslos. Das Fort: unzugänglich, weil unter Militärverwaltung. Der Suq: ein mittelmäßiges Sortiment von modernen Konsumgütern und „Foodstuff". Ins Auge fallen im Stadtteil Sahil die kunstvoll geschnitzten Holztüren der wenigen älteren Häuser. Sie sind kunsthandwerkliche Nebenprodukte aus der großen maritimen Vergangenheit, da die ansässigen Seefahrer die hohen Hecks ihrer Dhaus mit aufwendigen Schnitzornamenten verzierten.

Die Portugiesen haben Sur Anfang des 16. Jahrhunderts, weil sie ihm keine Bedeutung beimaßen, von der Zerstörung verschont. Worauf es das weiter nördlich gelegene Qalhat beerbte und zum zentralen Handelsplatz der Ostküste aufstieg. Die Briten haben es 300 Jahre später, als es in voller Blüte stand, seiner wichtigsten Einnahmequelle, des Sklavenhandels, beraubt. Und die strenggläubigen Wahhabiten aus Saudi-Arabien haben es kurz darauf in einer Art Missionskrieg verheert. Worauf es in Provinzialität versank.

Die Hauptattraktion der Stadt ist zweifellos der Creek. Hier finden wir zwei Werften – Reservate für die altehrwürdige, vom Aussterben bedrohte Schiffsbauerkunst –, in denen etliche hölzerne Rümpfe und Skelette in verschiedenen Stadien der Dhauwerdung auf Kiel liegen, und in denen es nach Teakholz, Algen und heißem Pech duftet. Und Neugierigen wie uns ist es, so sie um Erlaubnis fragen, gestattet, frei und nach Herzenslust umherzuschnüffeln.

Vor den Werften im flachen Wasser des allmählich versandenden Meeresarms ankern mehrere Dutzend Dhaus. Es herrscht emsiges Treiben. Hier pflegten noch Mitte des vorigen Jahrhunderts, als Sur eine Flotte von über hundert Frachtschiffen besaß, die Händler Richtung Mombasa, Pemba, Sansibar aufzubrechen, um – mit Gewürznelken, Elfenbein oder Sklaven schwer beladen – beim nächsten Monsun zurückzukehren. Von hier segelte auch der Ire Timothy Severin 1980 mit seiner Sohar, einer originalgetreu, ohne Nägel rekonstruierten Dhau, Richtung Südchina los, um zu beweisen, daß Seereisen, wie sie Sindbad und dessen Zeitgenossen angeblich vor

Kamelrennen – im Bild: Szenen von einem Nachwuchswettbewerb auf einer Sandbahn nahe dem Ort al-Qabil – sind, was ihre gesellschaftliche Bedeutung betrifft, in etwa mit den sonntäglichen Fußballmatches in Mitteleuropa vergleichbar. Sie sind Unterhaltung, ein Ventil für aufgestaute Emotionen – und für manche Beteiligte ein Riesengeschäft. Denn Kamele aus der Sharqiya und der Region der Wahiba Sands gelten in ganz Arabien als besonders schnelle und ausdauernde Läufe und werden von Agenten der reichen Scheichs aus den Golfstaaten vor Ort ausgeforscht und eingekauft.

Der Oman unterhält seit vielen Jahrhunderten enge ethnische und politische Beziehungen zu Ostafrika. So wie – bis zu ihrer Vertreibung 1964 im Zuge der sansibarischen Revolution – Zehntausende Omanis die Küste zwischen Lamu, Mombasa und Bagamoyo, aber auch Inseln wie Pemba oder Sansibar bevölkerten, kamen vice versa im Lauf der Jahrhunderte auch viele Schwarzafrikaner nach Ostarabien. Die meisten freilich ursprünglich als Sklaven.

tausend Jahren unternahmen, tatsächlich möglich sind.

Der Ölreichtum hat binnen kurzem viel Massenware in den Oman geschwemmt und das traditionelle Handwerk in arge Bedrängnis gebracht. Doch in Marktnischen konnte manch altes Gewerbe bis heute überleben. Eine Freundin hat uns noch daheim den Namen des berühmtesten Krummdolch-Machers von Sur gegeben. Wir fragen uns erfolgreich zu Mubarak Abdullah Al-Farsi durch. Der Meister kredenzt uns Datteln und den obligaten Kaffee. Dann hebt er zu erzählen an.

Übernommen hat er die Werkstatt vor 31 Jahren. Sein Vater, sagt er, habe jährlich noch bis zu 800 *Khandjars,* omanische Krummdolche, hergestellt. Damals dienten sie, wenigstens potentiell, auch als Waffe, seit 1970 hingegen nur noch als Dekor und Statussymbol. Doch mit seinem derzeitigen Absatz von 200 Stück ist Abdullah auch ganz zufrieden. In traditionsbewußten Familien ist es immer noch üblich, schon den Kindern Miniaturdolche zu schenken. In der Pubertät bekommen sie dann, gleichsam als Symbol der Mannwerdung, ihren ersten echten Khandjar. Die Erwachsenen tragen ihn freilich, mit Ausnahme manch älterer Herren im Landesinneren, nur noch zu speziellen Anlässen, zu *Id* – dem Fest zu Ende des Fastenmonats–, Hochzeiten oder, als hohe Beamte, zum Zweck offizieller Repräsentation.

Früher zeigten Form und Ausführung der Waffe auf den ersten Blick, welcher Region, welchem Stamm ihr Träger angehört. Waren Goldfäden in das Leder der Scheide eingearbeitet, kam er aus Sur. Wenig Silber, schlichtes Leder signalisierte – ein Bedu! Extrem hoher Silbergehalt und höchstes Raffinement in der Verzierung zeichnete den Mann als Al Bu Said, als Mitglied der Sultansfamilie aus. Mittlerweile hat sich allerdings landesweit ein Einheitsstil breitgemacht.

Auch beim Material hat sich manches geändert: Das Silber für die Klinge gewann man früher durch Einschmelzen des allgegenwärtigen Maria-Theresien-Talers. Heute wird es in Barren aus der Schweiz eingeführt. Die Griffe wurden – zumindest für betuchte Kunden – in der Vergangenheit aus Rhinozeroshorn gefertigt. Heute, da sein Lieferant vor dem Aussterben bewahrt werden muß, hat man im guten Fall mit Büffelhorn, im schlechten mit Plastik Vorlieb zu nehmen. Zum Abschluß holt Abdullah seinen derzeit kostbarsten Khandjar hervor. Es ist ein golden funkelndes Exemplar, das er kürzlich im Auftrag des Diwan anfertigte. Sein Wert: fünfzehntausend US-Dollar.

Eine letzte Frage: Ob er wisse, wo wir hier in Sur noch Seidenweber finden könnten? Nun tritt wieder der von mir in arabischen Ländern so geliebte Domino-Effekt ein. Gastfreundschaft, Courtoisie und ein Netz persönlicher Loyalitäten sorgen dafür, daß du als Fremder letztendlich immer die Menschen triffst, die du suchst.

Der Freund eines Freundes von Abdullah weist uns den Weg. Zwei Männer, Omanis, hocken in einer Erdgrube, vor sich einen hölzernen Handwebstuhl aus dem Jahre Schnee und, geschätzte zwanzig Meter weit über den nackten Boden gespannt, dünne Bahnen verschiedenfarbiger Kettfäden. Die Schäfte bedienen sie per Fußpedal, mit den Händen das Schiffchen. So schafft jeder von ihnen pro Tag rund vier Meter. Im Hintergrund sind zwei Männer damit beschäftigt, händisch auf einer Holzspindel Fäden zu drehen. Ihren Rohstoff beziehen sie aus Syrien und Indien. In den Vororten von Sur, erfahren wir, gibt es noch ungefähr zwanzig derart archaische Produktionsstätten.

Laien neigen dazu, jedes arabische, aus Holz gezimmerte Frachtschiff als Dhau zu bezeichnen. Doch Kenner unterscheiden je nach Form und Funktion verschiedene Typen. Die wohl wichtigsten sind die hochseetaugliche „Boum", die an ihrem eckigen Heck leicht erkennbare „Sambouk", die früher vor allem zum Perlentauchen verwendet wurde, und die kleinere, mit Vorliebe bei Fischfang entlang der Küste benutzte „Jalibut" (die Bilder entstanden in der Werft von Sur).

Natürlich ist auch auf den Märkten des Oman die Massenware auf dem Vormarsch. Kein Volk vermag sich gegen den Zeitgeist völlig zu immunisieren. Doch noch findet manuell gefertigte Ware landesweit genügend Abnehmer. Nach wie vor goldenen Boden hat das Handwerk, zumindest in manchen Sparten, beispielsweise in der Hafenstadt Sur. Im Bild oben: ein Handweber vor seinem archaischen, in eine Erdgrube versenkten Webstuhl.

Gegenüberliegende Seite unten: ein Krummdolcherzeuger, ebenfalls in Sur. Darüber: ein mit filigranen Treibarbeiten verziertes Tablett aus der Festung Djabrin.

Zwei Bilderbuch-Wadis. Wir fahren die Küste entlang nach Norden. Bald nach der Stadtgrenze ein Schild an der Schotterpiste. Es verkündet, daß hier demnächst eine Anlage zur Gasverflüssigung entsteht. Omans Ölquellen werden voraussichtlich in spätestens zwanzig Jahren versiegen. Unter dem Druck, seine Wirtschaft so rasch als möglich zu diversifizieren, setzt das Land nun auf Naturgas. Davon lagern in seinem Boden angeblich über 700 Milliarden Kubikmeter. Die Investitionen für das Werk bei Sur werden mit fünf Milliarden Dollar veranschlagt, seine Jahreskapazität mit sechseinhalb Millionen Tonnen. Den längere Zeit erwogenen kühnen Plan, als Exportweg eine 1.200 Kilometer lange, bis zu 3.500 Meter unter dem Meeresspiegel führende Pipeline nach Indien zu bauen, hat die Regierung kürzlich aufgegeben. Das Gas soll nun, auf minus 160 Grad gekühlt, mit speziellen Tankschiffen zu den Abnehmern nach Südostasien befördert werden. Mit dem ersparten Geld beteiligt sich der Oman in Zentralasien am geplanten Bau einer Rohrleitung, die russisches und kasachisches Rohöl zum Schwarzen Meer transportieren soll. Die Landkarte verzeichnet als nächsten Ort Qalhat. Von der einst blühenden Stadt, über die Marco Polo und Ibn Battuta begeistert schrieben, sind nach einem Erdbeben und der Heimsuchung durch die Portugiesen freilich nur mehr Fragmente erhalten. Einzig aufrecht stehendes Relikt ist ein völlig desolater Kuppelbau, das sogenannte Bibi-Miriam-Mausoleum. Draußen, vor der Küste defiliert eine schier endlose Reihe von Dhaus. Ein Beweis für die Konkurrenzfähigkeit dieser Oldtimer der Meere. Noch schöner (aber mit Sicherheit unrentabel) wäre, verwendeten sie statt der Dieselmotoren noch Segel.

Schließlich das Ziel dieser Spritztour: Wadi Tiwi und Wadi Shab, die landschaftlichen Hauptattraktionen dieses Küstenabschnitts. Wir wandern in jedes der beiden ein Stündchen hinein. Es sind wildromantische Cañons, gesäumt von schattigen Limonen-, Mango- und Dattelgärten und durchflossen von glasklaren Bächen, die sich stellenweise zu malerischen Teichen stauen. Einziger Wermutstropfen: Es ist Wochenende und aus Muscat sind scharenweise Ausflügler angereist. Ohne sie wäre die Stille vollkommen.

Begegnung mit der Prähistorie. Eine unvergeßliche Nacht verbringen wir am Strand von Ras al-Djins. Allein die Anfahrt von Sur Richtung östlichstes Kap der Arabischen Halbinsel! Gott scheint diese Gegend zu seinem Labor für geologische Experimente erwählt zu haben. Gesteine in allen Formen und Farben säumen die Schotterpiste. Eine menschenleere Mondszenerie, modelliert mit Hilfe des hiesigen, konkurrenzlos plastischen Abendlichts.

Am Ziel heißt es erst einmal warten auf die Dunkelheit. Gegen neun holt uns der Aufseher des Camps vom Parkplatz ab, kontrolliert unser Permit und leuchtet uns den Weg zum Strand. Die Ostküste Omans ist eines der weltweit wichtigsten Nistgebiete für Meeresschildkröten. Insbesondere die Sandbuchten rund um Ras al-Djins werden jährlich von Abertausenden Weibchen mehrerer akut bedrohter Arten zur Eiablage aufgesucht. Der Küstenabschnitt steht seit 1989 unter Naturschutz und darf nur mit ministerieller Erlaubnis betreten werden. Während die Tiere an Land robben und sich ihre Gruben schaufeln, ist jede Irritation zu vermeiden. Doch kurz vor Beginn des Legens schaltet ihr Instinkt gleichsam auf Autopilot und kaum etwas kann sie mehr stoppen. Nur mit Blitzlicht zu photographieren, ist dann strikt verboten.

Nach einer Weile vergeblichen Suchens winkt uns der Guide zu sich. Im Licht seiner Taschenlampe erkennen wir einen gut 80 Zentimeter langen Panzer. Es ist ein ehrfurchtgebietender Augenblick. Über uns das Firmament, im Rücken das Meer und ein stürmischer, tropisch-warmer Wind. Vor uns ein vor Anstrengung leise schnaufendes Relikt aus prähistorischer Zeit, dessen Stammbaum etwa neunzig Millionen Jahre zurück reicht. Minutenlang beobachten wir, wie unter seinem Schwanz zehn, zwanzig, dreißig ... mehr als hundert Eier in ein Erdloch fallen. Dann ziehen wir uns diskret zurück. Demnächst wird das Tier mit den Hinterflossen

Die Mutter aller Schluchten – das Wadi Ghul am Fuß des rund 3000 Meter hohen Djebel Shems. Der stellenweise etliche hundert Meter tiefe Cañon führt von al-Hamra, am Dorf Ghul vorbei über 20 Kilometer tief in das Bergmassiv. An seinem Ende stößt man auf eine von drei, vier Familien bewohnte Siedlung. Sie ist erst seit zwei Jahren durch eine – überaus holprige, durch das Schotterbett des Flusses mäandrierende – Piste mit der Außenwelt verbunden.

das Gelege zufegen und seine immer noch mehr als hundert Kilo zurück in die Fluten schleppen.

Den Rest der Nacht verbringen wir andächtig sterneguckend in den Schlafsäcken. Im Morgengrauen gehen wir, was alleine gestattet ist, Nachzügler suchen. Doch wir haben Pech. Die letzten müssen, die taufrischen Spuren beweisen es, vor wenigen Minuten das Wasser erreicht haben. Die Makellosigkeit des Sandstrandes im Morgenlicht hilft dem Photographen, die Enttäuschung überwinden.

IM SUQ VON NIZWA. Ein weiter Sprung ins Hinterland. Es ist Freitag morgen in Nizwa, dem traditionellen Zentrum des Inneroman, und sein Suq summt vor Betriebsamkeit. Bevor der Geist der mutwilligen Verschönerung auch in dieser altehrwürdigen Stadt einzog, war ihr Markt im ganzen Land für sein malerisches Kolorit bekannt. Doch auch die Suqs von Nizwa wurden, mit Ausnahme eines ganz kleinen, mittlerweile desolaten Rests, neu erbaut. Die einzelnen Branchen – von den Gemüsehändlern bis zu den legendären Silberschmieden – sind höchst proper in verschiedenen Gebäudetrakten voneinander getrennt. Die Wege sind gepflastert, die Lebensmittelabteilungen gekachelt. Es gibt Klimaanlagen und hydraulische Türen, „Lieferanteneingänge“ und einen „Erste-Hilfe-Raum“. Und all dies ist in arabischen und lateinischen Lettern beschriftet.

Als Kenner der großen orientalischen Basare sind wir im ersten Moment geneigt, angesichts solcher Funktionalität und Sauberkeit die Nase zu rümpfen; vermissen das gewohnte Chaos, das Flair. Doch bei näherer Betrachtung stellt sich die Frage: Warum eigentlich? Die Lebensmittel sind hier nicht, wie anderswo auf diesen Breitengraden, von Fliegen umschwärmt. Unser Schuhwerk ist selbst nach einem ausführlichen Bummel nicht komplett verschmutzt. Auch attackieren uns keine Schlepper und öligen Schwätzer. Und wo es muß – bei der Fisch- oder Dattelversteigerung etwa, oder freitags früh beim Feilschen auf dem großen Viehmarkt –, kommt das orientalische Temperament ohnehin zu seinem Recht.

Am Portal der angrenzenden Großen Moschee prangen zwei Schilder – „Achtung, Eintritt für Nicht-Moslems verboten!“ und „Achtung, vor dem Betreten sind die Schuhe auszuziehen und am richtigen Ort zu deponieren!“ Nizwa war seit alters Omans religiöser Mittelpunkt. Wird deshalb an seinem wichtigsten Gotteshaus schwarz auf weiß und besonders apodiktisch kundgetan, was ohnehin für alle Moscheen im Lande gilt?

DAS RELIGIÖSE HERZ DES OMANS. Das topographische und auch politisch-historische Zentrum der Stadt ist ihre – ebenfalls kürzlich generalrenovierte – Festung. Sie wurde um 1660 in nur zwölf Jahren erbaut und besteht in der Hauptsache aus einem kolossalen, runden Kanonenturm. Dessen 25 Meter hohe Plattform eignet sich sehr gut dazu, umgeben von alten Geschützen, Wehr-

Qalhat, knapp dreißig Kilometer nördlich von Sur gelegen, war bis ins späte 15. Jahrhundert einer der wichtigsten Häfen der Region. Doch dann wurde er kurz hintereinander von einem Erdbeben und von den Portugiesen verheert. Heute erinnert an die ehemalige Pracht, abgesehen von einigen Grundmauern, nur mehr die hoch über der Steilküste aufragende Ruine des sogenannten Bibi-Miriam-Mausoleums (gegenüberliegende Seite, unteres Bild). Zu den unbestritten malerischsten Flußtälern des Landes zählen – was die beiden anderen Bilder dieser Doppelseite dokumentieren – die ein Stück nördlich von Qalhat im rechten Winkel zur Küste tief ins Hadjargebirge schneidenden Wadis Tiwi und Shab.

In der kargen Landschaft des Inneroman wirken sie fast so exotisch, wie es Kamelherden auf den Wiesen des Allgäu würden: Doch mit den Kühen der Wüste hat es, erfuhren wir, eine besondere Bewandtnis. Denn ihre Milch wird – so sie in der Hitze nicht frühzeitig ranzig wird – als wertvolle Zusatznahrung für die immer zahlreicheren Kameljungen verwendet.

gängen, Schießscharten, aber auch einer kleinen Moschee, Geschichte und Bedeutung des Ortes ein wenig Revue passieren zu lassen.

Die schwer zugänglichen Gebirge Südostarabiens waren als Randzone des arabischen Reiches schon in frühislamischer Zeit ein bevorzugtes Rückzugsgebiet für verfolgte Minderheiten. Im jemenitischen Hochland waren es die Imame der Zaiditen, einer schiitischen Gruppierung, die dort über tausend Jahre lang (bis 1962) herrschten. Der innere Oman ist ähnlich lange schon ein Refugium der sogenannten Ibaditen. Diese stammen von den Kharidjiten ab, jener Sekte, die während der theologischen Auseinandersetzungen in den Pionierjahren des Islam in der Frage der Prophetennachfolge weder den Standpunkt der Schiiten noch den der Sunniten guthieß. Nicht partout ein direkter Nachkomme Mohammeds müsse, so ihr Grundsatz, in seine Fußstapfen treten. Nicht einmal ein Angehöriger seines Stammes habe es zu sein. Vielmehr solle der Fähigste aller Moslems die Gemeinde anführen. Und der lasse sich nur durch Wahl bestimmen. Viele Jahrhunderte lang war Nizwa der Schauplatz dieser Wahl und – abwechselnd mit Bahla und später Rustaq – zugleich Hauptstadt der Imame.

Auch als 1749 nach langem, blutigen Bürgerkrieg ein Mitglied der bis heute regierenden Al Bu Said-Dynastie das Imamat antrat, geschah dies durch Abstimmung. Doch dessen Nachfolger begannen schon sehr bald, ihre Herrschaft mehr auf Waffengewalt, denn auf den traditionellen Mehrheitsentscheid zu stützen. Und noch im selben Jahrhundert verzichteten die Al Bu Saids vollends auf Wahlen. Statt dessen etablierten sie die Erbfolge, verliehen sich eigenmächtig den weltlichen Titel „Sultan“ und verlegten die Hauptstadt von Nizwa nach Muscat. Während die ibaditischen Stämme im Landesinneren weiterhin ihre Imame wählten, schufen sie sich als Gewürz- und Sklavenhändler im Indischen Ozean ein regelrechtes Imperium. Der Gegensatz zwischen Hinterland und Küstengebiet, zwischen den Imamen, die auf ihre religiöse Berufung und den Führungsanspruch für ganz Inneroman pochten, und den Sultanen, die als weltliche Souveräne regierten und dabei mehr und mehr in Abhängigkeit von den Briten gerieten, wurde unüberbrückbar. Nach jahrzehntelangen ständigen Spannungen und Kämpfen schrieb man 1920 die Zweiteilung des Landes vertraglich fest. Doch noch Ende der fünfziger Jahre – inzwischen vermutete man im Landesinneren Öl und weitere ausländische Kräfte mischten in dem internen Konflikt mit – lehnten sich die Stämme im Gebiet des Djebel Akhdar erneut gegen die Zentralgewalt in Muscat auf. Nur dem massiven Eingreifen der Engländer verdankte Sultan Said ibn Taimur damals die Vereinigung des Landes und seinen Verbleib auf dem Thron.

Im Schildkröten-Schutzgebiet von Ras al-Djins. Zehntausende weibliche Tiere suchen alljährlich die paradiesisch schönen Strände auf, um in deren feinen Sand jeweils ein- bis zweihundert Eier abzulegen und zu vergraben. Da sie dies ausschließlich in der Nacht tun und dabei keinesfalls mit Blitzlicht behelligt werden sollen (der grelle Schein kann zum vorzeitigen Ende der Laichprozedur führen), haben verantwortungsbewußte Photographen oft das Nachsehen. Ihnen bleibt dann meist nur, bei Sonnenaufgang die eindrucksvollen Spuren im Bild festzuhalten, welche die weltweit vom Aussterben bedrohten Tiere auf ihrem Weg zurück ins Meer hinterlassen haben.

AUF DEN DJEBEL AKHDAR. Ein trauriges Zeugnis für die Brutalität der Kämpfe während des Djebel Akhdar-Aufstands finden wir wenige Kilometer nordwestlich von Nizwa, in Tanuf. Der Ort, an dessen Rand man heute das gleichnamige, landesweit bekannte Mineralwasser abfüllt, war seinerzeit ein Zentrum des Widerstands. Es wurde, wie etliche andere Siedlungen auch, von der Royal Air Force in Grund und Boden gebombt. Die Ruinen blieben bis heute unangetastet. Ob als Warnung oder zum versöhnlichen Gedenken? In der Schule, wird uns später ein Tischnachbar im Restaurant kryptisch sagen, hören die Kinder der Gegend von den damaligen Kämpfen nichts. Was sie wissen sollen, erfahren sie daheim von ihren Vätern.

Erst Sultan Qabus hat die Gegensätze einigermaßen entschärft und die Stämme (auch untereinander) befriedet. Mit gutem Grund floß ein beträchtlicher Teil der Öleinnahmen in den Aufbau der Infrastruktur des Hinterlandes. Mit gutem Grund nimmt er bei seinen Entscheidungen genau auf die Gebote des Koran Bedacht. Und mit gutem Grund räumt er den Stammesscheichs, etwa im Rahmen des 1991 eingesetzten Staatsrats, zumindest als Berater eine gewisse politische Präsenz in der Hauptstadt ein. Zu unterschätzen ist der Einfluß der theokratischen Clans in und um Nizwa dennoch nicht. Rund siebzig Prozent der Omanis glauben nach wie vor an die fundamentaldemokratischen Prinzipien des Ibadismus.

Wohl nicht zufällig verwehrt die Regierung einerseits bis heute fast allen Besuchern aus dem Ausland den Zugang auf den Djebel Akhdar. Wohl nicht zufällig hat sie andrerseits einen ehrgeizigen Entwicklungsplan initiiert, der den widerspenstigen Bewohnern des „Grünen Bergs“ bis zur Jahrtausendwende Strom, Wasser, eine bessere ärztliche Versorgung, sanften Tourismus sowie mehr Arbeitsplätze und Schulen bringen soll.

Die Fahrt auf der neuen, bandscheibenstrapazierenden Straße von Birkat al-Mauz hinauf in das ominöse Sperrgebiet ist nur mit Sondergenehmigung möglich. Wir bekommen das Papier im Amt der Wasserbehörde von Nizwa ausgestellt, die zur Zeit oben auf dem Saiq-Plateau zahllose Brunnen bohrt. Wieder einmal sind wir, wie schon bei unseren bisherigen Begegnungen mit den omanischen Behörden, von der Hilfsbereitschaft und Effizienz begeistert. Fast alle Beamte sprechen exzellent Englisch und sind völlig frei von jener Eitelkeit und Steifheit, die einem anderswo so oft den Umgang mit Staatsdienern verleidet. Ich vermute, diese Haltung rührt von der noch frischen Erinnerung an die kollektive Armut her. Sie macht wohl für jeden einzelnen das Aneignen von Wissen und den Aufbau einer funktionierenden Gesellschaft so erstrebenswert. „We are here to help you“, erwidert ein Ingenieur auf meinen Dank. Als wäre diese Sicht der Dinge selbstverständlich. Wieviele arabische, aber auch österreichische Kollegen könnten von ihm lernen!

Die Landschaft der Hochebene erweist sich auf den ersten Blick als nicht ganz so aufsehenerregend wie erwartet. An ihren

Wahrzeichen von Nizwa, der Hauptstadt des Inneroman, ist der mächtige Kanonenturm. Die Festung, in deren Mauern er sich erhebt, diente einer langen Reihe von Imamen als Residenz und Hauptstützpunkt in ihren häufigen Kämpfen gegen die Sultane von Muscat. Nizwas Suq ist, obwohl vor einigen Jahren zum überwiegenden Teil neu erbaut, einer der stimmungsvollsten und quirligsten im ganzen Land. Die Bildsequenz vis-à-vis zeigt: den Fischmarkt, den Stoffmarkt sowie eine Dattelversteigerung.

Rändern bieten sich dann aber doch prachtvolle Panoramen. Wir übernachten in den Schlafsäcken auf einem Felsbalkon. In der Ferne und Tiefe blinken, von zwei schwarzen Bergsilhouetten eingerahmt, die Lichter von Birkat al-Mauz. Näher, aber ebenfalls uns zu Füßen, einer Steinwabe gleich, das Bergdorf al-Ayn und auf schmalen, steilen Terrassen die zugehörigen Gärten. Die Dörfer des Djebel Akhdar mit ihrem moderaten Höhenklima sind für ihr Obst, ihre Granatäpfel, Marillen und Pfirsiche, Walnüsse, Mandeln und Weintrauben, berühmt. Eine Besonderheit ist das Rosenwasser, das man einst sogar exportierte. Noch heute sind rund 150 Leute mit der Herstellung beschäftigt. Sie produzieren über zehntausend Flaschen pro Saison.

Morgens um fünf sehen wir bereits etliche Rosenpflücker bei der Arbeit. Später besuchen wir eine Destillerie. Ein alter Mann füllt gerade, über einen gemauerten Ofen gebeugt, mehrere Kessel mit Blütenblättern. Gut zwei Stunden danach wird ihnen, erklärt er, die Hitze des Feuers ihre ätherischen Öle entzogen haben. In einer Ecke hat er mehrere große, mit fertigem Duftwasser gefüllte Tonkrüge stehen. Kühl und dunkel gelagert, bleibt das Extrakt zwei Jahre lang frisch.

Kommt es in dieser Zeit freilich nur für einen Moment mit menschlicher Haut in Kontakt, kann es im Nu verderben.

AL-HAMRA, MISFAH, WADI GHUL. Eine halbe Autostunde westlich von Nizwa schmiegt sich an einen steilen Ausläufer des Djebel Akhdar al-Hamra, die „Rote". Die Altstadt mit ihren zum Teil hohen Häusern aus Lehmziegeln trägt eindeutig jemenitische Züge. Die unteren Stockwerke für Ställe und Lager – fensterlos, mit einer winzigen Tür als Haupteingang, dafür mit Schießscharten versehen. Die Obergeschosse für die Wohnräume und den *Madjlis,* den Empfangsraum des Hausherren – von zahlreichen Fenstern durchbrochen und an den lehmbraunen Außenfassaden zuweilen reich verziert. Es sind kleine Festungen, in denen die Oberhäupter der Familienclans residieren. Die Mehrheit von ihnen steht allerdings leer. Ihre Besitzer haben sich an der Peripherie komfortablere, moderne Häuser errichtet. In den alten Steinfundamenten lasse sich, hören wir, kein Kanalsystem einbauen. Unser Begleiter, ein altgedienter Führer aus Muscat, zeigt uns sein Geburtshaus. Es ist unbewohnt, zerbröselt, wäre um einen Pappenstiel zu kaufen. Der Vater hat hier noch als Silberschmied gearbeitet. Sein Bruder übernahm das Geschäft, verlegte es jedoch in ein Shopping Center in Ruwi. Die Melancholie in seinen Worten ist unüberhörbar.

Von al-Hamra schlängelt sich eine Staubstraße in steilen Serpentinen nach Misfah. Archaische, wie Adlerhorste an Felsspornen klebende Steinhäuser, enge, verwinkelte Gäßchen … Für einen Moment wähnen wir uns in einem Bergdorf in Apulien oder Griechenland. Doch die Mädchen und Frauen, die aufgeregt schnatternd den Schleier vor ihre Gesichter ziehen und in dunkle Hausecken wegtauchen, sobald sie den Photographen sehen, holen uns sofort in die arabische Realität zurück. Je entfernter die Menschen von den Städten leben, desto unverbrüchlicher ist ihr Glaube, daß eine Kamera ihnen die Seele raubt.

Die Felshänge und Wadis rund um Misfah sind völlig vegetationslos und trocken. Doch beim Spaziergang durch seine Oase tut sich ein tropisches Schlaraffenland auf: sattes Grün, feuchtkühle, würzige Luft, Bäume, schwer von Orangen, Zitronen, Mangos, Datteln; dazu ein plätscherndes Labyrinth aus raffiniert dem Verlauf der Steilterrassen angepaßten Röhren und Rinnen, aus Wasserfällen, verborgenen Waschnischen und Zisternen, den Planschbecken für die vielen Kinder. Als wir dem *Waqil* des Dorfes begegnen, jenem

Jeden Freitag vormittags findet am Rand des Suqs von Nizwa der große Viehmarkt statt. Aus der ganzen Umgebung strömen die Beduinen herbei, um Lämmer und Ziegen feilzubieten oder zu erstehen. Dabei defilieren die Verkäufer auf einem schattigen, geschotterten Platz im Kreis und führen dem sachkundigen Publikum ihre lebende Ware an der Leine vor. Etwas abseits dieser „Manege" werden auch Rinder und, zum Verfüttern, Luzerne verkauft.

älteren Herren, dem die Instandhaltung des Falaj, des Kanalsystems, und die gerechte Zuteilung des Wassers obliegt, pflückt er uns zum Willkommen eine Banane. Sie ist klein und krumm, ja sogar ein bißchen fleckig, aber von einer Geschmacksintensität, die jede EU-konforme Chiquita zu Mehlpapp degradiert.

Wadi Ghul, ein Tal, das westlich von al-Hamra tief in die Flanke des Akhdar-Massivs schneidet: Wir kämpfen uns eine Stunde lang im Allradantrieb an sein Ende vor. Selbst in diesem Felskessel, den die Sonne auch im Hochsommer nur für kurze Stunden erreicht, leben Menschen! Das Dorf Nakhar besteht aus ungefähr zehn Häusern, seine Bevölkerung bei unserer Ankunft ausschließlich aus Kindern und Frauen. Die Männer verdienen wohl draußen in der Welt das Geld. Die Straße nach hier hinten wurde erst vor zwei Jahren gebaut. Bis dahin lag Ghul, die nächste größere Siedlung, drei Eselsrückenstunden entfernt.

Von Ghul hat das Militär eine Piste auf das „Dach des Omans", den dreitausend Meter hohen Djebel Shems, gebaut. Dessen Gipfel ist von einer riesigen Radarhaube gekrönt und daher Sperrgebiet. Für Zivilisten erreichbar ist – über eine Seitenstraße – jene schwindelerregende Felskante, von der aus man über tausend Meter tief in die Mutter aller Schluchten, Omans „Grand Canyon", hinabblicken kann.

Auf der Rückfahrt hält uns fern jeder Siedlung auf einem Hochplateau ein Alter mit wallendem Bart und weißem Turban an. Neben sich hat er auf einem Holzgerüst Teppiche verschiedener Größe ausgebreitet. Ihr Gewebe ist grob, aber ihre Farben und geometrischen Muster sind von überzeugender Einfachheit und Kraft. Die Bergnomaden des Djebel Shems sind berühmt für ihre Webprodukte aus Ziegenhaar. Während wir um einen kleinen, leuchtend orangen Vorleger feilschen, beginnt es ganz leicht zu regnen. Ein paar Wolken haben sich in den Bergspitzen

Da kann die langmähnige Ziege noch so blasiert wie eine Diva am Laufsteg dreinschauen – dem prüfenden Blick eines potentiellen Käufers entgeht nicht der geringste Schönheitsfehler. Und will er ganz sicher gehen, wird er handgreiflich und testet indiskret, aber fachmännisch mit einem Griff die Festigkeit der Rippchen und Muskeln. Auf diese Weise wechseln pro Markttag Hunderte von Tieren ihre Besitzer.

verfangen. Es sind unsere ersten Tropfen seit Wochen, und werden die letzten bis zum Ende der Reise sein.

DIE STADT DES LEHMS. Ein Stückchen westlich der Abzweigung zum Djebel Shems liegt die Oase Bahla. Ihre gigantische Festungsruine aus Lehm samt der zwölf Kilometer langen, den Ort umgebenden Mauer wurde von der UNESCO in die Liste der speziell erhaltenswürdigen Weltkulturgüter eingereiht. Die Fassade ist zur Zeit eingerüstet und ihr Inneres für Besucher wegen Restaurierung gesperrt. Mit dem Lehm der Gegend kommen wir dennoch näher in Kontakt. Denn da er sich dank seiner Konsistenz besonders gut zum Töpfern eignet, hat sich Bahla schon vor Jahrhunderten zu einem Mekka der Keramikproduktion entwickelt.

Die schönsten Werkstätten liegen in einem Palmenhain unweit des alten Suqs. Ihre Wahrzeichen sind altertümliche, runde Brennöfen. Aus deren Lehmkuppeln qualmt dichter, schwarzer Rauch, während in ihrem Inneren die Rohlinge, meterhoch gestapelt, bei sechs- bis achthundert Grad gebrannt werden. Vor den Öfen befinden sich die Schlämmbecken, in denen man die feine Tonerde von Steinen und Schmutz befreit und mit Wasser zu einer gut knetbaren Masse vermengt. In den angrenzenden Häusern sitzen die Töpfer an ihren teils schon elektrisch, teils noch mit Fuß betriebenen Drehscheiben und ziehen in atemberaubendem Tempo Gefäß um Gefäß hoch. Ihr Verkaufshit: Vorratsbehälter für Weizen und Datteln sowie riesige poröse Krüge zum Wasserkühlen.

DAS FORT DER FORTS. Noch eine Festung – Djabrin. Diese ist freilich das Prunkstück des Landes, mehr ein Wohnpalast als eine Wehranlage. Ihr Bauherr war Imam Bilarab vom Stamm der Yaruba, dessen Vater einen Ehrenplatz in der Landesgeschichte einnimmt, weil er es war, der die Portugiesen endgültig vertrieb. Bilarab, ein Ästhet und Kunstfreund, der sich gerne mit Gelehrten und Poeten umgab, verlegte 1668 seine Residenz von Nizwa hierher. Er ist im Souterrain des Palastes beigesetzt.

Die Erkundung der Anlage entpuppt sich als Gang durch ein Museum für omanische Wohnkultur. Der zweitraktige Bau ist mustergültig restauriert; ein Labyrinth aus ineinander verschränkten Treppen, Nischen, Spitzbögen, Schlafkammern sowie repräsentativen Wohnzimmern und Empfangssälen, die sich

auf mehreren Stockwerken und Zwischengeschossen um zwei Innenhöfe gruppieren. Auffallend ist die Liebe zum gestalterischen Detail: allenthalben filigrane Gipsstukkaturen, geschnitzte Fensterläden und mit floralen Ornamenten reich bemalte Holzdecken; in den vielen Wandregalen Waffen, Keramik, Porzellan; die Böden sind mit Teppichen, Palmmatten und bestickten Pölstern ausgelegt.

Vom flachen Dach des Palastes reicht der Blick im Südwesten weit in die menschenleere Ebene der Wüstenprovinz Dhahirah. Er läßt die Öde des hinter dem Horizont beginnenden „Leeren Viertels" erahnen. In der Gegenrichtung fällt er auf eine Retortensiedlung. Bis vor einigen Jahren war die Festung Djabrin von einer alten Lehmsiedlung und einem malerischen Palmenhain umgeben. Im Zuge der Restaurierung wurden Dorf und Bäume dem Erdboden gleichgemacht und die Bewohner in die neuen Betonhäuser umgesiedelt.

NACH MANAH UND ADAM. Ein letzter Abstecher von Nizwa, diesmal in den Süden. Erste Station ist die Oase Manah. Wie schon

Auf dem Djebel Akhdar – genauer: in den Dörfern des nach dem Hauptort benannten „Saiq-Plateaus", auf dem sämtliche Aufnahmen dieser Doppelseite entstanden – wird alljährlich im April das legendäre Rosenwasser produziert. Rund 150 Männer sind dann mit dem Pflücken der Blüten, dem Destillieren des Extrakts und dem Abfüllen in Flaschen beschäftigt. Erhältlich ist die kostbare, ein wenig trübe aber wunderbar duftende Essenz in Nizwa und anderen Märkten der Umgebung sowie in Salalah und Muscat, nicht jedoch außerhalb des Oman. Denn um sinnvoll für den Export zu produzieren, reicht die Anbaufläche nicht aus.

Misfah, das Paradebeispiel eines pittoresken Bergdorfes. Auf einem Steilhang hoch über der Oase al-Hamra gelegen, ist es für jeden Oman-Reisenden allein wegen seiner überaus idyllischen, kunstvoll auf schmalen Terrassen angelegten Obstgärten eine Pflichtstation. Im Bild: zwei erotische Assoziationen weckende Behältnisse aus porösem Ton, in denen nach dem Verdunstungsprinzip Wasser kühl gehalten wird. Sie wurden in den nahegelegenen berühmten Keramikwerkstätten von Bahla getöpfert.

in al-Hamra – die leidige Geschichte: der Triumph der Bequemlichkeit über die Tradition. Mit dem Unterschied, daß sich diese Altstadt als komplett verlassen und zugleich als noch weit malerischer erweist. Ausgestorbene, enge Gassen, verwitterte Mauern, Ziehbrunnen, eingestürzte, teils mehrstöckige Häuser und Türme; und dazwischen kleine Moscheen, die (eine seltene Gelegenheit!), weil nicht mehr benützt, auch für unsereins betretbar sind. Ich bin sicher, in dieser Kulisse hätte Pasolini gerne gedreht.

Die zweite Station ist am Rande der großen Wüste die Oase Adam. Folgten wir dem Asphaltband der Transversale von hier weiter südwärts, würden wir nach 800 Kilometern Salalah erreichen, die Hauptstadt der Provinz Dhofar. Es ist Ende März und schon sehr heiß und deshalb umso leichter nachzuvollziehen, daß die alten Karawaniers, als sie vom Süden durch die vegetationslose Öde aus Geröll und Kies Richtung Nizwa zogen, diesen Ort aus der Entfernung als Fata Morgana und nach ihrer Ankunft als Paradies empfanden. Der Schatten seiner majestätischen, von einem weitverzweigten Kanalnetz durchzogenen Palmenhaine ist selbst für uns schnöde Autofahrer ein Labsal. Wir stellen uns vor, rücklings in dem flachen, kühlen Wasser zu liegen und offenen Mundes zu warten, bis uns eine reife Dattel in denselben plumpst.

Auf der Fahrt zurück nach Muscat entdecken wir inmitten der grandiosen, nun im Abendlicht in allen Schattierungen aufleuchtenden Bergwelt des Wadi Samail ein unerklärliches, schwarz-gelb lackiertes Stahlgeländer. Es verläuft ein Stück weit parallel zur Straße. Später kommt uns zu Ohren, daß es den Verlauf der zentralen Pipeline markiert, die von den Öl- und Gasfeldern im Süden und Westen unterirdisch zum Verladehafen Mina al-Fahal bei Muscat führt. Ein Rohr als Arterie eines ganzen Landes. Wie verletzlich doch der Wohlstand ist!

Inmitten des historischen Zentrums von al-Hamra, der alten Lehmstadt am Ausgang des Wadi Ghul, wurde – eine Seltenheit in diesem auf Modernisierung der Bausubstanz so erpichten Land – ein altertümlicher, komplett überdachter Basar vor dem Caterpillar bewahrt. Zwar haben ihn die Händler bereits vor mehreren Jahrzehnten verlassen, doch die Ausstattung – die Ladenboxen, die versperrbaren Holzläden und, diesen vorgebaut, die hüfthohen Sitzbänke für die Kunden – ist noch einigermaßen gut erhalten.

Einmal jährlich bricht Sultan Qabus an der Spitze eines großen Trosses, dem die höchsten Entscheidungsträger aus allen Bereichen der Verwaltung angehören, zu einer mehrwöchigen Reise durch die Provinz auf. Diese sogenannte „Meet-the-People-Tour“, über die der omanische Rundfunk stets ausführlich berichtet, gibt jedem Omani, gleich ob Frau oder Mann, einfacher Beduine oder Großbauer, die Möglichkeit, dem Herrscher und seinen engsten Beratern dringliche Anliegen persönlich vorzutragen. Die Rundfahrt, während der Monarch, Minister und deren Adlaten gemeinsam in spartanischen Zeltlagern nächtigen, war in den ersten Regierungsjahren des noch jungen Sultan eine eminent wichtige vertrauensbildende Maßnahme. Sie trug ihm insbesondere bei den traditionell zum Widerstand neigenden Scheichs des Inneroman und nach dem Ende des Dhofar-Kriegs auch bei den Beduinen im Süden großes Ansehen ein.
Im Bild: Zuschauerinnen bei einem Kamelrennen in der Sharqiya.

Folgende Doppelseiten: Werftarbeiter im Hafen von Sur befreien eine alte Dhau von Muschel- und Algenbelag (148/149).
Der Palast von Imam Bilarab ibn Sultan al Yaruba in Djabrin – in dessen Innerem sämtliche Bilder auf den Seiten 150–153 entstanden – gilt als schönstes Juwel unter den omanischen Festungen. Gegen Ende des 17. Jahrhunderts erbaut, fiel es schon bald nach dem Tod seines Erbauers in einen Dornröschenschlaf, aus dem es so richtig erst durch die immens aufwendige Restaurierung vor ein paar Jahren wieder erwachte.

الظوفار ورآس مسندام

DHOFAR UND MUSANDAM

DURCH ARABIENS TROPEN UND FJORDE

DHOFAR IST ANDERS. Noch anders anders als der übrige Oman. Hier unten, tausend Kilometer südlich von Muscat, folgt der Winter auf den Frühling. Sommer herrscht von März bis Mai. Und danach, wenn im Norden das Quecksilber bis auf unerträgliche fünfzig Grad steigt, bringt der Kharif, der Südwestmonsun, Abkühlung, breitet Wolken, Regen und Nebel über das Küstengebiet und verwandelt es in ein für die arabische Welt einmaliges Stück sattgrüner Tropen. Dann bringen die Djabalis, die Bergnomaden aus dem wüsten Landesinneren, ihre Kamele zu Tausenden in die Ebene rund um Dhofars Hauptstadt Salalah, auf daß sie sich in dem Schlaraffenland die Höcker voll fressen. Die hitzegeplagten Golfaraber strömen in Charterflugzeugen herbei, um das klimatische Mirakel zu bestaunen. Und der antike Name der Region – Arabia Felix, „Glückliches Arabien“ – erhält zumindest für drei Monate eine neue, wenn auch von seinem ursprünglichen Sinn etwas abweichende Bedeutung.

Die Andersartigkeit zeigt sich schon bei der Fahrt vom Flughafen in die Stadt. Größtenteils Kokos- statt Dattelpalmen säumen die schnurgeraden Alleen. Allerorten werden in kleinen Kiosken tropische Früchte – Mangos, Papayas, Bananen, Kokosnüsse – frisch oder zu Saft gepreßt feilgeboten. Die Haut vieler Menschen ist dunkler als im nördlichen Landesrest. Und auch das Licht scheint noch eine Spur plastischer.

AUF DEM MARKT. „Es war ein kleines Städtchen, nicht viel größer als ein Dorf. Das herausragendste Gebäude war der Sultanspalast. Um ihn herum drängte sich der kleine Suq, eine Ansammlung von Lehmhäusern und -schuppen, Zäunen, schmalen Gäßchen. Der Markt bestand nur aus einem Dutzend Läden, bot aber die beste Einkaufsmöglichkeit zwischen Sur und dem Hadramaut, also auf einer Strecke von über 1200 Kilometern.“ Die Grenzen von Salalah sind zwar nicht wie die anderer Städte Arabiens explodiert, doch in den fünfzig Jahren, seit Wilfred Thesiger es so gesehen hatte, hat es sich doch gehörig geändert. Um den lose verbauten Altstadtbereich mit seinen Feldern und Ödflächen ist inzwischen ein Ring aus unansehnlichen Neubauten entstanden. Der Palast wurde vom Suq befreit. Der zentrale Lebensmittelmarkt befindet sich nun auf einem Areal an der Straße des 23. Juli, benannt nach jenem Tag, an dem vor nun bald dreißig Jahren eine

Ein Dhofari bei der Weihrauch-Ernte. Boswellia sacra oder carteri, wie Botaniker den knorrigen, kurzstämmigen Baum nennen, verhalf der Provinz Dhofar im heutigen Südoman in der Antike zu dem Beinamen Arabia felix, „Glückliches Arabien“. Aus seiner Rinde tropfe, so ging damals die Mär, stetig und unversiegbar Gold – und zwar in Form eines wertvollen Harzes.

Vorhergehende Doppelseite: frühislamische Wehrtürme rund um Mudayrib.

Gruppe bewaffneter Soldaten in den Palast von Salalah eindrang und Sultan Said zur Abdankung zwang.

Der Bummel durch diesen Neuen Suq erweist sich, seinem vielen schnöden Beton zum Trotz, als eine Wallfahrt der Sinne. Jeder Stand hält exotische Überraschungen bereit. Da stapeln sich diverse Sorten von getrocknetem, strenge Düfte verströmendem Haifisch und *Khashat,* eine aus dem Fleisch der Kokosnuß, Zucker und Wasser zu grießigen Klumpen gepreßte Leckerei. In kleine Säckchen verpackt, gibt es die mittlerweile sehr seltenen und deshalb sündhaft teuren Abalone-Schnecken; und in Gläser abgefüllt wird der legendäre wilde Honig aus den omanischen Bergen angeboten, für den man pro Kilo bis zu hundert Rial (3.000 Schilling oder über 400 Mark) bezahlt. Dutzende Arten von Hirse, Erbsen und Sesam werden feilgeboten, allerlei befremdliches Obst und Wurzelwerk und auch jene Schafs- und Ziegen- und Kuhschmalze, die Frauen früher, um dem Schönheitsideal der Männer zu entsprechen, in rauhen Mengen verzehrten, heute jedoch nur mehr als aromatischen Zusatz den Speisen beimengen.

Nicht minder bunt ist das Panoptikum an Menschen. Den mit Abstand verwegensten Eindruck hinterlassen die alten Recken, die mit nacktem, sonnengegerbtem Oberkörper, wallendem Bart, Khandjar und Patronengurt um die Hüfte und Gewehr um die Schulter selbst in friedlichen Zeiten wie diesen keinen Zweifel an ihrem Kampfesmut lassen. Sie bringen in Erinnerung, daß der Dhofar-Krieg, in dem die hiesigen Gebirgsstämme gemeinsam mit jemenitischen und palästinensischen Freischärlern – von der Sowjetunion mit Waffen versorgt – gegen die von England, aber auch Jordanien und Iran unterstützte omanische Armee kämpften, erst vor zwanzig Jahren endete.

Der Palast von Salalah – im Bild: das Minarett einer zum Gebäudekomplex gehörigen Moschee – spielte in der jüngeren Vergangenheit des Oman eine Schlüsselrolle. Hierher zog sich Sultan Said ibn Taimur während des letzten Jahrzehnts seiner fast vierzigjährigen Regentschaft verbittert zurück. Hier wurde Sultan Qabus geboren und sechs Jahre lang unter Hausarrest gehalten. Und hier stürzte er am 23. Juli 1970 in einem unblutigen Putsch seinen Vater.

EXKURSION IN DEN OSTEN. Die Kamele des Dhofar gelten mittlerweile fast als Plage. Über 100.000 sollen es schon sein. Kurz hinter der Stadtgrenze begegnen wir den ersten. Sie stehen mampfend am Straßenrand, bevölkern die Strände, ziehen in riesigen Rudeln über die steinige Ebene und fressen die das Jahr über ohnehin meist schütteren Grasflächen kahl. Handfesten Nutzen bringen sie ihren Besitzern längst keinen mehr. Sie erhöhen nur noch deren Status. Und vermindern drastisch deren Einkommen. Die Dhofaris verfüttern einen beträchtlichen Teil der staatlichen Finanzzuschüsse aus Muscat an ihre vierbeinigen Lieblinge.

Kurioserweise stehen zwischen den Kamelen auch vereinzelt Kühe herum. Wie sie wohl die höllische Hitze überstehen? Wir überholen einen klapprigen Lieferwagen. Auf seiner Pritsche glänzt eine Ladung silbriger Fischchen. Die Gegend ist berühmt für ihre luftgetrockneten Sardinen, die man zu Fischöl verarbeitet oder als Viehfutter verwendet.

Taqah, ein alter Umschlagplatz für Weihrauch. Sein Fort, lange Zeit Residenz des Wali, wurde erst kürzlich restauriert und öffentlich zugänglich gemacht. Es ist eine Miniaturausgabe der mächtigen Festungen Nordomans, heimeliger, charmanter als diese und vollgeräumt mit vielerlei Kunst- und Alltagsgegenständen – Porzellan aus China, Hinterglasmalereien und Spiegel aus Indien, Schwertern, Truhen, Trinkgefäßen, vergilbten Bildern und Stichen. Im Hof ein Ziehbrunnen und, über der Tür zum Wachzimmer eingemauert, zwei Tierhörner – religiöse Relikte aus präislamischer Zeit.

Wer von Muscat kommend in Salalah landet oder am Ende der 800 Kilometer langen Wüstenfahrt mit dem Wagen in die gleichnamige Ebene hinabrollt, erkennt sofort, was es mit der oft zitierten Andersartigkeit der Provinz Dhofar auf sich hat. Die Vegetation ist üppiger als im Norden, der Teint der Menschen deutlich dunkler. Und auch das Licht ist anders – tropischer. Ganz zu schweigen von den Sommern, wenn der Monsun, einzigartig in der Arabischen Welt, die Küstenregion wochenlang mit Nebel und Regenwolken umhüllt.

Die Geschichtsträchtigkeit der Südprovinz zeigt sich an der Vielzahl steinerner Zeugen der Vergangenheit. Der Hafen Samaramm an der Lagune Khor Rori – das oberste Bild auf der gegenüberliegenden Seite zeigt seine Ruinen – war in den ersten Jahrhunderten nach der Zeitenwende ein Zentrum für den Weihrauchexport. Zu seiner Blüte war die Stadt, die bei den Griechen „Moscha" hieß, Teil des Königreichs von Hadramaut. Die beiden Kuppeln, die auf dem mittleren Bild gegen den Himmel kontrastieren, erheben sich nahe dem Hafen Mirbat. Unter ihnen ruht ein hochverehrter, im Volksmund Bin Ali genannter Heiliger. Unteres Bild: bukolische Szene am Rand von Mirbat; Bild auf dieser Seite: der alte Ziehbrunnen im Hof der Festung von Taqah.

Samaramm, der östlichste Außenposten des alten Königreichs von Hadramaut, das seinerzeit auch den Dhofar kontrollierte. Es wurde gegründet, als die Römer im 2. Jahrhundert n. Chr. endlich die navigatorischen Risken des Roten Meeres meisterten und der Weihrauchexport nicht mehr nur mit Karawanen über Land, sondern auch auf dem Seeweg erfolgen konnte. Die Stadt war von einer zweieinhalb Meter dicken Mauer aus mächtigen Steinquadern umgeben. Sie barg ein dichtes Geflecht mehrstöckiger Häuser. Ihre Ruinen, in denen amerikanische Archäologen Inschriften in einer zuvor unbekannten südsemitischen Sprache entdeckten, sind nur durch einen Drahtzaun geschützt.

Vom höchsten Punkt des Ruinenhügels hat man einen schönen Blick auf die Lagune Khor Rori, den einstigen, längst versandeten Hafen. An ihrem flachen, von Schilf überwucherten Ufer staksen Reiher und Flamingos. Darüber kreisen Möwen. Landeinwärts ist gut die markante Kalksteinwand am Ausgang des Wadi Darbat zu erkennen, die sich, auf Photos haben wir's gesehen, nach heftigem Regen in einen mehrere hundert Meter breiten Wasserfall verwandelt. Dahinter erhebt sich der gewaltige Felswall des Djebel Samhan. Seine Hänge sind zur Zeit von verdorrtem Busch-

und Baumwerk überzogen und schmutzigbraun. Doch der Monsun wird daraus schon bald einen kleinen arabischen Dschungel machen.

MIRBAT – ENDPUNKT DER ASPHALTSTRASSE. Die Stadt genoß noch vor 300 Jahren eine gewisse Bedeutung als Ausfuhrhafen für Weihrauch. In ihrem Kern stoßen wir auf allerlei alte Bausubstanz. Darunter stattliche mehrstöckige Wohnburgen aus Korallenkalkstein, wie man sie in der Form sonst nur weiter südlich, im Jemen, findet. Viele sind freilich im Zustand fortgeschrittenen Verfalls – die Decken eingestürzt, die Wände zerfallen. An manchen Mauern kann man noch Spuren von Maschinengewehrsalven erkennen. In Mirbat tobte 1972 eine Entscheidungsschlacht zwischen den Rebellen der Volksfront und den Truppen des Sultans.

In der angrenzenden Neustadt wieder, wie im ganzen Land über den Alu-Portalen der Läden, die uniformen Neonschilder in lateinischer Schrift: „Tailor“, „Laundry“, „Cattle Food“, „Barber Shop“, „Perfumes & Luxuries“ und an jeder zweiten Ecke – „Foodstuff“, Lebensmittel. Im Hafen stoßen wir auf eine Gruppe Schaulustiger. Sie umringen zwei Fischer, die gerade einen Riesenhai zerlegen. Das Tier muß fast sechs Meter gemessen haben. Kopf und Schwanz sind noch ganz. Respektvoll streichen wir mit den Fingern über die Haut – sie ist ein ledriger Panzer; dann über die Zahnreihen – es sind Rasierklingen. Das Monstrum erregt selbst im Tod noch Schauder. Ein Fischer meint uns beruhigen zu müssen. Es sei weit, weit draußen, auf hoher See gefangen worden.

Ein Stück westlich von Mirbat und abseits der Hauptstraße finden wir weiße Zwillingskuppeln. Sie wölben sich über dem Grabmal von Scheich Mohammed bin Ali Al-Alawi. Der Stammbaum dieses vor gut 800 Jahren verstorbenen Heiligen reicht angeblich direkt bis zum Schwiegersohn des Propheten Mohammed zurück. Vor dem Mausoleum erstreckt sich ein immenses Gräberfeld. Tausende Gläubige haben ihre letzte Ruhe in der Nähe des Verehrten gesucht. Wohl in der Hoffnung, selbst nach ihrem Tod noch von der heilsamen Energie, die er verströmt, zu profitieren.

Ein weiteres wichtiges Grab in der Umgebung Salalahs findet sich an den Abhängen des Djebel Qara: Nabi Ayoub – eines der vielen über den ganzen Orient verstreuten „Gräber des Hiob“. Wie schon im Fall von Scheich Al-Alawi ist auch dieses Heiligtum von Nicht-Moslems nur aus gebührlichem Re-

spektabstand, am besten vom Eingang aus, zu betrachten. Von der Felsterrasse aus gesehen, auf dem die Türbe thront, liegt uns das weiße Häusermeer der Hauptstadt wie auf dem Präsentierteller zu Füßen.

MITTAGESSEN IM ZENTRUM SALALAHS. Das Restaurant Bin Atique gilt als beste Adresse für traditionelle dhofarische Küche. Wir sitzen auf Teppichen in einer Art Séparée aus Resopal. Mit uns zwei neue Freunde, Einheimische. Es wird opulentest aufgetragen: *Hommos* – eine Paste aus Kichererbsen, *Ful* – Bohneneintopf; *Assidha* – eine Abart des Germknödels aus Mehl, Zucker, Salz und heißem Schmalz; *Harisse* – Assidha, versetzt mit frischen Fleischstückchen; getrockneter Hai in Kokoscurry und das obligate Hühnchen mit Biriyani-Reis. Den gekochten Magen mit Zwiebel und die Ochsenaugen vergessen wir wohlweislich zu bestellen. „Wir Dhofari", beteuern die Gastgeber, „kochen schlicht, aber schmackhaft". Unser hamsterbackiges Nicken muß ihnen vorerst als Zeichen der Zustimmung genügen. Irgendwann berührt das angeregt dahinmäandernde Gespräch auch den Themenbereich Österreich-Deutschland-Wiedervereinigung-Hitler. Wie schon so oft im Orient hören wir lobende Worte über den Diktator. Daß er Krieg führte, gilt als Beweis für Entschlossenheit und mannhafte Stärke. Noch dazu haßte er die Juden! Es ist die unter ungebildete Arabern so weit verbreitete bizarre Verkürzung, die der Unkenntnis der wahren Hintergründe entspringt.

Im Anschluß geht's nochmals auf den Markt. Diesmal ist es allerdings der sogenannte Alte oder al-Hafah-Suq nahe dem Eingang in den Palastbezirk. Er ist das Revier der Duftverkäuferinnen, jener dunkelhäutigen, dicken Damen in weiten, herrlich bunten Gewändern und mit Ringen in den flachen Nasen, die hunderterlei wundersame Essenzen, Öle, Salben und Räucherwaren zu kreieren wissen. Neben ihren vornehmlich mit indischen und französischen Substanzen gefüllten Döschen, Schächtelchen und Flakons und den buntbemalten Duftbrennern aus Ton bieten sie – in Plastiksäckchen oder Flechtkörben – selbstverständlich auch das legendäre, heimische Räucherharz, den Weihrauch, an. Und zwar die besonders kostbare, transparente, leicht bläuliche Sorte *al-Huraji* aus den trockenen, meeresfernen Anbaugebieten ebenso wie den kaum minder guten *al-Najdi* und den deutlich rötlicheren und deshalb billigeren *as-Shabi* aus den küstennäheren Landstrichen.

Haie wie dieses vor seiner Zerteilung rund sechs Meter lange Prachtexemplar beißen selbst in den fischreichen Hoheitsgewässern des Oman nicht alle Tage an. Dieser, im Hafen von Mirbat an Land gebracht, wurde laut Angaben des stolzen Petrijüngers „weit, weit draußen, auf Hoher See" gefangen – eine für Badeurlauber wohl nicht unwesentliche Anmerkung.

Gegenüberliegende Seite: Der liebenswert verträumte Blick des Kameljungen kann über die Tatsache nicht hinwegtäuschen, daß die „Schiffe der Wüste" im Kollektiv der Vegetation des Dhofar arg zusetzen. Der Bestand an Kamelen beträgt angeblich bereits weit über 100.000 Stück und führt zur Trockenzeit vor allem in der Küstenebene zur Überweidung der ohnehin kargen Grasflächen.
Oberhalb: Ein natürlicher Luginsland aus Sand am Rand der Rub al-Khali nahe der Oase Shisr.

Sultan Qabus fordert und fördert in allen Lebensbereichen die Gleichberechtigung der Frau. Daß sein Eintreten für dieses unter Arabiens Männern nicht allzuoft postulierte Ziel mehr als bloßes Lippenbekenntnis ist, beweisen die Errungenschaften der letzten 25 Jahre: Rund neun Zehntel aller Mädchen des Landes besuchen die Grund- und Hauptschulen. Und Frauen bekleiden sowohl in der Verwaltung als auch im Geschäftsleben häufig hohe Positionen.

Ins Reich des Weihrauchbaums. Vorbei an Mina Raysut, Salalahs modernem Hafen, und dem Traumstrand von Mughsayl, geht es Richtung jemenitischer Grenze. Die Berggipfel des Djebel Qamar sind von beeindruckender Schroffheit. Die Küste stürzt stellenweise senkrecht ins Meer. Und auch die Serpentinenstraße, ein Jahrhundertbau, mit dem Sultan Qabus die entlegenen Dörfer zugleich befriedete und mit der Gegenwart verband, ist von kaum überbietbarer Kühnheit. Am Rand der Bucht von Mughsayl wartet auf uns sogar eine erstrangige Kuriosität: flache, vom Meer unterspülte Klippen, durch deren natürlich entstandene Löcher die Wellen bei Flut Wasser emporpressen, das oben als Fontänen hochschießt.

Doch das eigentliche Ziel dieser Tour ist die Begegnung mit jenem fabelhaften Gewächs, das seit der Antike geradezu als Synonym für Südarabien gilt – mit dem Weihrauchbaum. In einem besonders öden Nebenwadi stehen endlich ein paar Exemplare dieser Gabe Gottes, der Boswellia sacra, wie sie in der Botanikersprache heißt, vor uns: knorrig, ja verkrüppelt, mit ausladenden Ästen, dafür keine drei Meter hoch und nur mit einem höchst kümmerlichen Blättergestrüpp ausgestattet, also fast kahl.

Salim, unser Begleiter, demonstriert, wie man mit Hilfe des *Manghaf,* einem Holzstab mit eiserner Klinge, die Rinde ritzt. Er erklärt auch, daß man danach zwei bis drei Wochen zu warten hat, bis der weiß hervorquellende Saft zu bernsteinartigen Klümpchen geronnen ist; daß man zwischen *Golf,* weiblichen, und *Tays,* männlichen Bäumen, zu unterscheiden hat, und daß ein Baum drei- bis viermal pro Erntesaison jeweils bis zu dreißig Schnitte verträgt. Auch jene Legende (die den alten Südarabern ihr Monopol bewahren half) gibt er schmunzelnd zum besten, nach der Schwärme bunter, geflügelter Schlangen feuerspeiend von Baum zu Baum fliegen und so die heiligen Hänge vor unbefugten Eindringlingen schützen. Salims Familie betreibt die Weihrauchernte nach wie vor kommerziell. Doch die fetten Jahre, klagt er, in denen sich hohe Profite erzielen ließen, seien seit dem Ende des Zweiten Weltkriegs, als Indien das Räucherharz mit hohen Importzöllen belegte und Chemiker ein synthetisches Substitut entwickelten, endgültig vorbei.

Die versunkene Stadt. „Das Wetter in diesem Teil Arabiens ist so unerträglich, daß der Wein binnen zweier Tage zu Essig wird“, berichteten die alten Seefahrer. Ich verstehe sie von Tag zu Tag besser. Es ist Mitte April und die steigende Hitze beginnt unser Animo zu lähmen. Trotzdem unternehmen wir eine letzte Tour. Sie führt zur Oase Shisr, an den Rand der Rub al-Khali, des „Leeren Viertels“. Irgendwo in dieser wüsten Gegend vermuten Altertumsforscher seit langem jene sagenhaft reiche Stadt, die im Koran als Iram und in den Erzählungen aus 1001 Nacht als Ubar erwähnt ist und seinerzeit, von Gottes Zorn getroffen, mit einem Mal in einer riesigen Höhle versunken sein soll. 1984 entdeckte man auf Infrarotphotos der Raumfähre Challenger ein Netz von alten, unter dem Sand verborgenen Karawanenwegen. Ihr Schnittpunkt lag nahe der nach wie vor nur vage definierten Grenze zu Saudi-Arabien, an der letzten Wasserstelle auf dem Weg in die Große Wüste, dem heutigen Shisr. Als Archäologen nachforschten, stellten sie in der Tat fest, daß an dieser Stelle einst eine Stadt existierte; daß auch deren Umgebung bewohnt war; und – was die These, es handle sich um die legendäre Siedlung, halbwegs einleuchtend machte – daß sie einst wirklich ganz plötzlich im Erdboden einbrach. Der Lokalaugenschein ist für uns Laien allerdings kaum aufschlußreich. Shisr ist ein typischer Ort zum Dagewesensein. Es gibt wenig zu sehen, aber viel zu mutmaßen. Wichtigster Orientierungspunkt ist die tatsächlich enorme Kaverne. Einen Beweis, daß der Ort dem antiken Ubar entspricht, liefert freilich auch sie nicht.

Auf der Rückfahrt irgendwo zwischen Shisr und Thumrait. Die Landschaft ist von grandioser Öde – Sand, Geröll, von der Sonne gebleichtes Buschwerk. Fertigteilhäuser, vereinzelt Beduinenzelte. Höflichkeitsbesuch bei Salims Verwandten. Wir naschen Datteln, trinken aus Aluminiumschüsseln noch warme Kamelmilch. Fast zwangsweise kommt das Gespräch wieder auf die „Schiffe der Wüste“. Salim allein besitzt ihrer vierzig. Von den rund tausend Rial, die er im Monat verdient, gehen fünf- bis sechshundert für Futter auf. Ein Tier auf den Markt zu bringen, sagt Salim, sei sinnlos, der Preis durch das Überangebot längst ruiniert. Doch selbst wenn es höheren Profit brächte, dürfe er keines verkaufen. Aus sentimentalen Gründen, und um das Familienimage nicht zu ramponieren. Seinem greisen Vater raube es schon den Schlaf, wenn er eines der Tiere nur husten höre. Außerdem, und bei diesem Gedanken nicken die Umstehenden bedächtig, sei der Wohlstand durch das Öl ohnehin nicht von Dauer. Und wisse man, wer künftig regiert? In Notzeiten, gibt er zu bedenken, garantieren Kamele Sicherheit. Sie liefern Nahrung. Und im Kriegsfall könne man auf ihnen in die Wüste fliehen.

Die Verwendung von Schleier und Gesichtsmaske, wie sie vor allem am Land noch gang und gäbe ist, haben den omanischen Frauen keineswegs männliche Sittenwächter aufgezwungen. Sie ist vielmehr Ausdruck weiblichen Selbstbewußtseins und entspringt dem freien Willen, Tradition und Diskretion zu wahren. Oben: Näherinnen im Handwerkszentrum von Salalah. Unten: die kunterbunte Plastikwelt hält auch im Suq der dhofarischen Hauptstadt Einzug.

Laisser-faire am Indischen Ozean. Der Sandstrand in der Ebene von Salalah ist über fünfzig Kilometer lang, von geradezu unverschämter Makellosigkeit und noch dazu über weite Strecken menschenleer. Wie schlaraffisch das Leben für seine Anrainer, zumindest bei den moderaten Temperaturen des Winters ist, zeigt das Beispiel der örtlichen Fischer. Sie brauchen nur bloßfüßig am Strand zu stehen und an einer einfachen Schnur kleine Fischstückchen in die flache Brandung zu halten. Auf diese Weise ziehen sie im Abstand von ein, zwei Minuten mühelos mittelgroße Fische an Land.

ARABIENS NORWEGEN. Unterwegs in den nördlichsten Zipfel des Landes. Eingepfercht in eine enge, zweipropellerige Aluminiumröhre der Oman Air fliegen wir von Sib aus die Sichelküste der Batinah entlang. Uns zu Füßen Retortensiedlungen, Landvillen, die grünen Gevierte der Farmen, Barka, Sohar, und rechter Hand die Daymaniyat-Inseln – von nistenden Seevögeln bewohnte und türkis leuchtenden Korallenriffen umkränzte Sandbänke. Nach einer Stunde, vor Khor Fakkan, ein riesiger Schwarm von Öltankern auf Reede. Kurz danach versperrt plötzlich ein aus dem Meer ragender gigantischer Felsriegel den Horizont. Ruus al-Djibal, die „Köpfe der Berge". Die Halbinsel Musandam.

Beim näher Kommen zeigt sich, daß das gewaltige Massiv von einem Geflecht tiefer Fjorde und Wadis zerschnitten ist. Der Vergleich mit Norwegen drängt sich auf. Was freilich völlig fehlt, sind der Wald und die Wasserfälle. Als die Maschine zur Landung ansetzt, scheint es, als berührten die Tragflächen jeden Moment die Berge. So nah sind die Gipfel und so eng die Täler. Inmitten des grandiosen Chaos aus Geröllhalden, Schrunden, schroffen Felsflanken entdecken wir winzige, leuchtend grüne Flecken. Felder! Also doch – sogar in dieser Mondlandschaft leben Menschen.

KHASAB. Hauptort der Halbinsel ist die Küstenoase Khasab. Sie liegt auf dem Schotterfächer eines mächtigen Wadis und besitzt dank reicher Grundwasserreservoirs ausgedehnte Palmenhaine. Von Musandams insgesamt rund 28.000 Einwohnern siedeln fünfzehntausend hier. Den örtlichen Armeeflughafen dürfen Zivilmaschinen erst seit ein paar Jahren anfliegen. Bis dahin war Musandam militärisches Sperrgebiet und für Touristen tabu. Denn allzu groß war die strategische Bedeutung der nahegelegenen Straße von Hormuz. Noch Anfang der Achtziger gelangten dreißig Prozent der Ölimporte der USA, sechzig der Europäer und siebzig der Japaner durch diese „Halsschlagader des Westens". Zwischen 150 und 200 Tanker passierten die Meerenge damals pro Tag. Seither hat der Iran seine Ölausfuhren deutlich gedrosselt, haben Saudi-Arabien und Kuwait neue Pipelines für den Export gebaut. Der Irak hat jahrelang aufgrund des UN-Embargos keinen Tropfen verkauft. Und die Zahl der Schiffspassagen hat sich halbiert. Auch wenn die Omanis mit Hilfe britischer – und seit Khomeinis Revolution zusätzlich amerikanischer – Berater die-

Trotz ihres abweisenden Äußeren war die Fjordlandschaft an der Nordspitze der Halbinsel Musandam von jeher für diverse Eroberer ein begehrtes strategisches Ziel. Die Festung des Hauptortes Khasab – im Bild: ihre Wehrmauern – wurde schon um 1600 von den Portugiesen errichtet. Wohl die größte Attraktion für Reisende in dieser immer noch sehr abgeschiedenen Weltgegend ist eine Tagesfahrt an Deck einer Dhau in den von schroffen Felswänden umschlossenen Fjord Khor Shimm.

Das kristallklare, wunderbar warme Wasser in Musandams Fjorden – im Bild: Khor Shimm – lädt zum stundenlangen Schnorcheln und Tauchen. Mit etwas Glück begegnet man dabei einer eremitischen Meeresschildkröte, einem Schwarm von Delphinen oder fliegenden Fischen; mit etwas Pech einem Hai, der freilich, so behaupten zumindest die Einheimischen, aufgrund des reichhaltigen Speisenangebots nur sehr sehr selten Appetit auf Menschenfleisch entwickelt.

ses ihr Territorium nach wie vor geflissentlich kontrollieren: seine weltpolitische Wichtigkeit hat sich deutlich verringert.

INS LAND DER SHIHUH. Pionier im zaghaft keimenden Tourismusgeschäft von Khasab (und wohl auch sein künftiger Kaiser) ist Abdul Khalique, ein ausnehmend angenehmer, weil engagierter, doch zugleich zurückhaltender Zeitgenosse. Er lädt uns auf eine Spritztour in seinem Four-Wheel-Drive ein. Wenige Kilometer hinter dem Ort geht es in halsbrecherischen Spitzkehren dem über 2.000 Meter hohen Djebel Harim, Musandams prominentestem Gipfel, entgegen. Auch entlang dieser Strecke eröffnet sich ein tektonisches Wunderland und vom Scheitel der Paßstraße (die Bergspitze ist wieder einmal dem Militär vorbehalten) ein atemberaubender Rundblick. In 1.100 Metern Seehöhe stoßen wir auf eine großflächige Senke. Sie ist sattgrün und gepflegt wie ein schottischer Golfplatz. In ihr, hören wir, sammelt sich jetzt im Frühjahr das Regenwasser. Die Bewohner des angrenzenden Ortes Sayh nutzen es zum Anbau von Luzerne. Tiefer in den Bergen begegnen wir erneut, wie schon auf der Strecke zwischen Dibba und Ras al-Khaima, Bergnomaden vom Stamm der Shihuh. Sie grüßen, nicht unfreundlich, aber verhalten, indem sie ihre *Djirs,* die charakteristischen kleinen Äxte, ein wenig schwenken.

Auf der Rückfahrt ein Abstecher nach Birkat Khaldiya, einer natürlichen Parklandschaft, die im Schräglicht der untergehenden Sonne der ostafrikanischen Savanne gleicht. Schirmakazien, hohes Gras, stellenweise ein grüner Teppich aus Kräutern. Am Ende des breiten Tales das gleichnamige Dorf. Zehn Häuser, hundert Einwohner. Elektrizität kam erst im vorigen Jahr. Der Dorfälteste führt uns zu seinem früheren Haus. Es ist aus massiven Steinblöcken geschichtet und mit zyklopischen Schieferplatten gedeckt. Sein etwa zur Hälfte in die Erde gegrabenes Inneres ist eine dunkle Höhle. Noch vor zwanzig Jahren, sagt er, habe er hier gewohnt. In einer Ecke erkennen wir schemenhaft mehrere riesige Tongefäße. Sie dienten als Getreidelager. Um diesen Vorrat im Sommer, wenn sie in die Oasen zogen, vor Dieben zu schützen, versahen die Bewohner die Holztüren mit komplizierten Schlössern. Auf arabisch heißen diese archaischen Behausungen denn auch *Bait alqafl,* „Haus des Schlosses".

Abends im Khasab Hotel, der einzigen Unterkunft im Ort. Der Speisesaal ist bis auf den letzten Platz mit Einheimischen gefüllt. Im Oman ist der Genuß von Alkohol in der Öf-

Die Bergwelt im Inneren Musandams ist von unbändigem Reiz. Doch ihren nomadischen Bewohnern, den Shihuh, verlangt sie ein Höchstmaß an Überlebenskunst ab. Immer wieder erspäht das Auge in der grandiosen, aber unfruchtbaren Fels- Geröllöde winzige grüne Flecken – es sind Terrassenfelder, die nur dank eines alten und überaus aufwendigen Systems von Regenzisternen und Steinkanälen bewässert werden können.

fentlichkeit streng untersagt. Die einzige Möglichkeit, ihm in Gesellschaft zu frönen, bieten die wenigen lizensierten Restaurants und Hotels. Auf ihren Tischen stapeln sich leere Dosen und Flaschen.

BEGEGNUNG MIT SCHMUGGLERN. Zu früher Stunde in Mina Khasab, dem Hafen. An der Mole sind Dutzende kleine, mit Schafen beladene Schnellboote vertäut. Sie gehören Iranern, die ihre lebende Fracht im Morgengrauen aus ihrer Heimat geschmuggelt haben. Hier auf omanischer Seite werden sie ganz offiziell empfangen. Die Zollbeamten des Sultanats durchsuchen sie nach Waffen und kassieren die fälligen Steuern. Die Schafe werden tierärztlich untersucht, auf Kleinlastwagen verladen und in das drei Autostunden entfernte Dubai expediert. Für den Rückweg decken sich die Iraner im örtlichen Suq mit Waren aller Art – Zigaretten, Lebensmittel, aber auch Kleidung und Elektrogeräte – ein. Bereits Anfang kommenden Jahres soll die Straße zwischen Khasab und Dubai fertig verbreitert und asphaltiert sein. Dann wird der Strom an Waren (und Touristen) erst so richtig anschwellen.

Der Dorfälteste von Birkat Khaldiya posiert in seinem ehemaligen Haus, in dem er noch vor zwanzig Jahren mit seiner Familie lebte. Es ist zum Schutz vor der Sommerhitze zur Hälfte in den Erdboden eingelassen. In dem höhlenhaften Dunkel gut zu erkennen: riesige Amphoren, in denen die Bewohner ihre Getreidevorräte lagerten. Der extrem niedrige Eingang sollte etwaige Feinde zwingen, das Haus gebückt, also zum Zweikampf unfähig, zu betreten.

Zahlreich, jedoch meist nur schwierig zu finden, sind in den omanischen Bergen prähistorische Ritzzeichnungen. Allein im Djebel Akhdar-Massiv wurden Mitte der siebziger Jahre in einer konzertierten Suchaktion an 47 verschiedenen Orten derartige künstlerische Hinterlassenschaften entdeckt. Zu den herausragendsten Exemplaren dieser frühen Vorläufer heutiger Graffiti zählen die lebensgroßen Figuren auf dem sogenannten Coleman's Rock unweit von al-Hamra und – hier zu sehen – die Kamele und magischen Symbole in Tawi, südwestlich von Khasab.

Der Blick aus dem Fort von Khasab fällt Richtung Norden auf die weite, jedoch an ihren Rändern von steilen Felsen umrahmte Bucht, Richtung Süden auf die weitläufigen Dattelpalmgärten der Oase und auf die Gegend des modernen, verblüffend gut sortierten Suqs, in dem sich die Schmuggler aus dem Iran tagtäglich mit profitträchtigen Gütern für ihre Heimat eindecken.

Dhaufahrt. Den Tag verbringen wir an Bord einer alten Dhau. Das Deck ist mit Teppichen ausgelegt, die hölzerne Reling zum Anlehnen mit Rückenpölstern versehen. Man kredenzt Zimttee und frische Früchte. Eine aufgespannte Persenning spendet Schatten. Unser Ziel heißt Khor Shimm und ist der mit sechzehn Kilometern längste Fjord der Halbinsel. Wir tuckern das Ufer entlang. Jede Ecke offenbart einen neuen Traumstrand. Allein mit dem touristischen Potential dieses kurzen Küstenabschnitts bestreiten andere Länder komplette Werbekampagnen. Oman besitzt rund 1.700 Kilometer fast ausnahmslos jungfräuliche Küste. Dennoch hat das Land den Versuchungen des Massentourismus bisher erfolgreich widerstanden.

Inmitten des Khor Shimm erhebt sich ein kahles Eiland, die Telegrapheninsel. Als die Briten vor gut 120 Jahren ein Nachrichtenkabel von London nach Bombay legten, errichteten sie an dieser entlegenen, aber neuralgischen Stelle eine Überwachungsstation. Die beiden Aufseher hielten freilich der Einsamkeit und dem Klima nur kurze Zeit stand. Es ist ihnen nicht zu verargen. Rundherum ragen die nackten Felsklippen bis zu tausend Meter senkrecht in den knallblauen Himmel. An den Steilufern kleben ein paar Nester, deren Bewohner den bleichgesichtigen Fremden seinerzeit vermutlich auch nicht überaus wohlgesonnen waren. Dazu kamen noch Piraten, die draußen im Golf die Handelsschiffe der Europäer überfielen und sich danach in dem Buchtenlabyrinth verbargen. Die Station wurde schon nach wenigen Jahren wieder aufgegeben. Nur ein paar Mauerfundamente zeugen noch von dem gescheiterten Versuch.

Vom Wasser aus beobachten wir, wie in einer der winzigen Ufersiedlungen ein Trupp Männer einen Holzmast den Hang hochschleppt und dann in den Boden rammt. Eine Stromleitung. Die Gegenwart hält Einzug.

Bis heute liegen diese Ortschaften am äußersten Rand der zivilisierten Welt. Ihre Kinder werden zu Wochenbeginn mit dem Boot zur Schule nach Khasab gebracht und kehren erst am Donnerstag abends nach Hause zurück. Manche Dörfer sind gegen Ende des Sommers darauf angewiesen, daß ihnen die Regierungen in Tankbooten regelmäßig Trinkwasser anliefert. Und manche, wie etwa Kumzar, liegen so eingezwängt zwischen Bergen und Meer, daß die Toten unter den Häusern begraben werden.

Am Schluß des verästelten Fjords, den keine Meeresströmung und auch selten eine Windbö erreicht, taucht aus dem spiegelglatten Wasser plötzlich der Kopf einer Schildkröte auf. Kurz danach überholt uns ein

Schwarm fliegender Fische. Und zum Finale spielen, kurz bevor wir wieder das offene Meer erreichen, mehrere Delphine mit dem Schiff zugleich Fangen und Versteck.

Als wir in der Dämmerung wieder im Hafen von Khasab einlaufen, warten dort ganze Pulks von Iranern mit startklaren Booten auf den Einbruch der Dunkelheit. „Unser Problem mit den nur sechzig Kilometer entfernten Nachbarn im Norden", sagt Abdul, der uns begleitet hat, „sind nicht diese Schmuggler. Sie sind willkommen. Was uns hier in Khasab Sorge macht, ist die wachsende Zahl von Flüchtlingen. Drüben im Iran haben die wenigsten Jugendlichen eine Zukunft. In Bander Abbas etwa, der kaum hundert Kilometer entfernten Hafenstadt, leben bereits über zwei Millionen Menschen. Und immer mehr suchen bei uns beziehungsweise in den Emiraten ihr Glück. Armut ist der Nährboden für Neid. Und dieser, so fürchten wir, könnte uns eines Tages treffen."

So wie unser Führer müssen Anno dazumal auch die Portugiesen aus dem Inneren des Forts hinaus auf das offene Meer gespäht haben. Freilich erfüllt mit Argwohn und Angst. Denn schon zwanzig Jahre nachdem sie – um 1600 – die strategisch bedeutsame Anlage geschaffen hatten, verloren sie die nahe Insel Hormuz wieder an die Perser. Und weitere zwanzig Jahre später, 1644, mußten sie auch Khasab abtreten – an Nasir ibn Murshid vom Stamm der Yaruba.

Welcher Ort wäre geeigneter, sich im Gebet Gottes Gegenwart zu erinnern als eine Düne nahe der Oase Shisr am Rand des „Leeren Viertels", der größten Sandwüste der Welt? Wohl unter dem überwältigenden Eindruck der hier herrschenden Zeit- und Endlosigkeit schrieb der große Wilfred Thesiger vor zwanzig Jahren nach einem Leben voller Reisen durch den Orient: „Das Beste im Wesen der Araber kommt aus der Wüste … Die in ihr lebten, waren von einem bedingungslosen Gottesglauben durchdrungen, der schließlich im Islam seine Erfüllung fand. Aus der Wüste stammt auch der Stolz der Araber auf ihre Herkunft, stammen ihre Großzügigkeit und Gastfreundschaft, ihr Mut und Humor, ihre Geduld, ihre Würde, und der Respekt, den sie für die Würde des anderen empfinden".

الآمارات العربية و عُمان من الداخل

Vereinigte Arabische

Emirate und Oman von innen

Menschen erzählen aus ihrem Leben

Sämtliche autobiographischen Texte dieses Buchabschnittes sind das Ergebnis von Gesprächen, die der Autor zwischen Januar und April 1996 selbst mit den jeweiligen Personen führte.

„Ein Großteil des Goldes wird re-exportiert."

TAWFIQUE ABDULLAH,
Dubais größter Goldschmuck-Detailhändler

Meine Familie kommt, was ja auch unser Firmenname „Damas" verrät, aus Syrien und ist nun bereits in der vierten Generation im Schmuckgeschäft tätig. Als mein Vater sich 1958 hier am Creek niederließ und seinen ersten Laden eröffnete, handelte er hauptsächlich mit Perlen, und zwar nicht mit Zucht-, sondern mit echten Orient-Perlen aus dem Golf. Er war damals in Dubai der einzige Araber, ja überhaupt Ausländer in der Branche, weshalb sie ihn auch „den Syrer" nannten. Das Geschäft mit Schmuck, insbesondere mit Gold, war damals fest in der Hand der hiesigen indischen Händler. Die beherrschen den Markt bis zum heutigen Tag, aber mittlerweile machen ihnen doch etliche Araber – Libanesen und Einheimische vor allem – Konkurrenz.

1967, als ich meinem Vater hierher folgte, war der Handel mit Perlen schon am Ende und er hatte sich völlig auf Schmuck verlegt. Mit gutem Grund, wie mir scheint: Heute tummeln sich im Engroshandel mehr als zwanzig große und über fünfzig kleine Mitspieler. Im Detailhandel hingegen sind wir die größten. Damas betreibt zur Zeit 21 Läden, in denen wir eineinhalb Tonnen pro Monat verkaufen. Wohlgemerkt: keine Barren, sondern ausschließlich Schmuck, Fertigware.

Der Goldsuq bildete schon in den späten fünfziger Jahren Dubais Hauptattraktion. Das edle Metall wurde hauptsächlich in Südafrika gewonnen und kam über die Londoner Goldbörse in Form von Barren hierher. Doch für einen Großteil der Ware war Dubai – wie übrigens noch immer – nur Transitstation. Sie wurde von hier in Drittländer weitergeschmuggelt oder, wie man das heute nennt, re-exportiert. Das brachte damals eine Gewinnspanne von stattlichen sechzig Prozent. Man machte also zwei Fuhren und verdoppelte damit seinen Einsatz. Der Löwenanteil der Ware ging von hier auf Dhaus nach Indien, das ja bis heute den größten Absatzmarkt der Welt darstellt. Nicht zufällig dient im Goldhandel nach wie vor ein altes indisches Gewicht, der Zehn-Tolar-Barren (er entspricht 116,64 Gramm), als Normmaß.

Auch was den gegenwärtigen Goldhandel betrifft, ist Dubai für den Mittleren Osten und Indien unbestrittener Mittelpunkt. In der Liste der Gold importierenden Länder rangiert es weltweit auf Rang vier. 1995 führte es beispielsweise 318 Tonnen ein, das sind rund fünfzehn Prozent der jährlichen Weltproduktion, die ja bekanntlich streng kontrolliert wird und deshalb auch nur minimal schwankt. Dreiviertel davon werden auf den Subkontinent re-exportiert. Die Zeit der Megarenditen freilich ist, spätestens seit Indien seine Wirtschaft liberalisiert hat, endgültig vorbei.

Der Anteil von Schmuck am Gesamthandelsvolumen ist deutlich gestiegen. Er beträgt inzwischen cirka dreißig Tonnen, also zehn Prozent. Unsere Ware kommt praktisch von überall her, aus China, Singapur, Thailand, Europa, aus dem Nahen Osten, der Türkei ... Lieferant Nummer eins für Konfektionsschmuck, und zwar hauptsächlich 18karätigen, ist Italien. Unter Indern und Pakistanis erfreut sich 22karätiges Gold größter Beliebtheit. Syrer, Ägypter, überhaupt Araber, bevorzugen hingegen 21 Karat. Unser neuer Renner sind aber 24 Karat. Man kann damit zwar keine Steine fassen, dazu ist diese Sorte zu weich. Doch sie wird in Gußmaschinen aus Platin geformt, ist deshalb sehr massiv und läßt sich problemlos tragen.

Der Preis eines Schmuckstücks setzt sich aus den Kosten für das Rohmaterial, also dem offiziellen Goldkurs, den Kosten für die Bearbeitung sowie aus den Spannen des Groß- und Einzelhändlers zusammen. Wobei die Tatsache, daß man in Dubai den Schmuck so billig wie nirgendwo sonst auf der Welt bekommt, in den extrem großen Mengen, die man hier umsetzt, begründet ist. Wir verkaufen an einem Tag so viel, wie viele andere in einem Jahr nicht. Deshalb kann es passieren, daß Sie etwa Schmuck aus Italien in Dubai um die Hälfte jenes Preises kaufen können, um den Sie ihn in Rom angeboten finden. Und deshalb ist in den insgesamt über 200 Juwelierläden unseres Goldsuqs die Auswahl auch so unvergleichlich groß.

Die Logotype *City of Gold* haben wir erst unlängst, im Zuge der Vorbereitung für das Shopping Festival kreiert. Ich war um Konzepte für die Promotion der Stadt gebeten worden und hatte die Idee, in einer Lotterie Goldbarren zu verteilen. Nach dem Motto: „Dubai – die einzige Stadt der Welt, in der man Gold verschenkt". 34 Tage lang, für die Dauer des Festivals, sollte täglich ein Kilobarren zur Verlosung kommen. Dem heiklen Problem, daß das islamische Recht jegliches Glückspiel verbietet, wichen wir aus, indem wir beschlossen, daß es keine Lose zu kaufen geben sollte. Vielmehr würden sie von der Juwelierbranche gesponsert und jedem Kunden, der in einem Schmuckladen etwas erstand, zusätzlich gratis, gleichsam als Bonus überreicht. Anfangs war das Gros der Händler alles andere als einverstanden. Doch der Erfolg der PR-Aktion überzeugte sie. Immerhin haben auf diese Weise viele ihre Umsätze in nur zwei Monaten verdoppelt.

Tawfique Abdullah in seinem Büro

„Die Dattelpalme ist der Baum des Lebens."

DR. SUSANNE VALENTINE,
Ernährungswissenschaftlerin und Dattelexpertin, Muscat

Ich bin Britin, habe Biologie mit dem Spezialgebiet Ernährungswissenschaften studiert und bereits in meiner Heimat viel praktische Erfahrung im Bereich der Lebensmittelverarbeitung gesammelt. Mit Datteln kam ich beruflich allerdings erst im Oman in Berührung, nachdem ich – das war vor rund viereinhalb Jahren – mit meinem Mann hierherübersiedelte. Ausgelöst wurde mein diesbezügliches Interesse auf einer Abschiedsparty, die befreundete Landsleute hier in Muscat gaben. Die Gastgeberin meinte damals eher beiläufig, sie würde künftig sicher die Datteln vermissen. Sie habe so viele einschlägige Arten der Zubereitung kennengelernt und wundere sich, weshalb es noch kein Rezeptbuch für Liebhaber dieser Köstlichkeit gebe. Ich spitzte die Ohren, und bald darauf machte ich mich gemeinsam mit einer Kollegin ans Schreiben. Das Ergebnis ist freilich kein reines Rezeptbuch, sondern enthält auch viel Hintergrundinformation – über die Geschichte dieses Grundnahrungsmittels, die Anbaugebiete, Erntemethoden, ernährungskundlichen Eigenheiten und etliches mehr. Im Zuge der Recherchen zum Buch kam ich auch mit dem Projekt *Dateflake* in Kontakt, einer Fabrik, die erst kürzlich in Rusayl, westlich der Hauptstadt errichtet wurde und Datteln künftig im großen Stil, also industriell, und zu völlig neuen Produkten verarbeiten soll. Dort bin ich seither an der Untersuchung bislang ungenutzter Möglichkeiten der Verwertung von Dattelfasern und Sirup beteiligt.

Die Allgegenwart der Dattelpalme im Oman fällt wohl jedem Neuankömmling spätestens bei seiner ersten Fahrt zu den Oasen und Wadis im Landesinneren auf. Sie liegt im hiesigen Klima begründet, das diesem Baum, von dem der Volksmund ja sagt, er müsse „den Kopf in der Sonne und die Füße im

Wasser" haben, besonders gut bekommt: Die Sommer sind sehr lang und heiß, die Winter mild. Es regnet selten und die Luftfeuchtigkeit ist dementsprechend gering. Andrerseits ist genügend Quell- und Brunnenwasser vorhanden, um die vor allem in Trockenzeiten alle zwei, drei Tage erforderliche Bewässerung zu gewährleisten.

Die weite Verbreitung der *Phoenix dactylifera* – wie dieser Baum, der übrigens zur Gattung der fiederblättrigen Palmen gehört und in rund hundert verschiedenen Formen auftritt, in der Fachsprache heißt – hat aber auch mit dem vielfältigen Nutzen zu tun, den die Menschen aus ihm ziehen. Seine Wedel werden zur Korb- und Mattenflechterei verwendet. Früher stellten sie auch das Baumaterial für Wände und Decken dar (das neue Dach im Suq von Mutrah zum Beispiel besteht aus Palmblättern). Die Stämme dienten zum Bau von Booten. Ihre Fasern drehte man zu extrem haltbaren Seilen. Und mancherorts wird aus dem Holz noch heute Kohle gemacht, die nicht nur kostengünstig ist, sondern zudem den Speisen – etwa dem Brot beim Backen – angeblich ein ganz spezielles Aroma verleiht. Außerdem ist die Funktion der Palmen als Schattenspender nicht zu vergessen.

Das wichtigste Produkt ist aber natürlich ihre Frucht, die Dattel. Sie enthält elf Minerale und sieben Vitamine und zusätzlich vergleichsweise viel, nämlich 6,5 Prozent, an Fasern. Diese selbst werden zwar vom Magen nicht verarbeitet, wirken aber verdauungsfördernd, indem sie im Darm Flüssigkeit binden und ihm so mehr Zeit geben, die Nährstoffe zu absorbieren. Zu cirka siebzig Prozent bestehen Datteln aus Zucker. Der wiederum setzt sich etwa zu gleichen Teilen aus Fruktose, die eine eher langfristige Kalorienzufuhr garantiert, und Glukose, die dem Körper einen raschen Energieschub verpaßt, zusammen. Weshalb sich Datteln auch ideal zum Fastenbrechen an den Abenden des Ramadan eignen. Ein zusätzlicher diätetischer Vorteil in Zeiten wie diesen: die Frucht enthält keinerlei Fett. Matrosen ernährten sich früher auf hoher See fast ausschließlich von Limetten und Datteln und konnten dank dieser, wenn sie außerdem ein paar Ziegen als Milchlieferanten mithatten, nahezu unbegrenzte Zeit an Bord überdauern. Und auch Beduinen auf ihren endlosen Karawanenzügen durch die Wüste lebten monatelang ausschließlich von Kamelmilch und Datteln und waren so, abgesehen vielleicht von einem gewissen Mangel an Proteinen, mit praktisch allen

Dr. Susanne Valentine

lebensnotwendigen Substanzen versorgt.

Kein Wunder, daß Araber im allgemeinen und die Omanis im speziellen die Dattelpalme auch als „Baum des Lebens" bezeichnen und sich mit ihr emotional ähnlich verbunden fühlen wie mit ihrem Kamel. Bis heute bekommt in jedem omanischen Haus der Gast neben dem unverzichtbaren *Qahwah,* dem Kaffee, als Willkommen eine Schale frischer oder getrockneter Datteln kredenzt. Bauern pflegen anläßlich der Geburt eines Sohnes neue Palmen zu pflanzen, auf daß dieser später über seine eigene Plantage verfügt. Und, last not least, verleiht dem Baum seine häufige Erwähnung im Koran auch eine besondere spirituelle Bedeutung.

Unter vielen Omanis, insbesondere den Landbewohnern, ist oder zumindest war bis vor kurzem noch die Vorstellung verbreitet, die Palmen hätten menschliche Gefühle und zeigten diese auch. Würden sich etwa zwei Pflanzen entgegenwachsen, wäre dies ein Zeichen für ihre wechselseitige Liebe. Was diesen Glauben sicherlich verstärkte, waren die tatsächlich verblüffenden Parallelen zwischen Palme und Mensch. Denn nicht nur braucht man, um Früchte zu produzieren, weibliche und männliche Pflanzen. Manche Arten erreichen die Reife zur Fortpflanzung ziemlich exakt im Alter von fünfzehn, und ihre Lebenserwartung beträgt rund achtzig Jahre.

Im Oman wachsen die meisten Dattelpalmen wie erwähnt im gebirgigen Landesinneren. Als wichtigste Anbauregionen gelten die Gegenden um Nakhl, Nizwa, Rustaq, Sumail, Izki, Fanja, Al Dahira und Buraimi. Wobei die beste Qualität, so heißt es, aus der Sharqiya kommt. Die Blüte erfolgt im ganzen Land mehr oder weniger zeitgleich, nämlich im Februar. Dies ist der Termin für die Bestäubung, wenn der *Baidar,* der Bauer, ausgerüstet mit dem *Mirad,* einem Sicherheitsseil, das er um Stamm und Hüfte bindet, auf die Bäume klettern muß, um die männlichen, ährenförmigen Blütenstände abzuschneiden und auf einem anderen Wipfel an die weiblichen zu binden. Sobald sich dann die ersten Früchte ausbilden, umhüllt man sie mancherorts mit knallbunten Stoffsäckchen, um sie vor Insekten, Vögeln aber auch Mäusen zu schützen. Man unterscheidet grundsätzlich rote und gelbe Sorten und bei beiden folgende Wachstumsstadien: *Ankaziz* – wenn die Frucht sprießt; *Khalal* – wenn sie rund und grün wird; *Bisr* – wenn sie eine gelbe beziehungsweise rötliche Färbung annimmt; *Rutab* – wenn sie braun und eßbar wird. Im getrockneten Zustand heißen Datteln *Tamar.*

Die Ernte erfolgt je nach Sorte und Mikroklima zwischen Juni und Dezember. Man hat also das halbe Jahr über frische Früchte. Zu dieser Zeit finden in den Dörfern allenthalben Auktionen statt, bei denen die Bewohner einer Gegend von Plantage zu Plantage ziehen und den Ertrag einer oder einer Gruppe von Palmen versteigern. Ein Teil der Datteln landet natürlich auf den Märkten. Lagert man sie in frischem Zustand, bleiben sie heutzutage dank des Kühlschranks zwar recht lange eßbar, aber ihre Feuchtigkeit birgt die Gefahr von Pilzbefall und Fäulnis. Tamar hingegen hält sich weit über ein Jahr. Der hohe Zuckeranteil wirkt als Konservierungsmittel und schützt gegen alle Arten schädlicher Mikroorganismen.

Regnet es, wie etwa im Vorjahr, zu Beginn der Reifezeit, also im April und Mai, ist die Ernte ruiniert. 1995 mußte der Oman Datteln aus Saudi-Arabien importieren. Überhaupt variieren die Preise stark – je nach Witterung, aber auch Sorte und Saison. Manche billigen Sorten werden schon im unreifen, also gelben Zustand aufgekocht, vorwiegend als Viehfutter verwendet und auch in großen Mengen nach Indien exportiert.

Für die jetzige Generation hat der kommerzielle Dattelanbau stark an Attraktivität verloren. Um ihn wieder lukrativer zu machen und insbesondere den Export zu fördern, wurden schon in den siebziger Jahren in Nizwa und Rustaq zwei Verpackungsfabriken für Trockendatteln errichtet. Die eingangs erwähnte, im November 1995 eröffnete Fabrik im Industriepark von Rusayl – sie kostete viele Millionen Rial, hat über fünfzig Beschäftigte und ist weltweit die erste ihrer Art – soll der omanischen Dattel in Form von Sirup und einem völlig neuen Konkurrenzprodukt zu Cornflakes, eben den Dateflakes, endgültig zum Durchbruch auf den internationalen Märkten verhelfen. Denn immerhin stellten Datteln vor der Öl-Ära Omans wichtigstes Exportgut dar. Und der Bestand an Palmen im Land wird derzeit nach wie vor auf rund vier Millionen geschätzt.

„Ich liebe Kamele. Mein eigenes heißt Max."

DR. ULRICH WERNERY,
Veterinär, Mikrobiologe und Kamelexperte, Dubai

Meine Beziehung zu Kamelen begann bereits Mitte der siebziger Jahre. Ich war damals als promovierter Veterinärmediziner zusammen mit meiner Frau für die Entwicklungshilfe in Somalia tätig, kam dort erstmals näher mit diesen Tieren in Kontakt und erlag im Handumdrehen ihrer Faszination. Zurück in Deutschland fand ich Jahre später – es war 1986 – in einer Tierärzte-Zeitung eine Annonce. Darin suchte ein Scheich einen Veterinär mit Auslands- und Kamelerfahrung. Ich bewarb mich, erhielt allerdings sieben Monate lang keine Antwort. Dann kam plötzlich ein netter Brief samt Flugticket. Man erwartete mich in zehn Tagen in Dubai. Ich hab' mir das einmal angesehen und war so begeistert, daß ich, nachdem auch meine Familie mitmachen wollte, zusagte. Am 1. April 1987 kamen wir hier an.

Wenn ich sage, das Kamel übe auf mich eine besondere Faszination aus, dann liegt das zum einen an seinen physiologischen Besonderheiten. Immerhin verdankt der Mensch sein Überleben in der Wüste in erster Linie der Fähigkeit dieser Tiere, selbst in der größten Hitze bis zu 25 Tage lang ohne Wasser auszukommen. Für diesen geringen Wasserbedarf gibt es mehrere Gründe. Einer ist, daß die Kamele die Temperatur ihres Blutes, um Transpiration und damit Flüssigkeitsverlust zu verhindern, der Außentemperatur anpassen können. 43 Grad sind für alle anderen Säugetiere tödlich. Für den Organismus des Kamels ist es – bei Wassermangel – ein normaler Zustand. Denn es hat in seinem Kopf eine Art Kühlanlage eingebaut. Wenn wir Menschen ausatmen, enthält dieser Atem Wasserdampf. Das dehydrierte Kamel hingegen vermag ihn in der Nase zurückzuhalten und damit die Blutgefäße, die das Gehirn und die Netzhaut der Augen versorgen, zu kühlen. Deshalb sind auch oft schon Tiere bei ganz einfachen Operationen unter dem Messer weggestorben: Wenn dieses Kühlsystem außer Funktion gesetzt wird, geht das Kamel nämlich an Überhitzung zugrunde.

Apropos Hitze: Solange das Kamel Wasser kriegt, hält es praktisch jeder Temperatur stand. Da gibt es in der freien Natur nach oben kaum eine Grenze. Wer mal draußen in der Wüste war, hat vielleicht gemerkt, daß die Kamele ganz harte Kotballen absetzen. Das rührt daher, daß sie im Enddarm Zellen besitzen, die dem Kot sämtliche Flüssigkeit entziehen, um sie in den Organismus rückzuführen. Ein Kamel, das unter Wassermangel leidet, uriniert auch kaum. Höchstens ein paar Tropfen. Der Harn wird eingedickt, die Harnsäure in Kristallform ausgeschieden. Auch hier geht die Flüssigkeit zurück in das System.

Kamele haben auch den Vorteil, richtiges Salzwasser zu vertragen, ohne daran zu erkranken. Durch Giftpflanzen sind sie zwar theoretisch gefährdet, aber da sie als Jungtiere von ihren Müttern die Gefahr zu erkennen lernen, rühren sie solche Pflanzen gar nicht erst an. Wir haben einmal mehrere Kamele verloren, nachdem der Same eines bestimmten Giftgewächses durch extrem heftige Gewitterstürme vom Oman in die Emirate geschwemmt wurde, hier keimte und von den Tieren in Unkenntnis gefressen wurde.

Eigentümlich sind auch die extralangen Wimpern. Sie verhindern, daß bei einem Sturm Sand in die Augen gerät. Um sich gegen Sand zu schützen, haben Kamele auch zusätzliche Muskel an der Nasenöffnung, mit denen sie diese komplett verschließen können. Aus demselben Grund haben sie ganz kleine Ohren. Und ihre Füße sind so gebaut, daß sie sich, wenn das Tier plötzlich, etwa durch Beladung, schwerer wird, um ein Viertel verbreitern. Die größere Fläche verhindert dann das Einsinken im Sand. Deshalb mögen Kamele auch keinen steinigen Boden.

Eine Spezialität stellt schließlich auch ihre Milch dar. Nicht nur, daß Kamele mehr davon geben als Kühe in extremen Klimata. Die ihre enthält, bei ähnlichem Nährwert, auch weit weniger Fett. Apropos Milch: Eine Stute läßt sich entgegen weit verbreiteter Meinung problemlos von verschiedenen Personen melken. Solange sie diejenige kennt, wird sie nie und nimmer ausschlagen. Kamele sind zwar Individualisten, aber hochintelligent. Man kann sie wie Hunde trainieren. Auf Pfiff kommen sie oder lassen sich zu Boden. In der prallen Sonnen setzen sie sich nie frontal, sondern stets mit der Schmalseite den Strahlen aus. Störrisch allerdings sind sie oft. Und während der Brunftzeit auch sehr gefährlich. Es gibt keine Paarbildung. Ein Bulle kann bis zu hundert, ja zweihundert Weibchen decken. Er führt dann eine ganze weibliche Herde mit sich, fühlt sich für sie verantwortlich und attackiert jeden vermeintlichen Eindringling.

Ein wesentlicher Pluspunkt ist die Resistenz der Kamele gegen viele Viruskrankheiten. Die größte Gefahr bilden für sie die Kamelpocken. Die brechen relativ häufig aus, weshalb wir auch für die nächste Rennsaison erstmals alle Tiere dagegen impfen.

Wenn ich sage wir, so meine ich uns hier, das Team vom Veterinär-Zentrallabor. Wir haben vor zehn Jahren dieses Labor gegründet, dessen Hauptzweck es ist, Kamelkrankheiten zu diagnostizieren. Wenn irgendwo ein Renntier stirbt, wird es zu uns gebracht, wir sezieren es und suchen nach der Todesursache. In der Klinik sind insgesamt zwanzig Leute beschäftigt. Ich untersuche und behandle zwar auch Falken, aber mein Spezialgebiet ist zweifellos die Erforschung des Kamels. Darin bin ich der führende Experte im Land, ja ist unser Labor eigentlich führend in der ganzen Welt. Wir haben auch ein Kamelspital, in dem Operationen durchgeführt werden. Der Wert der Tiere – er erreicht häufig Millionenhöhe – rechtfertigt eine entsprechend aufwendige Behandlung.

Der Kamelprofessor mit dem Skelett eines berühmten Deck-Hengstes

Es gibt in den Emiraten rund 100.000 Kamele und rund zwanzig Millionen auf der ganzen Welt; Tendenz fallend. Hierzulande ist der Großteil im Besitz von Beduinen. Gute Renntiere werden von den Scheichs aufgekauft.

Kamelrennen gibt es auch in Australien und Asien, die sind jedoch mangelhaft organisiert. Wirklich professionelle Rennen werden vor allem in Saudi-Arabien (herausragend ist dort das zweistündige König-Fahd-Rennen mit bis zu 8.000 Teilnehmern), im Oman und hier in den Emiraten ausgetragen. Zwar finden auch hierzulande noch von Beduinen veranstaltete Rennen auf simplen Sandstrecken in der Wüste statt. Doch für die großen, hochdotierten hat man vernünftige Bahnen gebaut. Dort sind auch immer Tierärzte anwesend. Die Durchschnittsgeschwindigkeit bei solchen Rennen beträgt zwischen 30 und 35 Stundenkilometer. Die Spitzen liegen jenseits der vierzig.

In Dubai werden die Rennen vom Militär organisiert, weil Scheich Mohammed als Verteidigungsminister die treibende Kraft dahinter ist. Am Morgen dürfen nur Tiere der Scheichs teilnehmen. Die Beduinen sind erst am Nachmittag dran. Getrennt wird außerdem zwischen Weibchen und Männchen. Erstere sind kleiner und deshalb für gewöhnlich auch schneller. In der Früh finden meistens zwischen zehn und zwölf Rennen statt. Beim zweiten starten nur Männchen. Alle anderen sind den Weibchen vorbehalten. Kamele sind erst nach fünf bis sechs Jahren ausgewachsen. An den Start gehen sie allerdings schon mit zwei. Weil sie in der Jugend aber noch kein hohes Gewicht tragen können, sind die meisten Jockeys Kinder, die freilich neuerdings mindestens 30 Kilo auf die Waage bringen müssen. Es gibt keine Sattel. Sie werden in der Regel durch bloße Handtücher ersetzt.

Die Rennorganisation ist sehr exakt. Es gibt eine drei- bis vierköpfige Kommission, die anhand der Zähne das Alter jedes Kamels bestimmt und demgemäß die Startnummern verteilt. Tiere ohne Nummern sind nicht teilnahmeberechtigt. Die Teilnehmerzahl bei den einzelnen Rennen schwankt zwischen dreißig und sechzig. Zur Startlinie, die übrigens ein einfaches Tau markiert, werden die Tiere von Soldaten geführt. Trainer und Besitzer begleiten ihre Schützlinge per Auto entlang der Innenbahn.

Die Rennsaison dauert von Oktober bis April. Mit dem Training wird aber schon im August begonnen. Bei den üblichen Veranstaltungen ist die Zuschauerzahl gering. Zu den sogenannten Abschlußrennen jedoch, Ende April, kommen mehrere tausend Schaulustige. Die Preise bestehen meist aus Autos, die Geschäftsleute aus Werbezwecken zur Verfügung stellen. Gewinnt Scheich Mohammed eines dieser Autos, schenkt er es für gewöhnlich einem Freund. Oder einem Tierarzt. Um eine Idee von der finanziellen Dimension dieses Sports zu vermitteln: Erst unlängst hat der Staatspräsident, Scheich Zayid Bin Sultan Al-Nahayan, für eine einzige Rennwoche zehn Millionen Dirham gespendet. Einzelne Tiere erzielen Preise bis zu zehn oder fünfzehn Millionen Dirham (ca. drei bis fünf Millionen Schilling oder 400.–700.000,– DM). Manche Kamele sind überhaupt unverkäuflich. Scheich Mohammed zum Beispiel besitzt ein Tier, das noch nie verloren hat. Es hat vor kurzem Junge bekommen. Die bleiben, dessen kann man sicher sein, für immer in seinem Besitz.

„Die Reserven reichen noch für rund 100 Jahre."

Dr. Wolfgang Lanz,
Österreichs Handelsdelegierter in Abu Dhabi

Ich bin seit 1979 als Handelsdelegierter in der Golfregion tätig und war demnach, als ich vor etwas mehr als vier Jahren hier in Abu Dhabi mein Amt antrat, nicht wirklich von der Situation, die ich vorfand, überrascht. Im Gegenteil, ich hatte die längerfristige Entwicklung der Emirate und auch des Oman, der ja jetzt mit zu meinem Betreuungsbereich gehört, aus der Nähe verfolgt und mich explizit um diesen Posten beworben, weil mich die Arbeit in einem derartig dynamischen Wirtschaftsraum mit einem so großen Wachstumspotential reizte. Ein zusätzlicher, persönlicher Aspekt bestärkte mich in meinem Wunsch, nämlich die nahezu hundertprozentige Sicherheit, ja überhaupt die hohe Lebensqualität, die dieser mit zu den reichsten Ländern der Welt zählende Staat seinen Einwohnern bietet.

Selbstverständlich waren aber österreichische Firmen schon lange, lange vor meiner Zeit in den Emiraten präsent. Pionier war die Grazer Baufirma Ast, die drüben in Dubai bereits im Herbst 1958 Fuß gefaßt hat. Damals kam für kurze Zeit die Hälfte aller in Dubai lebenden Europäer aus Österreich. Was allerdings, um ganz ehrlich zu sein, auch an der geringen Gesamtzahl von cirka fünfzig lag und daran, daß die Briten, die ja im ganzen Golf die überwältigende Mehrheit der westlichen Expatriates stellten, ihren Armeestützpunkt samt Airstrip und Tennisplätzen im benachbarten Sharjah hatten und folglich auch dort wohnten.

Die Odyssee, die der erste Firmendelegierte der Ast damals bei seiner Anreise von Wien hierher absolvierte, verdeutlicht recht gut, wie entlegen und rückständig diese Siedlungen im östlichen Golf damals waren. Und auch, welchen unglaublichen Entwicklungssprung sie seither vollzogen haben. Der Mann brauchte für die Strecke, die man heute in rund fünfeinhalb Stunden fliegt, mehr oder weniger eine Woche. Mit dem Auto von Graz nach Wien, dann mit dem Flugzeug nach Frankfurt, weiter nach Beirut und Kuwait. Die dortige Anschlußmaschine nach Bahrain war wegen Nebels in London ausgefallen. Die nächste kam nach zwei Tagen, konnte ihren Flug allerdings nicht nach Sharjah fortsetzen, weil dort ein Sandsturm tobte. Und da auf diesen Regen gefolgt war, brauchte er zu guter Letzt über die morastige Piste von Sharjah nach Dubai nochmals einen halben Tag.

Überhaupt war die Infrastruktur hierzulande in den fünfziger Jahren noch sehr primitiv. Es gab kaum asphaltierte Straßen, kein Stromnetz – nur ein paar Generatoren, und der einzige Flughafen, eben jener in Sharjah, bestand aus einer besseren Sandpiste. Es war denn auch die Ast, die das Fundament für das erste Dieselkraftwerk, die erste Wasserleitung und die erste Brücke über den Creek baute, dessen Ufer erstmals befestigte sowie mit der Anlage eines regulären Hafens begann.

Man muß sich vorstellen: Abu Dhabi bestand noch vor vierzig Jahren zu siebzig Prozent aus Barasti-, also Palmwedel-Hütten. Von den festgefügten Häusern war ein Großteil aus Korallenstein errichtet, und fast alle waren sie ebenerdig. Mehrstöckige Gebäude entstanden in größerer Zahl erst ab Mitte der sechziger Jahre. Und was die Bevölkerung betrifft, so zählte die heutige Hauptstadt samt Hinterland noch in den späten fünfziger Jahren gerade 8.000 Einwohner. Jetzt leben in dem Emirat über eine Million, wobei die Einheimischen nur ungefähr ein Drittel ausmachen. Der Rest sind Fremdarbeiter, vornehmlich aus Indien und Pakistan, aber auch Ägypter, Syrer, Libanesen, Palästinenser, Iraner, Philippinos und natürlich Europäer und Amerikaner.

Dr. Wolfgang Lanz

Wenn wir über die politische Entscheidungsstruktur und Rechtssprechung in den Vereinigten Arabischen Emiraten sprechen wollen, so ist vorneweg festzuhalten, daß sich diese Föderation noch immer in einer Übergangsphase vom Staatenbund zum Bundesstaat befindet. Einerseits gibt es seit ihrer Gründung 1971 einen Supreme Council, einen Obersten Rat. In ihm koordinieren die regierenden Herrscher der sieben Emirate ihre Außen-, Verteidigungs- und Einwanderungspolitik und stimmen auch über alle wesentlichen politischen Entscheidungen, so etwa jene, die das Erziehungs- und Kommunikationswesen betreffen, ab, indem sie Gesetze erlassen und ihre Minister bestellen. Es gibt einheitliche Pässe, einen einheitlichen Außenzolltarif und, zumindest in Grundzügen, auch eine gemeinsame, auf der *Scharia,* dem Islamischen Recht, basierende Rechtsordnung.

Andrerseits war der Supreme Council bis Anfang 1996 als oberstes Organ keine permanente Einrichtung, sondern mußte alle fünf Jahre verlängert werden. Auch war bis dahin die Verfassung nur provisorisch und die Politik de facto oft das Produkt eines von Mal zu Mal informell erzielten Konsenses. Die Summe der Budgets der beiden großen Emirate ist um ein Vielfaches höher als das Bundesbudget. Und die auf dem Papier vereinigte Armee umfaßt auch Einheiten, die in der Praxis über eine verhältnismäßig große Autonomie verfügen.

Schließlich gibt es auch in der Interpretation und Umsetzung der gemeinsamen Rechtsvorschriften beachtliche Differenzen. Was etwa den Schmuggel und Konsum von Alkohol angeht, ist Sharjah viel strikter als seine Nachbarn. Dafür war es zum Beispiel in Dubai jahrelang Usus, bei den im Grunde vereinheitlichten Zöllen Ermäßigungen zu gewähren. Auf sehr pragmatische Weise einander angepaßt hat man hingegen die Bestimmungen zur Einkommenssteuer: Seit Beginn des Ölbooms wird schlicht und einfach in allen Emiraten darauf verzichtet, sie einzuheben.

Apropos Öl: Unter dem Sand und vor der Küste der Emirate lagern über 100 Milliarden Faß Rohöl. Über neunzig Prozent davon auf Abu Dhabis Territorium. Die Tagesproduktion liegt im Augenblick bei cirka 2,5 Millionen Faß (zu je 159 Litern), wobei die Kapazitäten weiter ausgebaut werden. Abu Dhabi kann auf diesem Niveau mit Sicherheit noch sechzig, siebzig, unter Einberechnung zu erwartender technischer Verbesserungen sogar noch hundert Jahre fördern. In Dubai hingegen ist in spätestens zwanzig Jahren Schluß. Sharjah hat zwar beträchtliche Gas-, aber nur sehr geringe Ölvorkommen und Ras al-Khaimah gerade genug, daß sich eine Förderung auszahlt. In den restlichen Emiraten wurden die Prospektoren bisher überhaupt nicht fündig.

Offizielle Zahlen über die Erdöleinnahmen gibt es keine. Ich würde schätzen, daß die Einkünfte Abu Dhabis im Jahr bei etwa sechs Milliarden US-Dollar liegen. Nur zehn Prozent seiner Einkünfte werden an das Bundesbudget abgeführt. Zayid Bin Sultan Al-Nahayan, der nunmehr achtzigjährige Scheich von Abu Dhabi und Staatspräsident, gehört längst zu den reichsten Männern der Welt. Ihm obliegen alle wesentlichen Entscheidungen über die Verwendung der Mittel. Doch sorgt er selbst für einen zufriedenstellenden Lebensstandard aller Staatsbürger. Wenn Not am Mann ist, etwa im Fall von Überschwemmungen oder bei der Finanzierung eines zusätzlichen Kraftwerks oder Spitals, hilft er gelegentlich mit Mitteln aus seiner Privatschatulle aus.

Bei der Beurteilung der langfristigen ökonomischen Aussichten für die Emirate gilt es, zwei Dinge zu beachten: Einerseits, daß das Land zu klein ist, um von den Entwicklungen der Nachbarländer, insbesondere Saudi-Arabiens, gänzlich unabhängig zu sein. In der zweiten Hälfte der achtziger Jahre haben der dramatische Verfall des Ölpreises im Verbund mit den Auswirkungen des irakisch-iranischen Krieges sehr wohl auch hier eine Rezession ausgelöst. Wohingegen das Land vom zweiten Golfkrieg gleich in zweierlei Hinsicht profitierte – a) weil die fremden Soldaten die vollen Lager der örtlichen Händler leerkauften; und b) weil Kuwait und der nördliche Golf unterm Strich doch empfindlich an Bedeutung verloren.

Andrerseits sind die Emirate aber mittlerweile auch abseits des Öls finanzstark genug, um vorübergehende Konjunkturflauten durch gezielte Investitionen zu überbrücken. Immerhin werden allein Abu Dhabis Kapitalreserven wertmäßig auf weit über siebzig Milliarden Dollar geschätzt.

„Schildkröten, Thar und Oryx …, aber nicht nur!"

RALPH DALY,
Berater der Behörde für Umweltschutz, Muscat

Ich bin bereits 1969, zu Zeiten Said bin Taimurs, für die Ölgesellschaft PDO, die „Petroleum Development Oman", in das Land gekommen. 1974 wurde mein Aufgabenbereich jedoch von Regierungsstellen übernommen und ich als Verbindungsmann war mit einem Mal überflüssig. Seine Majestät jedoch war so freundlich zu denken, daß man am *Diwan* (dem Hof) jemand brauchen könnte, der versuchen sollte, soviel Information wie möglich über Fauna und Flora des Oman zu sammeln. Zugleich erdachte er einen Plan, der vermeiden helfen sollte, daß die extrem rasche Entwicklung des Landes seine Umwelt beschädigen oder gar zerstören würde. Dies stand am Beginn.

Weder hier noch im Rest der Welt war Nennenswertes über die Natur dieser Region bekannt. Einige wenige Europäer waren im 18. und 19. Jahrhundert durchgereist, hatten gelegentlich ein paar Notizen gemacht. Einer der wichtigen war Theodore Bent, der gemeinsam mit seiner Frau Mabel im Jahr 1885 vorbei kam. Er machte exzellente Photographien. Seine posthum veröffentlichten Tagebücher enthielten sogar ein Kapitel über den Dhofar. Und seine Pflanzensammlung landete in Kew Gardens. Doch da er im Januar hier war, fand er die Vegetation verdorrt und übersah wichtige Spezies. Kurz: Es galt für uns, so gut wie alles neu zu erforschen.

Die erste Expedition fand 1975 statt und führte uns in die nördlichen Berge. Der Leiter des Ganzen war Dr. David Harrison, ein Arzt, der schon ein vierbändiges Standardwerk über die Säugetiere Arabiens verfaßt hatte und sich insbesondere mit dem arabischen Tahr beschäftigt hatte. Diese überaus rare, kaum erforschte Halbziege ist ja heute nur im Nordoman heimisch. Sie ist das Relikt einer urweltlichen Gattung, die vor der Eiszeit auch in Europa lebte und sich vor Jahrmillionen, als die Landbrücke zwischen Arabien und Asien einbrach, hier in den Nordoman zurückzog. Ihre nächsten, freilich deutlich größeren Verwandten findet man im Himalaya. 1976 wurde eigens für den Tahr im Wadi Sarin, 45 Kilometer südlich von Muscat, ein 200 Quadratkilometer großes Naturreservat geschaffen. Aufgrund der extremen Scheu der Tiere ist es schwierig, ihnen nahe zu kommen. Ihre Gesamtzahl wird derzeit grob auf 2.000 Exemplare geschätzt.

Die Ergebnisse der ersten Expedition füllten einen dicken „Special Report“. Der ging um die Welt und erregte in Wissenschaftskreisen enormes Aufsehen. Ich erinnere mich, daß wir im Oktober 1975 nach Kinshasa in Zaire zur Generalversammlung der Vorgängerorganisation des heutigen World Conservation Council flogen, um zu erreichen, daß der Oman als Mitglied aufgenommen wird. Wir hatten vorsorglich die Shell-Straßenkarte, die erste des Landes überhaupt, die damals ganz neu war, vor uns ausgebreitet. Trotzdem hatten die anderen Delegierten keine Ahnung, woher wir kamen. „Muscat? Ah, you are from Moscow!“ und: „From Oman? Ah, from Jordan!“ – das war der Tenor der Reaktionen. Aber immerhin, die Neugier der Welt war geweckt, und unsere Publikation hatte das Ihre dazu beigetragen.

Als nächstes meinte der Sultan, wir mögen eine ähnliche Studie auch über den Dhofar in Angriff nehmen. Wir waren mehr oder weniger dasselbe Team. Doch die Ergebnisse, insbesondere auf dem Gebiet der Botanik, sorgten international für noch weit größeres Erstaunen. Unsere anfänglichen Vermutungen hatten sich bewahrheitet: Es gab mannigfache und überaus enge naturkundliche Bezüge zwischen dem Dhofar und dem afrikanischen Kontinent.

Ungefähr zu dieser Zeit begannen wir auch mit Untersuchungen zu den Meeresschildkröten. In diesem Bereich bestand eine erste und sehr dringliche Aufgabe darin, die eminent wichtigen Brutreviere auf der Insel Masirah vor der Zerstörung zu schützen. Denn genau dort setzte damals gerade die Entwicklung der örtlichen Infrastruktur massiv ein. Parallel wurde mit Studien zu den Stränden von Ras al-Hadd und Ras al-Djins, ebenfalls bedeutsamen Brutgebieten, begonnen – Studien, die übrigens dazu führten, daß das zuständige Ministerium die beiden Küstenabschnitte später zu Schutzgebieten erklärte.

Just als wir mit den Vorbereitungen zur Dhofar-Expedition begannen, fragte mich der Sultan nach meinen Plänen und Vorstellungen bezüglich des Schutzes der Oryx. Ich gab eine ziemlich unbedarfte Antwort, weil ich darauf nicht vorbereitet war. Seine Majestät hatte natürlich gute Gründe für die Frage: Ende 1972 waren die letzten verbliebenen Tiere dieser kostbaren, weißen Antilopenart im Landesinneren getötet und verspeist worden.

Warnungen über die drohende Ausrottung hatte es schon zehn Jahre zuvor gegeben. Im Auftrag der britischen Regierung und mit Unterstützungsgeldern des eben gegründeten World Wildlife Fund war damals eine Gruppe von Spezialisten in Aden aufgebrochen und auf der Suche nach überlebenden Oryx-Herden durch den südlichen Zipfel des „Leeren Viertels“ bis in den Oman gekommen. Ihre ziemlich magere Ausbeute bestand aus drei Tieren, einem Männchen und zwei Weibchen. Die wurden, nach eingehenden Rücksprachen mit den Behörden in Kenia, in die Umgebung von Nairobi ausgeflogen. Die Hoffnung war, daß sie dort, in Gefangenschaft, eine Herde begründen würden. Doch leider: In der Gegend brach die Maul- und Klauenseuche aus, die Tiere wurden schleunigst in den Zoo von Phoenix verschifft, nach Arizona also, wo ein ähnliches Klima herrscht wie im Oman. Parallel hatte man vier Tiere in Riyadh, zwei in Kuwait und eines im Zoo von London aufgetrieben. Aus den insgesamt zehn Immigranten zog man in Phoenix erfolgreich eine „Oryx-Weltherde“ auf. Dies war der Stand zur Zeit der Anfrage durch den Sultan.

Davon in Kenntnis gesetzt, regte er an, die Herde in den Oman zu bringen und hier unter Aufsicht wieder auszusetzen. Die Studie, ob und wenn, ja wo das durchführbar war, nahm zwei Jahre und die Mithilfe vieler Experten in Anspruch. Wir suchten das ganze Land bis an die jemenitische Grenze nach einem geeigneten Terrain ab und wählten schließlich, vor allem wegen der dort idealen Vegetation, die Gegend um Yaluni in der Djiddat al-Harasis aus. Die Kuratoren der Stiftung in Arizona erklärten sich einverstanden und stellten uns, das war 1982, kostenlos die ersten zehn Tiere zur Verfügung. Die hielten wir zwei Jahre lang probeweise in einem Großgehege, bevor wir sie in die Wildbahn entließen. Später kamen noch einige kleine Herden dazu, unter anderem eine aus Jordanien, wo man inzwischen ein ähnliches Projekt lanciert hatte. Heute haben wir, auch dank des generellen, strikten Jagdverbots, einen Bestand von über 300, größtenteils in Freiheit geborenen Tieren.

Die Oryx werden von ausgebildeten Wildhütern vom Stamm der Harasis ständig beobachtet und betreut. Insgesamt sind rund fünfzig Leute dauerhaft in das Projekt involviert. Die Tiere erachten Yaluni zwar noch gleichsam als Heimat und kehren immer wieder dorthin zurück, leben aber über ein Hunderte Quadratkilometer großes Gebiet verstreut. Anfangs verwendeten wir zur Lokalisierung Funkgeräte, die sie um die Hälse trugen. Als sich das als unpraktisch erwies, markierten wir die Tiere an den Ohren. Damit können wir die Bewegungen der Herden, ihre Bestände, ihr Verhalten in Trockenzeiten et cetera bestens beobachten. Im Dezember 1994 wurde das Gebiet offiziell zum „Schutzreservat für arabische Oryx“ erklärt. Und in der Folge wurde ihm von der UNESCO das begehrte Prädikat einer „Weltkulturstätte“ zuerkannt.

Ein Wort noch zu unseren anderen Aktivitäten: Das Ministerium für Regionalverwaltung und Umweltbelange ist bemüht – und ich ziehe da natürlich als Berater des Diwan am selben Strang –, die Bevölkerung ständig für die Belange des Umweltschutzes zu sensibilisieren. In diesem Bereich ist schon sehr, sehr viel geschehen. Wir produzieren, um nur ein Beispiel zu geben, regelmäßig einschlägige Broschüren, die wir kostenlos an den Schulen verteilen. Teil dieser Bemühungen ist es auch, Touristen in sinnvoller Zahl in Projekte einzubinden. Wir hatten immer wieder Kleingruppen von ausländischen Gästen – speziell Interessierte natürlich, keine Massentouristen –, die das Camp in Yaluni besuchten. Wir erstellen soeben einen Masterplan, der helfen soll, solche Besuche systematisch zu organisieren. Doch oberstes Ziel wird dabei immer sein, sicherzustellen, daß der Tourismus nicht genau jene Attraktionen verdirbt, derentwegen die Fremden kommen. Denn letztendlich sind es doch die Landschaft und Natur, die Omans Gäste am meisten faszinieren. Zumindest nachdem sie des Sonnenbadens am Hotelstrand überdrüssig geworden sind.

„Der wirkliche Boom brach 1973 los.“

David G. Heard,
Geologe und Repräsentant der Abu Dhabi Petroleum Company

Auf dem Gebiet der heutigen Vereinigten Arabischen Emirate wurde bereits vor dem Zweiten Weltkrieg nach Erdöl gesucht. Die damalige „Iraq Petroleum Company“ (IPC), der unter anderem „British Petroleum“, „Royal Dutch/Shell“ und die staatliche „Companie Francaise des Petroles“ angehörten, war in den zwanziger Jahren im Irak fündig geworden und hatte Pipelines nach Haifa und Tripolis gebaut. 1936 schickte sie Geologen in die nördlichen Emirate nahe den Hadjar-Bergen. Schon im Jahr darauf schloß sie mit dem Scheich von Dubai und 1939 dann auch mit dem von Abu Dhabi einen Vertrag bezüglich der Rechte zur Prospektion.

Es folgte – bedingt durch den Weltkrieg – eine Pause. Doch 1946 kehrten die Geologen und wenig später auch die Seismiker der IPC zurück. In dieser Anfangszeit war es sehr schwierig, den nötigen Stahl, das Personal und auch das ganze andere Material zum Aufbau der Infrastruktur zu bekommen. Es gab weder einen Hafen noch einen Flugplatz, keinen Strom und nur sehr schlechtes Trinkwasser. Ein zusätzliches Problem bestand darin, daß niemand wußte, wo eigentlich die Grenzen verliefen. Im Alltag der Beduinen waren nur die Städte und Oasen und Stammesloyalitäten von Bedeutung gewesen.

Doch sobald man in der Erde Öl vermutete, bestand dringender Bedarf nach eindeutig definierten Territorien. Britische Politiker erarbeiteten deshalb exakte Karten und legten 1956 die Grenzen fest. Bis dahin durften wir, weil es Saudi-Arabien zu sehr provoziert hätte, zum Beispiel im Gebiet der Liwa-Oasen nicht bohren. Endgültig völkerrechtlich geregelt wurde der Grenzverlauf freilich erst 1974.

Die erste Bohrung in Abu Dhabi fand im Jahr 1950 statt. Sie ging bis in eine Tiefe von 13.000 Fuß, dauerte ungefähr ein Jahr und kostete eine Million Pfund. Ergebnis brachte sie keines. Also zerlegte man den Bohrturm in seine Einzelteile, transportierte ihn nach Jebel Ali nahe Dubai, später nach Sharjah und wieder zurück in den Westen von Abu Dhabi. Die Technik war generell noch sehr primitiv. Wir hatten zunächst keinen Generator. Die Anlagen lagen nachts unbeaufsichtigt im Dunkel. Bei einer Fehlfunktion schalteten sie sich automatisch ab und das Problem wurde erst am Morgen, wenn wir kamen, behoben. Heute sind die Förderanlagen in der Wüste bequem erreichbar, in der Nacht hell erleuchtet und garantiert 24 Stunden in Betrieb.

Mit den täglichen Alltagsarbeiten waren seinerzeit ein paar hundert Leute beschäftigt. Wenn aber der Zement geliefert wurde, mit dem die Rohre in der Erde eingegossen und abgedichtet werden sollten, schwärmten unsere Arbeiter in die Oasen aus und heuerten zusätzlich Beduinen an. Ihnen boten wir damit – nachdem der Perlenboom längst zu Ende war – die oft einzige Möglichkeit zu einem Zusatzverdienst. Damals arbeiteten auf den Baustellen, abgesehen von etwa zwanzig, dreißig Experten aus Europa, nur Einheimische.

1960 verkündete dann Scheich Schachbut öffentlich, daß Öl in kommerziell bedeutsamen Mengen entdeckt worden war und man alles für eine systematische Förderung vorbereite. Ich kam im August 1963 nach Abu Dhabi. Als Absolvent eines Geologiestudiums landete ich frisch von der Universität in einem kleinen Camp in Tarif, im Westen der Hauptstadt. Es gab noch keine Pipelines, aber zwei Ölfelder hatte man am Festland schon entdeckt. Eines davon war Bu Hasa, das sich bald als besonders ergiebig herausstellen sollte. Bei meiner Ankunft war man gerade dabei, Dutzende Quellen zu bohren.

Ebenfalls 1963, im Dezember, verließ der erste Tanker mit Festland-Öl das Emirat. Auf Plattformen vor der Küste gewonnenes Öl wurde schon ein Jahr früher exportiert. Für on shore war bereits unsere jetzige Firma, die „Abu Dhabi Petroleum Company“, die aus der alten IPC hervorgegangen war, zuständig; für off shore eine Firma namens „Abu Dhabi Marine Areas“ (ADMA), deren Teilhaber zu zwei Dritteln BP und zu einem die französische Total waren. Die gesamte Ölindustrie lag damals in der Hand ausländischer Konzerne.

Die Einkünfte aus dem Öl – sowohl für die einheimische Regierung als auch für die Ölgesellschaften – waren in den sechziger Jahren relativ gering. 1964 beispielsweise exportierten wir ungefähr sechs Millionen Tonnen, das entspricht 120.000 Barrel pro Tag (zum Vergleich: Dubai hat es bis heute in Spitzenzeiten auf maximal 400.000 pro Tag gebracht). 1965 erzielten wir immerhin bereits die doppelte Jahresmenge: 12 Millionen Tonnen. Das Feld Bu Hasa I allein lieferte davon die Hälfte. 1967 folgte Bu Hasa II mit 7,5 Millionen. Und Anfang der Siebziger kamen Bu

David G. Heard

Hasa III und IV sowie Bu Hasa I Degasing Station hinzu.

Der Preis war allerdings die ganze Zeit über ziemlich niedrig. Es gab mehr als genug Öl auf der Welt. Und wir standen unter starkem Druck, billiger als die Nachbarländer zu produzieren. Ich habe die magische Zahl noch heute im Kopf: Sie betrug zwölf Cent pro Faß. Wäre der Preis unseres Produkts darüber gelegen, hätte der Konzern anderswo gekauft. Deshalb kalkulierten wir unsere Installationen so billig wie möglich, ohne etwa bei Material und Maschinen die Sicherheitsstandards auch nur im geringsten zu vernachlässigen. Immerhin hatten wir ständig neugierige – und auch eifersüchtige – Beobachter aus der ganzen Welt zu Besuch.

Vielleicht sollten wir an dieser Stelle ein wenig Prinzipielles zur Technik der Ölförderung klären: Wenn ein Feld entdeckt worden ist, pflegt man zahlreiche Probebohrungen zu machen, um Größe und Volumen schätzen zu können. Steht fest, daß die Ergiebigkeit eine Förderung lohnt, versiegelt man die Bohrlöcher, versieht sie mit einer Art Zapfhahn und baut erst einmal die für die Ableitung nötige Infrastruktur. Erst nach deren Fertigstellung werden die Hähne geöffnet. Bei einem mittelgroßen Feld vergehen von der Entdeckung bis zur kommerziellen Nutzung cirka zwei Jahre. Das Öl, das übrigens hier bei uns in der Anfangszeit unter hohem Druck und deshalb mit einer Temperatur von rund hundert Grad aus der Erde kam, wird über vergleichsweise dünne Rohrleitungen nahe der Quelle gesammelt. Von dort läuft es in einen großen Kessel, in dem das Gas, das ja an die Oberfläche steigt, vom Öl, das sich darunter sammelt, geschieden wird. Danach wird es durch dicke Pipelines in die Großtanks des am Meer gelegenen Terminals von Jebel Dhanna gepumpt. Die Verladung erfolgt ein paar Kilometer vor der Küste mittels Schläuchen. Der Tankerkapitän wirft, sobald er im flachen Meer deren Endstücke erkennt, Anker, legt an einer Boje an und zieht das Schiff, von Lotsen unterstützt, in die richtige Position. Die Schläuche werden mit Schiffskränen vom Meeresboden hochgehoben und an der Seite des Rumpfes fixiert. Dann wird – bei Riesentankern bis zu einem Tag lang – gepumpt, wobei das Öl ein Meßgerät durchläuft, das die Verlademenge exakt registriert.

Der richtige Boom brach 1973 los. Gegen Ende dieses Jahres schnellte der Preis pro Barrel von zwei auf acht bis neun Dollar. Mit einem Mal flossen unglaubliche Geldsummen in das Land. Und das Einkommen stieg noch kontinuierlich weiter. Der Zenit war 1980 mit 1,2 Millionen Barrel pro Tag erreicht. Danach sanken sowohl Preis als auch Fördermenge. Denn der Westen begann, Energie zu sparen. Außerdem gab es auch politische Gründe. Die Mitgliedsstaaten der OPEC, der „Organisation Erdöl exportierender Länder“, der Abu Dhabi sehr früh, nämlich in den späten sechziger Jahren beigetreten war, hatten schon Anfang der Siebziger Anteile an ihren Ölindustrien übernommen. Ihr naheliegendes Ziel: mehr Kontrolle über die Förderung im eigenen Land auszuüben.

Viele Regierungen wie etwa jene von Irak und Iran, Saudi-Arabien, Kuwait und Qatar nationalisierten nach und nach die gesamte Branche. In Abu Dhabi begnügte man sich – wie übrigens auch im Oman – mit sechzig Prozent. Die restlichen vierzig behielten wir, die „Abu Dhabi Petroleum Company“. Wir hatten zwar die Förderanlagen ursprünglich gebaut, doch da uns der Staat für die Übernahme fair entschädigte, blieben keinerlei Animositäten zurück. Wir stehen mit den Einheimischen und der Regierung bis heute in bestem Einvernehmen. Das Personal und die Ausrüstung haben wir in eine neue Firma, die „Abu Dhabi Company for Onshore Oil Operations“ (ADCO) übergeführt. Sie gehört zu sechzig Prozent der „National Oil Company“ (ADNOC) und zu vierzig unseren Teilhabern. Das technologische Knowhow hingegen kommt nach wie vor überwiegend von den westlichen Konzernen.

Gelegentlich hört man von Vermutungen, die arabischen Ölländer würden künftig wieder verstärkt ausländische Firmen beteiligen. Das mag mancherorts, etwa in Qatar, für die Gasindustrie zutreffen. Auch ist vorstellbar, daß Länder mit Budgetproblemen wie Saudi-Arabien oder Kuwait bei der Erkundung neuer Ölfelder Fremdkapital in Anspruch nehmen. Aber konkrete Anzeichen gibt es dafür noch nicht. Und für Abu Dhabi kommt dies ohnehin nicht in Frage, weil hier mehr als genug Geld vorhanden ist.

Man darf nicht vergessen, daß die Emirate heute zusammen täglich rund 2,1 Millionen Barrel produzieren. Davon stammen immerhin über neunzig Prozent aus Abu Dhabi. Das entspricht etwa einem Viertel der Fördermenge Saudi-Arabiens und immerhin einem Achtel des Tagesverbrauchs der gesamten USA. In Abu Dhabis Boden lagern cirka zehn Prozent der Welt-Öl-Reserven. Es ist zwar klar, daß in diesem relativ kleinen Land wie fast überall im Nahen Osten die großen Lagerstätten längst gefunden sind. Felder wie Bu Hasa, das weit über 20 Milliarden Barrel enthielt, wurden bereits in den frühen Sechzigern entdeckt, wenn auch aus Mangel an Abnehmern erst zehn Jahre später vermarktet. Dennoch sucht ADCO ständig weiter nach neuen Quellen, weil, was kleinere Felder betrifft, durchaus berechtigte Hoffnung besteht.

Kommerziell weniger relevant ist hingegen die Gasförderung. Sie verlangt viel Geld und Platz. Gas läßt sich zwar, auf minus 160 Grad gekühlt und verflüssigt, als sogenanntes „Liquefied Natural Gas“ (LPG) transportieren – was Abu Dhabi von Das-Island aus seit rund zwanzig Jahren, vor allem nach Japan, auch tut. Doch dieses Verfahren verlangt sehr, sehr hohe Investitionen und die amortisieren sich lange nicht. Aus Erdöl erzielt man ungleich rascher Profit.

„Die Stämme besinnen sich vermehrt ihrer Vergangenheit.“

DR. FRAUKE HEARD-BEY,
Historikerin am „Centre for Documentation and Research“, Abu Dhabi *

Ich bin Deutsche und habe an den Universitäten in Heidelberg und Berlin Geschichte und Politikwissenschaft mit den Schwerpunkten Verfassungsrecht und -geschichte studiert und über Berlin zwischen 1912 und 1920 promoviert. Ich hatte also mit dem Mittleren Osten vorerst überhaupt nichts zu tun. Hierher nach Abu Dhabi kam ich im November 1967, und zwar ausschließlich aus privaten Gründen.

Ich hatte kurz davor geheiratet und mein Mann, ein englischer Erdölingenieur, war hier schon einige Jahre tätig.

Natürlich begann ich sofort Arabisch zu lernen, denn unter Menschen zu leben, deren Sprache man nicht spricht, erschien mir höchst unerfreulich. Als sich nach ein, zwei Jahren abzeichnete, daß wir länger bleiben würden, begann ich kleine Artikel und Forschungsarbeiten zu schreiben. Damals, 1969, war schon zu beobachten, wie rasant sich die Gesellschaft durch das Öl verändern würde. Was meinen Neigungen sehr entgegenkam, denn schon während des Studiums hatte mein spezielles Interesse immer besonders der Sozialgeschichte gegolten.

Im Zuge von Recherchen fand ich heraus, daß in dem alten Fort, von dem aus zu dieser Zeit die Stadt verwaltet wurde, ein „Büro für Dokumentation", wie das damals hieß, existierte. Dr. Mohammed Morsy Abdullah, ein Ägypter, der auch heute noch unser Direktor ist, hatte dort kurz zuvor mit Unterstützung der Behörden begonnen, in einem Zimmer eine Menge Bücher aus Beirut, jedoch auch Archivmaterial aus London zur regionalen Geschichte zusammenzutragen. Als typische Deutsche fiel mir sofort auf, daß es dem Archiv an jeglichem System mangelte. Als ich das erwähnte, meinte man, ich solle das in Ordnung bringen. Also fing ich an zu organisieren – anfangs freiwillig, später gegen Stundenhonorar. Doch als ich merkte, wie sehr hierzulande die Anerkennung für eine Arbeit von deren Entlohnung abhängt, bestand ich darauf, meinem akademischen Grad entsprechend in den Betrieb eingegliedert zu werden. Was schließlich 1973 auch geschah.

Das Archiv war ursprünglich aus ganz praktischen Erwägungen gegründet worden. Harold Wilson, der britische Premier, hatte im Januar 1968 angekündigt, Großbritannien werde sich aus allen Gebieten „östlich von Suez" zurückziehen. Und den Scheichs am Golf wurde erklärt, sie stünden in drei Jahren, Ende 1971, ohne Protektor da. Zu dieser Zeit waren viele territoriale Fragen mit den Nachbarn ungeklärt und Konflikte abzusehen. Immerhin drohte die Gefahr, ein Gros der Ölfelder in Bausch und Bogen zu verlieren. Die Buraimi-Affäre, also der militärische Konflikt mit Saudi-Arabien um die gleichnamige Oase Mitte der fünfziger Jahre, hatte gezeigt, wohin solche Probleme führen konnten. Und daß dabei stets die Frage der „älteren Rechte" entscheidend war. Wenn ein Stammesführer behauptete, seine Leute hätten „immer schon dieses Wasserloch benutzt", war das eine Sache, aber eine schriftliche Quelle als Bestätigung vorzulegen, eine andere. Solche Belege fanden sich nur in englischen Archiven. Doch bei jedem akuten Streitfall jemanden nach London zu schicken, war mühsam. Also schlug Dr. Morsy vor, für solche Fälle ein eigenes Archiv aufzubauen. Als dann 1971 die Föderation gegründet wurde und man drei Jahre später mit Saudi-Arabien eine völkerrechtlich bindende Vereinbarung über die Grenze traf, also die primäre Berechtigung für das Archiv wegfiel, machte man es zu einem Institut, an dem generell Geschichtsmaterial – Originalbücher, Kopien, Photographien, Mikrofilme und so weiter – gesammelt wurde. Und zwar zunehmend über den gesamten Großraum und auch über frühere Epochen. Mittlerweile sind wir das kompletteste einschlägige Archiv in der Golfregion und als solches Anlaufstelle für Studenten und Fachleute aus aller Herren Länder.

In den letzten paar Jahren war interessant zu beobachten, daß die Gegend hier von einer Welle des Geschichtsbewußtseins erfaßt wurde. Allerdings handelt es sich dabei um ein von den Einwanderern aus anderen arabischen Ländern – aus Ägypten etwa, Syrien oder dem Irak – importiertes historisches Bewußtsein. Und das ist vom Ressentiment gegen die Kolonialmächte und vom Befreiungskampf geprägt. Nun war zwar der Einfluß der Engländer am Golf sehr groß. Doch da die sich in die internen Angelegenheiten der örtlichen Gesellschaft wenig, oft zu wenig, eingemischt und auch keine Infrastruktur aufgebaut haben, wurden sie im großen und ganzen bloß als Schirmherren empfunden. Der Vorwurf des Imperialismus ist aus der Perspektive der Beduinen schwer zu erheben. Es gab auch keinen Befreiungskampf. Folglich erscheint die örtliche Geschichte – gemessen zum Beispiel an jener der Ägypter oder Irakis – irgendwie farblos.

Die Besinnung auf die eigene Vergangenheit, die neuerdings staatlicherseits, aber auch von den Medien hochgespielt wird, ist zwar ein sehr arabisches, jedoch nicht bodenständiges Phänomen. Um konkrete Beispiele zu geben: Anfang der Neunziger war in Abu Dhabi im Fach „Gegenwartskunde" ein aus dem Arabischen übersetztes englischsprachiges Schulbuch in Verwendung, das Bilder der Intifada in Palästina, nämlich von steinewerfenden Kindern, zeigte und deren Aktivitäten im Begleittext guthieß. In einem anderen Schulbuch behauptete der Autor, die Ölkonzessionen seien seinerzeit von den Scheichs nur unterschrieben worden, weil britische Kanonenboote vor der Küste kreuzten. Was eine Verzerrung der Tatsachen darstellte, die erst aufflog, als ein Schuldirektor die Unzumutbarkeit solcher Inhalte öffentlich anprangerte.

Die einheimische nomadische Stammesgesellschaft wurde zuerst als kulturlos verächtlich gemacht und dann später verherrlicht. Das Dilemma ist klar: Die Einheimischen, die heute in Abu Dhabi Schulbücher schreiben könnten, haben wichtigere Positionen zu bekleiden. Also stammt das Unterrichtsmaterial weiterhin aus der Feder von ausländischen Arabern, die die lokale Geschichte nur aus dem eigenen, also subjektiven Blickwinkel sehen. Was freilich nicht heißen soll, daß nicht eine wachsende Zahl von Einheimischen Geschichte studiert; und zwar nicht nur in Kairo, sondern etwa in Exeter, Hull oder an amerikanischen Unis.

Festzustellen ist, daß sich die traditionellen Stammesbindungen von Jahr zu Jahr zunehmend auflösen und das Selbstwertgefühl der jungen Generation mehr und mehr von der persönlichen beruflichen Position und dem Einkommen abhängt. Jemand aus der Großvater-Generation konnte noch arm sein wie eine Kirchenmaus. Solange er dem richtigen Stamm angehörte, war sein Stolz ungebrochen.

Dementsprechend wird ein solcher Großvater, wenn er etwa seinem Enkel heute die eigene Herkunft vermitteln will, in erster Linie von seinem Stamm erzählen. Davon, wen er unterstützt und gegen wen er gekämpft hat und wer die Stärksten waren. Da er historische Ereignisse nur in seinem unmittelbaren Umkreis wahrnahm, wird er ihm kaum eine diplomatische Geschichte, etwa über das Verhältnis mit den Briten, darlegen können. Statt dessen wird er ihm von den Bani Yas erzählen, dem wichtigsten und erfolgreichsten der ursprünglich insgesamt cirka 45 Stämme der Emirate, dem der Großteil der einheimischen Bevölkerung Abu Dhabis angehört. Und davon, daß die Beduinen in Dubai alle enge Verwandte sind, weil die meisten Bewohner dort ebenfalls Bani Yas sind. Vielleicht wird er auch die Qawasim erwähnen, jenen führenden Teilstamm, der seit dem 18. Jahrhundert die meisten kleineren Stämme der nördlichen Emirate unter sich einte, zu beiden Seiten des Golfs im Seehandel mächtig wurde und seinen Hauptstützpunkt zuerst in Lingah an der persischen Küste, und später in Ras al-Khaima errichtete.

Vor allem aber wird er schildern, wie er und die Seinen früher lebten. Daß etwa die örtlichen Beduinen ursprünglich reine Kamelhirten waren und erst später begannen, Palmen zu pflanzen. Wobei die Dattelgärten stets den Kleinfamilien gehörten, der Scheich aber bei jeder neuen Pflanzung sein Einverständnis geben mußte. In der früheren Heimat der Bani Yas, den Liwa-Oasen, lebte man, auch das wird der Enkel vermutlich hören, in ganz einfachen Hütten aus Palmwedeln. Das größte Dorf hatte kaum mehr als vierzig, fünfzig derartige Behausungen. Zu kaufen gab es nichts. Was man von der Außenwelt benötigte, mußte man aus Abu Dhabi holen. Dazu ritt man entweder bis zur Küste und fuhr dann weiter mit dem Boot. Oder man legte den ganzen Weg auf dem Kamelrücken zurück, was hin und zurück ungefähr zehn Tage dauerte. Es ist anzunehmen, daß die Bani Yas bei dieser Gelegenheit mit anderen, kleineren Stämmen, die vom Fischfang und deshalb ständig an der Küste lebten, in Kontakt kamen und diese sich ihnen anschlossen. Doch exakt lassen sich die ethnischen Einflüsse nicht mehr feststellen.

Wie ja überhaupt die Herkunft der Bewohner dieser Region nicht ganz einwandfrei zu klären ist. Ganz sicher um Legendenbildung handelt es sich bei dem Versuch der Bani Yas – ähnlich wie das zum Beispiel manche syrische Stämme, freilich mit gewisser Berechtigung, tun –, ihre Existenz von einem legendären Urvater abzuleiten. Viel wahrscheinlicher ist, daß hier anfangs einzelne Stämmen lebten, die sich aus praktischen Erwägungen unter der Ägide eines besonders tüchtigen Clans zu einer Föderation zusammenschlossen. Wie mehr oder weniger alle arabischen Stämme, die jetzt in Südostarabien leben, werden auch diese ursprünglich zwischen 500 vor Christus und 200 nach Christus aus dem Raum des heutigen Jemen eingewandert sein. Die Bani Yas als identifizierbare Stammesgruppe im Hinterland von Abu Dhabi tauchen dann erstmals in einer venezianischen Karte von 1580 und dann auch in arabischen, portugiesischen und holländischen Quellen auf. Bis Anfang der Sechziger, also noch vor gut dreißig Jahren, sprach man im Zusammenhang mit der führenden Familie stets vom Clan der Al-Bu Falah. Erst dann prägte Scheich Schachbut, der Bruder des heutigen Präsidenten Zayid, Al-Nahayan als gebräuchlichen Namen der Herrscherfamilie.

Die Urbarmachung der Liwa-Oasen war eindeutig eine kulturelle Leistung der Bani Yas. Sie erfolgte im 17. oder 18. Jahrhundert. Die kommerziellen Aktivitäten waren damals wahrscheinlich minimal. Das einzige Standbein neben der Kamelzucht bildeten die Dattelgärten. Man versorgte sich mehr oder weniger selbst und beschaffte sich die wenigen zusätzlich nötigen Güter durch Tauschhandel mit anderen Beduinen. Zu regelmäßigen Kontakten mit der Außenwelt und damit auch zum Anschluß an die internationale Geldwirtschaft kam es erst viel später, im 19. Jahrhundert. Und zwar durch den Einstieg der Bani Yas – jetzt in großem Stil – in die Perlenindustrie (siehe Interview, Seite 190). Nicht nur, aber vor allem ihre Stammeskooperative war es, die mit vereinten Kräften Holz importierte, damit Dhaus baute und Väter sowie Söhne im Sommer für bis zu sechs Monate auf das Meer fahren ließ, um den schillernden Schatz zu heben. Der Boom der Perlenindustrie verhalf den Küstenorten wie Abu Dhabi, Dubai und Sharjah zu ungeahnter Blüte. Wobei sich sehr rasch auch Zuwanderer, vornehmlich Araber von der iranischen Küste, in diesen Industriezweig drängten, um als klassische Kapitalisten Ausrüstung sowie Proviant vorzufinanzieren und die Beduinen damit in ihre Abhängigkeit brachten.

Der Perlenboom war auch ausschlaggebend für den Bedeutungsschub, den Abu Dhabi im 19. Jahrhundert erhielt. Abu Dhabi ist seit 1760 als ständig bewohnter Ort belegt, und zwar hatten die Beduinen, die zur Küste kamen, um nach Perlen zu tauchen, frisches Wasser auf der Insel entdeckt. Der spätere Perlenboom lockte dann immer mehr Beduinen aus der Liwa an die Küste. Schon kamen aus Indien Spezialisten, die als Zwischenhändler die Perlen in Bombay vermarkteten und zugleich Gebrauchsgüter wie zum Beispiel Reis, Tee, Zucker, Kaffee, aber auch Geschirr, Schmuck und Metall importierten. Deshalb wurde dem Scheich klar, daß die wirtschaftliche Zukunft an der Küste lag. Worauf er seinen Regierungssitz nach Abu Dhabi verlegte und um 1793 das heutige Fort erbauen ließ, das inzwischen ganz dem „Centre for Documentation and Research" und dem dort gesammelten historischen Material zur Verfügung steht.

* **Dr. Frauke Heard-Bey** ist Verfasserin des im Verlag Longman (London und New York) erschienenen Standardwerkes zur Geschichte der Vereinigten Arabischen Emirate: *From Trucial States to United Arab Emirates. A Society in Transition.*

„In der Praxis war ich der Kommandant."

JACK BRIGGS,
Ehemaliger oberster Polizeioffizier, Dubai

Das erste Mal, daß ich nach Dubai kam, war 1960 von Qatar aus in einer DC 3. Im Orient war ich allerdings schon viel früher stationiert – von 1941 bis '48 als Mitglied der britischen Polizei in Palästina. Als dann der Staat Israel gegründet wurde und ich zurück nach England ging, dachte ich, das sei für immer. Denn meine künftige Frau warnte mich damals, sie würde nirgendwohin ins Ausland gehen. Wenn ich sie also heiraten wolle … die Arme. Schon im Jahr darauf kehrte ich in die Region zurück. Diesmal nach Bahrain. Hier hatte man schon 1932, kaum später als in Saudi-Arabien, mit der Ölförderung begonnen. Freilich erwiesen sich die Vorräte als recht gering. Noch zu meiner Zeit waren die Einkünfte der Regierung aus Zöllen höher als aus dem Ölexport. Immerhin besaß Bahrain eine Raffinerie, in der saudisches Öl verarbeitet wurde. Die Infrastruktur des Emirats war damals sehr fortschrittlich und hochentwickelt. Bahrain galt als Nabel der ganzen Golfregion. Es gab geteerte Straßen, Autos, Banken mit Einheimischen als Angestellten und ein gutes Schulsystem, in dem sie Burschen und Mädchen unterrichteten. Man stelle sich vor – sie schickten damals schon Mädchen in Schulen!

Anfang 1951 kam ich schließlich nach Qatar, wo ich für dreizehn Jahre als Polizeidirektor, die Nummer zwei in der Hierarchie, tätig war. Danach folgte Dubai.

Der Grund für meine Versetzung hing mit dem Plan der Briten zusammen, hier eine Polizeitruppe aufzubauen. Er entsprang einer politischen Überlegung. Großbritannien hatte seit langem eine Art militärisches Monopol im ganzen Golf innegehabt. Nach der Suez-Krise (1956) hatte es in der Gegend bloß eine Eskadron mit gepanzerten Fahrzeugen stationiert. Nach dem Rückzug aus Aden (1967) wurden daraus drei oder vier Bataillone. Die Soldaten kampierten und trainierten draußen in Jebel Ali am Strand. Ich erinnere mich, daß sie damals auch die ersten durch Kabel gelenkte Raketen abfeuerten – eine frühe Form der Fernlenkraketen. Sie gaben das dann aber bald wieder auf, weil sich immer wieder Kamelherden in den Kabeln verfingen und verletzten, worauf die Armee allerlei Kompensationen zu zahlen hatte.

Doch zurück zur Polizei: Bis in die frühen Sechziger hatten die Briten hier in den Emiraten einerseits ihre Armee, andererseits die Trucial Oman Scouts unterhalten. Letztere bildeten zwar im gesamten Gebiet der Trucial Coast, der „Vertragsküste", eine Art übergeordnete Autorität. Doch wer immer sich etwas zuschulden kommen ließ – einheimischer Beduine, Brite oder etwa Pakistani –, mußte sich in Wahrheit jeweils der Gerichtsbarkeit seiner eigenen Nation verantworten. Vor allem die Ölgesellschaften verlangten schließlich nach einem lückenloseren Sicherheitssystem, das den einzelnen besser vor Übergriffen schützen sollte. Die Lösung lautete: bauen wir eine Polizeitruppe auf! Die ersten Polizisten kamen aus der Armee, waren also eine Art Söldner. Ich war anfangs ein gewöhnlicher Polizist. Doch als 1965 der oberste Verantwortliche entlassen wurde, bat mich Scheich Raschid, der mich gut kannte, die Aufgabe zu übernehmen. Mein großer Vorteil war, daß ich fließend Arabisch sprach. Auf dem Papier leitete Raschids Sohn die Polizei, doch in der Praxis war ich der Kommandant. Und zwar bis August 1975. Es waren die zehn besten Jahre meines Lebens. Ich kam mit Scheich Raschid, der mir in so vielen Dingen half, glänzend aus. Man muß dazu sagen, daß es hier seinerzeit, anders als heute, kaum schwere Verbrechen, ja überhaupt nur sehr wenig Kriminalität gab.

In meiner Anfangszeit hier am Creek war die Bevölkerung bitterarm. Sie bestand aus Fischern, Seeleuten, ein paar Perlentauchern. Einige hatten kleine Läden. Die Leute litten unter dem Niedergang der Perlenindustrie, den die Japaner seit den dreißiger Jahren mit ihren Zuchtperlen ausgelöst hatten. Es gab keinen Strom, nur brackiges Grundwasser, kaum Schulen. Viele Menschen lebten noch in Palmwedel-Hütten. Ihre Kinder starben wie die Fliegen. Dazu kam die Gluthitze (120 Grad Fahrenheit bei achtzig Prozent Luftfeuchtigkeit), die dich in den Wahnsinn treibt. Andererseits sind genau das die Bedingungen, die Menschen so zäh machen, daß sie jeder Unbill widerstehen.
In der Zwischenzeit hat sich vieles radikal geändert – die Lebensumstände, die Mentalität der Menschen. Doch manche Reste der alten Sitten haben sich zum Glück bewahrt. Scheich Mohammed zum Beispiel (einer der vier derzeit herrschenden Maktoum-Brüder und zugleich der Verteidigungsminister der Vereinigten Arabischen Emirate) versteht es wie seine Vorväter, Spuren im Wüstensand zu lesen. Und auch sein Sohn wird es erlernen. Die Courtoisie der Beduinen ist in den oberen Familien noch lebendig. Ein Beweis dafür wird mir immer in Erinnerung bleiben: Als Scheich Raschid starb und ich der Familie kondolierte, kam mir Scheich Mohammed, er war der dritte Sohn des Verstorbenen, entgegen und sprach mir Beileid für den Tod seines Vaters aus. Etwas, was man normalerweise nur den allerengsten Mitgliedern der Familie gegenüber tut.

„Unsere Wasserquellen werden leergepumpt."

MOHAMED AL-KHALBANI,
Generaldirektor im Ministerium für Wasserversorgung, Muscat

Beginnen wir vielleicht mit einer kleinen Statistik: Im nördlichen Oman (die Provinz Dhofar ist ja aufgrund des Monsuns ein Sonderfall) haben wir je nach Region und auch Jahr zwischen 50 und 300 Millimeter Regen per anno. Wobei die größte Menge im Gebiet der Hadjar-Berge fällt, an dessen bis zu 3.000 Meter hohen Flanken häufig Wolken abregnen. Auf die gesamte Fläche verteilt, beträgt der Durchschnitt 100 Millimeter, also sehr wenig. Man hat errechnet, daß das Niederschlagsvolumen alles in allem etwa 5,66 Milliarden Kubikmeter ausmacht. Über vier Fünftel – exakt: 4,53 Milliarden – verdunsten an der Bodenoberfläche, 280 Millionen fließen durch die Wadis ab und nur 850 Millionen erreichen das Grundwasser. Dieses Grundwasser ist, gemeinsam mit den jährlich rund 70 Millionen Kubikmetern umgewandelten Meerwassers, das wir über die Entsalzungsanlagen produzieren, alles, was uns zur Verfügung steht. Der jährliche Wasserbedarf des Landes beträgt derzeit 1,25 Milliarden Kubikmeter. Ergibt also ein Minus von 330 Millionen Kubikmetern.

Soviel also zur derzeitigen Situation.

Das Rückgrat unserer Wasserwirtschaft und damit die Lebensgrundlage überhaupt sind die sogenannten *Aflaj* (Singular: *Falaj*). Dabei handelt es sich um weitverzweigte Kanalsysteme, die teilweise unterirdisch verlaufen und hier im Osten der Arabischen Halbinsel vermutlich bereits vor 2500 Jahren existierten. Wir glauben zwar, daß das Prinzip der Aflaj seinen Ursprung im Oman hat. Aber die Beweise dafür stehen noch aus, und Tatsache ist, daß man ähnliche, sehr alte Anlagen unter anderen Namen – wie etwa *Qanat* oder *Kanez* – auch in anderen Ländern, beispielsweise im Iran, in Afghanistan, Nordafrika, aber auch Spanien, Mexiko und sogar Peru, fand.

Grundsätzlich unterscheiden wir drei verschiedene Typen von Aflaj: Zum einen die sogenannten *Aini-Aflaj,* die direkt von – teilweise heißen – Quellen (arab.: *Ain*) gespeist werden und vornehmlich im Kalksteinbereich der Gebirge zu finden sind. Die zweite und häufigste Kategorie sind die *Ghaili-Aflaj.* Sie erhalten ihr Wasser in der Regel nahe an oder gar von der Oberfläche der Wadis und leiten es meist in offenen Kanälen bis zu seinem Bestimmungsort. Die dritte und wohl faszinierendste Kategorie sind die *Iddi-Aflaj.* Sie nehmen ihren Anfang in unterirdischen sogenannten „Mutterbrunnen" und leiten das Grundwasser in bis zu dreißig Meter tiefen Tunnels mit minimalem Gefälle bis ans Tageslicht. Diese Tunnels sind oft viele Kilometer lang (der größte liegt in der Sharqiya und mißt 30 Kilometer). Sie entstanden, indem man eine lange Reihe von vertikalen Schächten bis zum Grundwasserspiegel aushob und diese dann mit einem sanft abfallenden horizontalen Stollen verband. Dieser Typ wird übrigens im Volksmund auch *Dawudi-Falaj* genannt – nach König David, der seinerzeit, so will es die Legende, auf seinem fliegenden Teppich in den Oman kam und den Bau der ersten derartigen Anlage veranlaßte.

Das Prinzip der Wasserverteilung ist uralt und in allen drei Fällen gleich: Ein Verantwortlicher, der *Wakir,* öffnet und schließt nach einem genau festgelegten System die Schleusen, so daß jeder Bauer für sein Feld die ihm zustehende Menge erhält. Wir, die Behörde, oder auch das Dorfkollektiv heben für das Wasser einen Obolus ein, der für die Instandhaltung der Anlage verwendet wird. Denn alle paar Jahre müssen die Kanäle von angelagerten Salzen und Sedimenten befreit werden. In vielen Fällen ist der Anteil an Wasser beziehungsweise die Anzahl der Stunden, in denen es an einer bestimmen Stelle fließt, auch ein über Generationen vererbtes bewegliches Gut. Dieses kann man an Nachbarn weiterverkaufen oder auch einer *Waqf,* einer jener wohltätigen Stiftungen, die öffentliche Einrichtungen verwalten, überantworten. Die Aflaj sind freilich nicht nur ein System zur Wasserversorgung, sondern sie stehen im Mittelpunkt des sozialen Lebens. Trocknen sie aus, verlassen die Menschen das Dorf und ziehen in die Stadt. Deshalb ist alles zu tun, damit sie funktionieren.

Von den ursprünglich rund 12.000 bestehenden Aflaj-Anlagen ist nur noch etwa ein Drittel in Funktion. Der Rest liegt trocken.

Bis etwa 1970 basierte die Wasserversorgung aller Omanis auf dem traditionellen System. Angebot und Nachfrage hielten einander mehr oder weniger die Waage. Dann wurden mit dem Geld aus dem Öl vor allem in der Batinah-Ebene große Farmen angelegt und immer mehr Tiefbrunnen gebohrt. In der Folge pumpte man das Grundwasser immer weiter ab und in die natürlichen, nunmehr leeren Reservoirs entlang der Küste drang vom Meer her Salzwasser ein.

Oman hat derzeit nur rund zwei Millionen Einwohner, jedoch eine Geburtenrate von über drei Prozent. Der Wasserbedarf für Haushalte und auch Industrie wird demnach beständig steigen. Das weitaus größere Problem ist aber die Landwirtschaft. Sie verbraucht jetzt schon 93 Prozent des verfügbaren Wassers.

Dieser bedenklichen Entwicklung trachten die insgesamt sechs Ministerien, die sich hier im Oman um den Wasserhaushalt kümmern, mit verschiedenerlei Methoden zu begegnen. Bereits 1980 wurde ein Gesetz erlassen, das mit ganz wenigen Ausnahmen das Bohren neuer Brunnen und auch das Vertiefen bestehender verbietet. Schon Mitte der siebziger Jahre begannen wir systematisch mit der Instandsetzung desolater Aflaj. Wir schufen zahlreiche Klärwerke und zur Versorgung der Hauptstadt zwei große Meerwasserentsalzungsanlagen. Und unsere Experten im Forschungszentrum für neue Bewässerungstechniken kooperieren eng mit Kollegen in anderen Golfstaaten, aber auch Australien und den USA, um Alternativen zur herkömmlichen, verschwenderischen Flutirrigation einzuführen.

In den letzten Jahren bauten wir zudem etliche Dämme, die das früher rasch abfließende Regenwasser nun in den Wadis stauen, ihm erlauben, nach und nach im Boden zu versickern, und damit den Grundwasserspiegel heben helfen. Außerdem ließen wir – als Vorbereitung zur fundierten Bestandsaufnahme aller Wasserressourcen – landesweit 167.000 Brunnen registrieren.

Beachtliche Erfolge brachten auch die Bemühungen, über die Massenmedien, in Vorträgen und Versammlungen die Bevölkerung für das Problem der Wasserknappheit zu sensibilisieren und sie zur Reduktion des Verbrauchs zu ermuntern. Immerhin haben wir dadurch in sieben Jahren etwa fünfzehn Prozent Wasser gespart.

Große Hoffnungen hegen wir derzeit in Bezug auf kürzlich entdeckte Vorräte fossilen, mehrere hundert Jahre alten Grundwassers. Diese Quelle ist zwar leider nicht erneuerbar, sie könnte aber für die nächsten zwanzig bis dreißig Jahre eine Lösung darstellen. Mit ihrer Erschließung soll bereits in den nächsten Monaten begonnen werden.

„Die Gesundheitsversorgung war damals noch desaströs."

DR. DONALD BOSCH,
Missionsarzt und Zeitzeuge, Muscat

Wir, meine Frau und ich, kamen ursprünglich aus den USA hierher nach Muscat, weil wir Mitglieder einer Organisation namens „World Ministries" sind. Das ist ein Zweig der Reformierten Kirche, dessen Hauptaufgabe darin besteht, Leute mit speziellen Fähigkeiten in jene Gebiete der Erde zu vermitteln, wo eben diese Fähigkeiten dringend gebraucht werden. Ich hatte gerade meine Ausbildung als Chirurg und meine Frau ihre als Lehrerin absolviert. Und die Verantwortlichen meinten, für Leute wie uns beide bestünde hier im Oman besonders akuter Bedarf. Unsere Mission war ja hier schon seit 1893 aktiv. Insofern waren wir keine wirklichen Pioniere. Das Spital, in dem ich arbeitete, stand in Mutrah und war 1930 gebaut worden – wenige Jahre später als die Schule in Muscat, an der meine Frau unterrichtete.

Wir sprechen von den frühen fünfziger Jahren, als es im gesamten Oman nur drei Meilen asphaltierter Straße, keine Elektrizität und auch keinen Flughafen gab. Die komplette Ein- und Ausfuhr von Waren erfolgte über Schiffe, die wöchentlich einmal auf ihrem Weg zwischen Basra und Bombay hier vor Anker gingen. Insgesamt waren in Muscat damals kaum mehr als dreißig Europäer ansässig, hauptsächlich britische Militärberater, ein paar Mitarbeiter der Telegraphengesellschaft … Die Capital Area zählte damals, so schätze ich, nur 50.000 Einwohner, der ganze Oman gerade eine Million. Von der Hauptstadt führte bloß eine holprige Piste ins Hinterland. Viele unserer Patienten kamen auf Kamelen oder Eseln zur Behandlung ins Spital. Wir wurden davor gewarnt, ins Landesinnere zu fahren, weil Rebellen die Wege vermint hatten. Doch manchmal wagten wir uns bis in das Djebel Akhdar-Gebiet vor. Dort gehörten wir tatsächlich zu den ersten Besuchern aus Europa. Oben auf dem Hochplateau schlug ich immer wieder für zehn Tage eine ambulante Klinik auf, in der ich Operationen im Freien, unter einem Baum durchführte. Dabei hatte ich einen einheimischen Assistenten, den ich Grundzüge wie das Sterilisieren der Instrumente sowie einfache Handreichungen lehrte.

Das Gesundheitssystem war in diesen Tagen desaströs. Bevor jemand überhaupt in unser Spital

Der Missionsarzt Don Bosch mit seiner Frau

kam, konnte man annehmen, daß er bereits unter den fünf gängigen Krankheiten litt. Er hatte mit Sicherheit Malaria, Darmparasiten und das Trachom, eine in warmen Ländern verbreitete chronische Augenkrankheit. Außerdem war die Mehrheit der Omanis damals blutarm und unterernährt. Häufig kamen auch Lungenentzündung und Lepra vor. Heute ist die medizinische Versorgung besser als in den meisten Ländern der Welt. Sie ist für Einheimische wie ausländische Gäste kostenfrei. Selbst in entlegensten Gebieten wird die Bevölkerung von mobilen Einsatzteams regelmäßig besucht.

Hervorheben möchte ich bei dieser Gelegenheit, daß die Omanis extrem dankbare und vertrauensvolle Menschen sind. Wenn man Ihnen Gutes tut, vergessen sie das nie. An meinem ersten Tag an der Klinik kam ein Mann mit einem so großen Tumor zu mir, daß ihn nur noch eine Operation retten konnte. Als ich ihm das sagte, packte er mich am Arm und meine: „Los, laß' es uns gleich erledigen!" Er hatte mich nie zuvor gesehen. Obwohl Aberglaube weitverbreitet ist und in den Dörfern auch traditionelle Heiler tätig sind, wurden wir sofort akzeptiert und keineswegs als deren Konkurrenz empfunden. Unsere medizinischen Anweisungen wurden stets befolgt. Ich durfte sogar Frauen untersuchen. Einmal, ich erinnere mich mit Amüsement, hatte ich eine Patientin im Beckenbereich abzutasten. Ihr Mann hatte sie begleitet und ihr, ohne zu wissen, daß ich Arabisch verstand, beteuert, die Behandlung sei kein Problem. Ich wäre nur ein Doktor, kein Mann.

Auch ein anderer Wesenszug der Omanis erleichterte unsere Arbeit sehr: Sie erkannten seinerzeit an, daß ihre Gesellschaft auf manchen Gebieten rückständig war und Hilfe benötigte. In anderen Ländern hat diese Erkenntnis oft einen Minderwertigkeitskomplex ausgelöst, und in der Folge wurden fremde Berater abgelehnt. Für den Stolz und das Selbstverständnis der Omanis hingegen war die Situation kein Problem. Im Gegenteil: Sie freundeten sich mit den ausländischen Experten an und gaben ihnen das Gefühl, willkommen zu sein. Das ist mit ein Grund, weshalb sich das Land so rasch entwickelte.

Zwischen 1954, als wir kamen, und 1970 änderte sich im Oman freilich so gut wie nichts. Sultan Said, der Vater des heutigen Herrschers, war zutiefst davon überzeugt, daß der westliche Einfluß die traditionelle Kultur seines Volkes zerstören würde. Deshalb widersetzte er sich jeglicher Modernisierung. Das Problem war, daß die Omanis die stürmische Entwicklung im benachbarten Dubai ganz genau verfolgten. Gegen Ende seiner Regierungszeit war die Stimmung in der Bevölkerung sehr gedrückt und die Unzufriedenheit groß. Man gehorchte den mittelalterlichen, teilweise abstrusen Gesetzen nur aus Angst vor Gefängnisstrafen. Uns gegenüber wagten die Menschen offen zu klagen. Da der Sultan aber die letzten Jahre in Salalah saß und sein Repräsentant hier in Muscat skrupellos seine Anweisungen durchsetzte, kam es nie zu einer Revolte. Als ihn dann 1970 sein Sohn mit britischer Hilfe entthronte, wollte es der Zufall, daß wir außer Landes waren. Nach unserer Rückkehr erzählten uns Freunde, die Menschen hätten, nachdem der Machtwechsel verkündet worden war, in den Straßen vor Freude getanzt und musiziert.

Anfang der Fünfziger betrug die Analphabetenrate unter Frauen nahezu hundert, unter Männern an die neunzig Prozent. Daß Frauen einen Beruf ausübten, war undenkbar. Mädchen wurden von ihren Familien im Alter von durchschnittlich dreizehn, vierzehn Jahren verheiratet. Kurz danach kam das erste Baby und der Lebensweg war vorgezeichnet. Heute hingegen geht jedes Kind zur Schule. In entlegenen Gegenden wie etwa Musandam bleiben die Kinder die ganze Woche über am Schulort und kehren nur für das Wochenende in ihr Heimatdorf zurück. Nach 1970 haben auch viele Erwachsene zu lesen und schreiben gelernt. Ich habe erlebt, daß in einer Familie die Kinder am Vormittag und die Mütter am Nachmittag die Schulbank drücken.

Sultan Qabus legt ganz generell großes Augenmerk auf die Verbesserung des Status der Frau und betont dies auch immer wieder in seinen Reden. Mittlerweile gehen viele Mädchen nach ihrem Schulabschluß an die Uni, werden Ärztinnen, Ingenieurinnen, hohe Verwaltungsbeamte. Sogar der *Madjlis Asch-Schura,* dem 1991 gegründeten Beratungsgremium, gehören zwei Frauen an.

Die Idee einer Familienplanung war vor 1970 unter den Omanis fast ausnahmslos unbekannt und die Kindersterblichkeit extrem hoch. Ich schätze, daß damals mehr als die Hälfte der Säuglinge vor ihrem zweiten Geburtstag starben. Insofern war eine hohe Geburtenrate eine biologische Notwendigkeit und zugleich ein Garant für die Altersversorgung der Eltern. Außerdem gab es von seiten der *Ulema,* der orthodoxen Korangelehrten, aus theologischen Gründen starke Widerstände gegen Empfängnisverhütung. Sich fortzupflanzen galt beziehungsweise gilt vielerorts immer noch gleichsam als religiöse Pflicht. Seit ein paar Jahren beginnt sich jedoch auch diesbezüglich das Bewußtsein zu ändern. Der Sultan selbst hat öffentlich gemeint, fünf Köpfe seien heutzutage für eine Familie genug. Soeben wird erstmals, allerdings zur Zeit nur für öffentlich Bedienstete, ein staatliches Pensionssystem eingeführt. Zudem wurde eine Beratungsklinik für Fragen zur Familienplanung ins Leben gerufen. Aus psychologischen Gründen, um Tabus nicht zu kraß zu verletzen, wird dabei aber nie von *birth control,* also Geburtenkontrolle, sondern von *birth spacing,* dem „Vergrößern der Abstände zwischen den Geburten", gesprochen.

„Die Menschen sind hier extrem enthusiastisch."

Anita Mehra Homayoun,
Senior Marketing- und PR-Manager im Duty Free Shop des Flughafens von Dubai

Es ist jetzt genau dreizehn Jahre her, daß die Regierung beschloß, hier in Dubai einen Duty Free Shop zu eröffnen. Bis dahin hatte es nur eine Handvoll kleiner Läden gegeben, die unregelmäßig geöffnet hatten und nicht gerade sehr hohen Ansprüchen genügten. Anfang der Achtziger unternahm dann der Generaldirektor unseres Flughafens eine Reise nach Shannon Airport in Irland, gleichsam dem Mekka der Duty Free-Branche. Und was er dort sah, nämlich eine von der Flughafenbehörde zentral verwaltete, großzügig gestaltete Einkaufszone für zollfreie Waren, begeisterte ihn so sehr, daß er die dortigen Verantwortlichen einlud, in Dubai etwas Vergleichbares auf die Beine zu stellen. Einer der irischen Fachleute, die damals an den Creek kamen, war Colm McLoughlin, unser heutiger Managing Director.

Unser Konzept bestand von Anfang an darin, Dubai ganz allgemein als Destination zu bewerben, um es in der Welt bekannt zu machen. Am besten, so dachten wir, würde das mittels internationaler Sportereignisse funktionieren, die den Namen des Austragungsortes via Fernsehen in alle Welt trügen. Wir begannen mit einem Snooker-Billard-Turnier, das die sechzehn weltbesten Spieler versammelte. Das sicherte uns vor allem im angelsächsischen Raum erste Aufmerksamkeit. Es folgten unter anderem seit 1989 exzellent besetzte Golfturniere und in jüngster Zeit das mit einer Million Dollar dotierte Dubai ATP Tennis-Turnier, für das Dubai Duty Free zur Zeit ein eigenes Stadion mit 5.000 Sitzplätzen bauen läßt.

Im ersten Jahr erzielten wir zwanzig Millionen Dollar Umsatz, im vorigen waren es 170. Wir setzten in letzter Zeit an einzelnen Tagen bis zu 800.000 Dollar um. Anfangs mußten wir die Lieferanten von der Ernsthaftigkeit unserer Strategien überzeugen. Inzwischen können wir uns ihrer Angebote kaum noch erwehren. Die einzige Zeit, in der das Geschäft stagnierte, war der Krieg 1991 gegen den Irak. Da war der Luftraum über dem Golf gesperrt und unser Flughafen glich einer Geisterstadt. Was uns enorm hilft, ist die Lage im Zentrum einer extrem dicht bevölkerten Region. Unser Einzugsgebiet umfaßt Indien, Pakistan und Südostasien ebenso wie Europa, Rußland und die anderen GUS-Republiken und natürlich die Arabische Welt. Für zusätzlichen Umsatz sorgen die Gastarbeiter in den Emiraten, die, wenn sie für ein paar Wochen nach Hause fliegen, große Mengen an Dingen kaufen, die sie daheim gar nicht oder nur zu sehr hohen Preisen finden. Deshalb führen wir nicht nur das übliche Duty Free-Sortiment, sondern verstärkt auch Nahrungsmittel und Kolonialwaren. Ein gutes Beispiel ist Nido-Milchpulver, das lange Zeit vor allem von Afrikanern, Indern und Pakistanis tonnenweise gekauft wurde. Wir sind aber auch, um ein zweites Detail herauszupicken, der weltweit größte Wiederverkäufer von Toblerone-Schokoriegeln. Reisende aus den GUS-Staaten decken sich bei uns gerne mit Elektronikwaren, Haushaltsgeräten und Gold ein. Ja es gibt Leute, die nach Dubai fliegen, aber gar nicht in die Stadt hinein fahren, sondern nur im Duty Free-Shop Station machen, um Gold in Kilo- oder Zehn-Tolar-Barren mitzunehmen. Europäische Kunden wiederum stürzen sich mit Vorliebe auf Uhren, Schmuck, Spirituosen, Tabak und Accessoires wie etwa Tücher von Hermes.

Um den Passagieren beim Reisen einen unüberbietbaren Anreiz zu schaffen und ihnen Dubai als Transitstation schmackhaft zu machen, beschlossen wir vor einigen Jahren, regelmäßig Luxuswagen zu verlosen. Jeder Reisende kann um 500 Dirham (rund 130 Dollar) ein Ticket zur Teilnahme an der Tombola erwerben. Die Ziehungen finden wöchentlich statt. Die Gewinner werden First Class eingeflogen, logieren zwei Nächte in einem Fünf Sterne-Hotel und können den Wagen, meist einen BMW, Porsche, Mercedes oder Rolls Royce, entweder sofort mitnehmen oder hier verkaufen. Der

Anita Mehra, PR-Lady in Dubais Duty Free Shop

Erfolg ist enorm. Kürzlich haben wir den fünfhundertsten Wagen verlost. Mittlerweile rufen mich Leute aus London und Singapur an, um Teilnahmecoupons zu reservieren. Und die Idee wurde von anderen Flughäfen, beispielsweise in Abu Dhabi und Sharjah, kopiert. Freilich mit weit geringerem Erfolg.

Wir sind bereits bei etlichen Gelegenheiten zum weltweit besten Duty Free Shop gewählt worden. Besonders stolz bin ich auf den diesbezüglichen Preis der Duty Free-Weltorganisation, der seit 1985 in Cannes bei der „Tax and Duty Free-Exhibition" verliehen wird und sowohl Preise und Sortiment als auch Ambiente und Service als Kriterien zur Beurteilung heranzieht. Als wir 1985 diesen Oscar der Branche als erste überhaupt erhielten, waren wir selbst gerade erst zwei Jahre alt. Inzwischen steht allein diese Trophäe in fünffacher Ausführung in unserer Vitrine. Insgesamt haben wir bislang 55 Auszeichnungen eingeheimst. „Time Magazine" hat einmal eine Story über uns mit den Worten betitelt: „Eine echte Wunderhöhle Aladins".

Was mich an Dubai ganz generell so fasziniert, ist der spezielle Enthusiasmus der Bevölkerung. Gleichgültig, ob man für die Regierung oder im privaten Sektor arbeitet – hier werden ständig kühne Pläne verwirklicht. Die Gesellschaft ist sehr dynamisch, manchmal vielleicht fast zu sehr, denn nicht wenige Menschen leiden an chronischem Zeitmangel. Dennoch ist die Arbeitsatmosphäre wunderbar, insbesondere für mich, die ich auch als Frau alle Karrierechancen habe.

Wieso das so ist? Nun, Dubai besitzt eine alte Tradition als Handelsplatz. Seine Bewohner sind die geborenen Kaufleute. Und dieses unternehmerische Geschick ist auch in der Regierung allgegenwärtig. Schon Scheich Raschid war nicht nur ein visionärer Führer, sondern auch ein begnadeter Geschäftsmann, der sich um viele Projekte im Detail kümmerte. Und auch heute kommt es immer wieder vor, daß unser Herrscher, Scheich Maktoum, höchstpersönlich zusammen mit den Verantwortlichen der Flughafenbehörde in unseren Verkaufsräumen auftaucht, um zu sehen, wie dringend die nächste Expansion schon nötig ist.

„Die Bande zu Ostafrika waren überaus eng."

Sheikh Farid Bin Mbarak Al-Hinai,
Ehemaliger Botschafter,
u. a. in Bonn, Washington, Peking

Ich bin einer jener Omanis, die, wie auch schon ihre Eltern, in Ostafrika geboren wurden und erst nach 1970 in den Oman zurückgekehrt sind. Meine Vorfahren stammen aus dem Dorf al-Hamra bei Nizwa und wanderten wie viele Landsleute ihrer Generation Anfang des 19. Jahrhunderts nach Ostafrika aus, um dort das Land zu besiedeln und Handel zu treiben.

Zum Herrschaftsgebiet Said ibn Sultans, dem damaligen Sultan, der zwischen 1804 und 1856 wechselweise in Muscat und auf Sansibar regierte, zählte auch Mombasa und ein weiter Teil der angrenzenden Küste. Die Region wurde von der britischen Regierung als Protektorat, nicht als Kolonie betrachtet. Deshalb waren alle Bewohner durch britisches Recht geschützt. Jene omanischen Ursprungs brauchten für Reisen zwischen hier und Muscat keine Visa, keine Pässe, bloß Identitätskarten. Als Sultan Said starb, hinterließ er zwei Söhne, die über die Erbfolge in Streit gerieten. Und so kam es 1861 zur Teilung in zwei eigenständige Sultanate – Oman und Sansibar.

Mein Vater erblickte auf Sansibar das Licht der Welt, übersiedelte später mit meiner Mutter nach Mombasa und zeugte dort vierzehn Kinder. Er war im Dienst der arabischen Zivilverwaltung tätig, die in der Hand der Omanis lag und dem Sultan von Sansibar unterstand. 1948 wurde er *Wali,* also Generalgouverneur für die gesamte Küste. Zudem diente er den Briten für ganz Kenia als Berater in arabischen Angelegenheiten. Ihm unterstellt waren mehrere Bezirksgouverneure und, eine Ebene darunter, arabische Administratoren. Parallel dazu hatten auch die Briten ihren „Wali" – den District Commissioner. Seine Behörden verhandelten mit den Arabern und den einheimischen Afrikanern vor allem über Konflikte um Landbesitz. Gravierendere Probleme waren dann Sache der höheren Gerichte in Mombasa beziehungsweise des Berufungsgerichts in Nairobi. Rein islamische Fragen, etwa Heiraten oder Erbrecht, wurden vom Wali oder von den Scharia-Richtern in Mombasa behandelt.

Die wirtschaftlichen Bande zwischen Muscat und Sansibar waren seinerzeit überaus eng. Der Seehandel mit Ostafrika war die wichtigste Einnahmequelle des Oman. Die Dhaus segelten mit Gewürzen, getrockneten Limonen, Datteln, mit Perserteppichen und vielem mehr nach Süden. Sechs Monate später, wenn der Monsun gedreht hatte, fuhren sie mit Elfenbein, Rhinozeroshorn, Mangrovenholz zum Bauen, aber auch mit Sklaven als Fracht in die Gegenrichtung. Die Briten zahlten dem Sultan von Sansibar lange Zeit hindurch 20.000 Pfund im Jahr, unter anderem auch dafür, daß er ihre Schiffe den Hafen von Mombasa benutzen ließ.

Ursprünglich waren weit über 100.000 Omanis in Ostafrika eingewandert, darunter viele Söldner aus Belutschistan, die der Sultan vor der Teilung des Landes mit der Bewachung der von den Portugiesen übernommenen Festungen beauftragte. Der wirtschaftliche Aufschwung lockte auch viele Afrikaner von umliegenden Inseln und aus dem Landesinneren an.

Ich selbst kam 1937, im Alter von sieben, in ein Internat in Kairo. Etliche Jahre zuvor hatte die britische Regierung eine Gruppe hoher ägyptischer Würdenträger und Mitglieder der Wafd-Partei, unter ihnen den späteren Premierminister, ins Exil auf die Seychellen verbannt. Auf deren Rückweg in den Norden hatte mein Vater sie in Mombasa bei sich aufgenommen und bewirtet. Als er später auf der Reise nach England durch Kairo kam, nahmen sie ihm freundlicherweise das Versprechen ab, daß, wenn er jemals einen Sohn haben sollte, er diesen in ihrer Obhut erziehen lassen würde. So landete ich im Victoria College, einer Elite-Schule am Nil, die viele spätere Weltberühmtheiten hervorbrachte. Zu meinen Kommilitonen zählten unter anderen Omar Sharif, Adnan Kashoggi, Jordaniens König Hussein sowie zahllose Prinzen aus Kuwait und Saudi-Arabien. Schon damals, als Knirps, wurde ich an das Diplomatenmilieu mit all seinem Pomp und seiner Etikette gewöhnt. 1948 schickte mich mein Vater nach Oxford, wo ich Literatur und Geschichte, vor allem aber Rechtswissenschaften und, als Vorbereitung auf den Beruf eines Diplomaten, Völkerrecht studierte. Im Oman herrschte, wir sprechen hier von den fünfziger Jahren, noch tiefstes Mittelalter.

Als mein Vater 1959 starb, ging ich, der älteste Sohn, zurück nach Kenia und bekleidete mehrere Beamtenposten. Gegen Ende 1963 wurde ich zum Protokollchef ernannt, der das Zeremoniell und die Festivitäten rund um die Proklamierung der Unabhängigkeit vorbereiten helfen sollte. 1964, die Republik war mittlerweile Wirklichkeit, wurde ich Protokollchef der gesamten Regierung. Doch der Dauerstreß mündete in ein arges Magengeschwür. Nach der Rekonvaleszenz sandte man mich als Charge d'affaires des jungen Staates zuerst nach Paris und Bonn, dann als Botschafter nach Kinshasa und Kairo, wo mich Präsident Sadat aufgrund der alten Verbindungen auf das herzlichste willkommen hieß. Ende 1973, der zweite arabisch-israelische Krieg war gerade vorbei, kehrte ich nach Kenia zurück. Die dortige Regierung hatte in ihrer Beurteilung der aktuellen Geschehnisse im Nahen Osten eine politische Kehrtwendung vollzogen, die mich aus vielerlei Gründen bewog, nach über zehn Jahren vom diplomatischen Dienst Abschied zu nehmen.

Inzwischen hatte im Oman Sultan Qabus den Thron bestiegen und alle Landsleute im Ausland aufgerufen, in ihre Heimat zurückzukehren und beim Aufbau zu helfen. Viele Omanis, vor allem die Gebildeten, hatten ja längst in benachbarten Golfstaaten, aber auch in Beirut, in Indien und vor allem in Ostafrika Wurzeln geschlagen. Sie folgten mehrheitlich dem Ruf. So, von meinen Verwandten im Oman in zahlreichen Briefen dazu bestärkt, auch ich. Das erste knappe Jahr arbeitete ich als Assistent eines Protokollchefs und lernte auf diese Weise meine neue Heimat kennen – eine Unumgänglichkeit, um sie fortan im Ausland sinnvoll vertreten zu können. Im Anschluß kam ich das zweite Mal als Botschafter nach Bonn, hierauf nach Washington und schließlich für drei Jahre nach Peking. 1990 starb meine Frau. Schon kurz zuvor hatte ich alle Ämter zurückgelegt.

In den Jahren, in denen ich für den Oman tätig war, lag unser aller Bestreben vor allem darin, dem Land auf der internationalen Bühne einen Platz zu verschaffen, ja, es überhaupt einmal bekannt zu machen. Wir hatten erst Repräsentanten auszubilden. Danach entsandten wir Delegationen zu möglichst vielen Konferenzen. Wir knüpften Kontakte in alle Welt, luden ausländische Journalisten ein, um ihnen das Land zu zeigen. Unter anderem produzierte National Geographic damals seine erste Reportage über den Oman. Zugleich ging es darum, dem Land die Mitgliedschaft in den großen internationalen Organisationen wie etwa den Vereinten Nationen, der Weltbank, dem Währungsfonds usw. zu sichern. Unser großes Glück bei all diesen Bestrebungen war die Weitsicht unseres Sultans. Ihm ist zu einem gut Teil zu verdanken, daß der Oman heute als friedliebende und völkerverbindende Kraft im Bewußtsein der Weltöffentlichkeit verankert ist. Ein Beispiel: Nachdem wir unseren Konflikt mit dem benachbarten Jemen gelöst hatten, weidete er sich nicht etwa an den Problemen zwischen dessen südlichem und nördlichem Landesteil, sondern war bestrebt, auf diplomatischem Wege zu helfen (wenn auch leider mit geringem Erfolg). Auch im Konflikt um Palästina schaltete er sich vermittelnd ein. Ich persönlich glaube zudem, daß er auch ursprünglich die Idee zum „Golf Cooperation Council“ (GCC), dem „Rat der Golfanrainerstaaten für Zusammenarbeit“, hatte. Auch wenn man später den Verdienst dafür im wesentlichen Saudi-Arabien anrechnete.

Sheikh Farid Bin Mbarak Al-Hinai

„Die Bauprojekte entschied Scheich Raschid alle selbst.“

ZIKI HOMSI,
Architekt, Dubai

Ich bin geborener Syrer, studierte in meiner Heimat sowie in England Architektur und arbeitete danach im Laufe der Jahre abwechselnd in Damaskus und Leeds sowie von 1963 bis ’71, ’76 bis ’84 und schließlich von 1989 bis heute in Dubai. Die erste Zeit hier am Creek war ich für Otto Bulart, einen Ingenieur aus Österreich, tätig und wurde in dessen Firma namens „Architecture Design Construction“ Teilhaber. Scheich Raschid hatte damals drei Beratungsbüros unter Vertrag – zwei britische, die in erster Linie für das Spitalswesen beziehungsweise die Hafenanlagen zuständig waren, sowie Otto und mich. Wir entwarfen damals unter anderem Dubais frühes Wahrzeichen, den Uhrturm, und heuerten, weil dafür kein Bauunternehmer zur Verfügung stand, auch gleich Arbeiter an, die das Monument errichteten.

In dieser Anfangszeit, den frühen Sechzigern, gab es noch keinerlei Stadtentwicklungsplan. Die beiden Bezirke Dubai und Deira bestanden aus den alten Suqs, ein paar Häusern drum herum sowie einigen Windtürmen. Bis etwa 1966 gab es kein Stromnetz, nur eine Handvoll Generatoren. 1963 war überhaupt die erste Brücke über den Creek, die Maktoum-Bridge, errichtet worden. Al-Garhud, die zweite, folgte dann in den späten Siebzigern. 1967 entstand ein weiteres Wahrzeichen: Port Raschid – der Hafen. Und in den frühen Siebzigern das World Trade Center.

In den Pionierjahren war der eigentliche Stadtplaner Scheich Raschid selbst. Er führte über die anstehenden Projekte mit den obersten Verwaltungsbeamten und uns Ingenieuren stets sehr offene Planungsgespräche. Doch er erwies sich auch in diesen Dingen als ungemein visionär, sah die Notwendigkeiten für gewisse Straßenzüge, Kreuzungen et cetera genau voraus und traf dann auch höchstpersönlich alle Entscheidungen. Scheich Raschid finanzierte aus seiner Schatulle viele Bauvorhaben, die später in die Verwaltung der Regierung übergeführt

Ziki Homsi

wurden. Er war es, der das Land parzellieren und an seine Leute verteilen ließ. War ein Stück Land umzäunt und wuchsen auf ihm Palmen, stand es für gewöhnlich in Privatbesitz. Freie Wüstenflächen hingegen galten generell als Besitz der Regierung, wurden von dieser bei Bedarf mit der grundlegenden Infrastruktur wie Wasser-, Strom- und Straßenanschlüssen versehen und danach entweder verkauft oder kostenlos verteilt. Ausländer dürfen, im Gegensatz zu den kleineren Emiraten, in Abu Dhabi und Dubai bis heute keinen Grund und Boden besitzen.

Ein Quadratfuß Bauland in der Maktoum-Straße kostete in den sechziger Jahren zwanzig Dirham. Heute wird dafür zwischen ein- und dreitausend verlangt. Eine der teuersten Gegenden für Neubauten ist die Abu Dhabi Road, weil dort Häuser mit einer Höhe von bis zu 22 Stockwerken erlaubt sind und solche Wolkenkratzer ja als besonders prestigeträchtig gelten. Die Fundamente bilden nirgendwo ein Problem, denn der Untergrund besteht aus hartem Fels, nicht, wie man annehmen könnte, bloß aus Sedimenten. Entlang der Küste auf der Seite von Deira begann man schon früh damit, Land künstlich zu gewinnen. Das ganze Areal etwa um den Gemüsemarkt und das Hyatt Regency Hotel ist aufgeschüttet. Ich nehme an, daß es viel zu lange gedauert hätte, die alten Häuser, die das Ufer säumten, zu demolieren und für deren Einwohner Ersatz zu schaffen. Man war schließlich in Eile und das Ufergewässer ohnehin äußerst flach. Zudem machte man aus der Not eine Tugend, indem man ordentliche Uferwälle mit Schutzblechen und Wellenbrechern anlegte. Bis dahin hatte die Flut immer wieder die ufernahen Bereiche der alten Siedlung überschwemmt.

Was meine eigenen Aufträge betrifft, so entwarfen wir alles Mögliche – Schulen, Krankenhäuser, Villen, Swimming-pools ... Die Arbeiter kamen in der Hauptsache aus Indien, Pakistan, den Philippinen; die Ingenieure aus Großbritannien, Syrien, Ägypten, dem Irak. Mein größtes Projekt war ein siebzehnstöckiges Hochhaus in Abu Dhabi. Zur Zeit arbeitet mein Büro, das übrigens immer noch wie zu Otto Bularts Zeit Architecture Design Construction heißt, an einer Anlage mit 23 Villen, mehreren mittelgroßen Häusern sowie einigen Moscheen.

Bis heute ist die Stadtverwaltung von Dubai der größte Auftraggeber für die örtliche Baubranche. Von dem Boom, der die Stadt ja bereits vor vielen Jahren erfaßt hat, kann man annehmen, daß er in der derzeitigen Intensität mindestens fünf weitere Jahre anhält. Schließlich wächst die Bevölkerung nach wie vor rapide. Zudem wird Dubai im großen Stil als Urlaubsdestination promotet, was einen weiter wachsenden Bedarf an Gebäuden garantiert.

„Die Archäologie ist im Oman 25 Jahre jung.“

DR. PAUL YULE,
Leiter der Deutschen Archäologischen Oman-Mission

Nachdem ich in meiner Heimat, den USA, ein Altorientalistik- und Archäologie-Studium absolviert und mich einige Jahre der südostasiatischen Archäologie gewidmet hatte, habe ich mich in Deutschland niedergelassen. Dort war ich eine Zeitlang unentgeltlich als Volontär am Deutschen Bergbau-Museum in Bochum tätig. Dessen stellvertretender Direktor, Professor Dr. Gerd Weisgerber, hatte bereits in der Saison 1979/80 die Deutsche Oman-Expedition ins Leben gerufen und wenig später im Wadi Samad und Wadi Maysar, rund 140 Kilometer südlich von Muscat, eine umfangreiche Totenstadt entdeckt. Damals vermutete man, Teile davon würden im ausgehenden 1. Jahrtausend vor Christi Geburt datieren. 1986 nahm ich erstmals an einer Photoexpedition im Sultanat teil. Im Jahr darauf wurde ich Grabungsleiter in Samad al-Shan. Es handelte sich dabei um eine Reihe von Friedhöfen, die sich über ein 15 Kilometer weites Gebiet erstrecken. Wir erforschten systematisch insgesamt 363 Gräber. Sie sind bis zu vier Meter lang, waren unterirdisch angelegt und enthielten Keramiken, Pfeilspitzen, Schwerter und Pferdegeschirre. 1994, drei Jahre nach Ende dieser Kampagne, habilitierte ich mich schließlich über unsere dortigen Grabungsergebnisse – schwerpunktmäßig aus der Epoche zwischen der Zeitenwende und etwa 900 nach Christi Geburt.

Dazu muß man wissen, daß die Archäologie im Oman gerade 25 Jahre jung ist und daß sie eine besondere Herausforderung darstellt, weil es vor dem Beginn des Islam keine schriftlichen Nachrichten und auch kaum monumentale Architektur gibt und weil Gräber die wichtigste Fundquelle darstellen. In den ersten Jahren nach dem Amtsantritt von Sultan Qabus gab es wenige archäologische Aktivitäten. Eine britische Mannschaft hatte einige Geländebegehungen durchgeführt, um sich einen ersten Überblick zu verschaffen. Davor hatte eine amerikanische für kurze Zeit ein wenig gegraben. Doch vorzuzeigen hatten beide Teams ganz wenig. Noch in den siebziger Jahren begann sich dann das Bochumer Deutsche Bergbau-Museum für die frühgeschichtliche Kupferproduktion im Sultanat, dem seinerzeitigen Magan, und für den Handel zwischen hier, Mesopotamien, Indien und dem Gebiet von Bahrain zu interessieren. Der Kupferhandel, der ja schon für die Zeit um 3000 vor Christus belegt ist, war es auch, der das Land in das Blickfeld der archäologisch interessierten Weltöffentlichkeit brachte. Eine gewisse Publizität hatte diesem Thema ja zuvor schon Geoffrey Bibby mit seinem um 1960 veröffentlichten Buch „Auf der Suche nach Dilmun", dem heutigen Bahrain, verschafft, in dem viel vom „rätselhaften Kupferland Magan" die Rede ist.

Gegenwärtig sind mehrere Teams regelmäßig im Oman an der Arbeit – ein französisch-italienisches, ein britisches aus Birmingham und eines aus Aachen, das in der Südprovinz Dhofar gräbt. Demnächst kommt ein mit jungen einheimischen Archäologen besetztes hinzu, das die hiesige Universität zusammengestellt hat, das jedoch noch ein wenig mit organisatorischen und finanziellen Problemen kämpft.

Die archäologische Arbeit ausländischer Teams wird von den omanischen Behörden großzügig unterstützt. Wir zum Beispiel haben einen Vertrag mit dem Kultusministerium, das uns sponsert, das heißt unter anderem einen Wagen, eine Dienstwohnung und Lagerräume für unser Werkzeug zur Verfügung stellt (um die Finanzierung der Anreise müssen allerdings wir uns kümmern). Grundbedingung für dieses Agreement ist, daß wir dem Antikendienst, der dem Kultusministerium untersteht, über den Fortgang unserer Forschungen regelmäßig Bericht erstatten, also Grabungszeichnungen, schriftliche Reports und Bilder von den Funden liefern. Der Vertrag sieht weiters eine Fundteilung zwischen dem Oman und dem jeweiligen Herkunftsland der Archäologen vor, auf der wir freilich nie bestanden. Vielmehr haben wir bisher schätzungsweise 300 Funde wie etwa Dolche, Pfeilspitzen, Metallgefäße aus Bronze und Silber mit nach Deutschland genommen, am Deutschen Bergbau-Museum restauriert und zu Beginn der nächsten Grabungssaison wieder zurückgebracht. Am Beginn eines neuen Projekts sieht das Procedere vor, daß wir schriftlich einreichen und das Ministerium theoretisch eine Genehmigung oder Absage erteilt oder auch den Vorschlag modifiziert. In der Praxis erwiesen sich die Behörden in den letzten Jahren stets als überaus kulant. Wobei wir ihre wesentlichen Wünsche natürlich auch schon kennen und im voraus ein bißchen berücksichtigen. Doch grundsätzlich ist zu sagen, daß es im ganzen Vorderen Orient wohl kein Land gibt, das mit Archäologen ähnlich liberal umgeht.

Eine Chronologie der omanischen Frühgeschichte hat mit der Neusteinzeit zu beginnen (eine Altsteinzeit gibt es hier nicht). Die frühesten bedeutenden Funde stammen von Grabungen auf der Halbinsel Ras al-Hamra im heutigen Qurm, einem Villenbezirk im Westen von Groß-Muscat. Hier hauste, primitive Stein- und Knochengeräte sowie Reste riesiger Muschelhaufen belegen dies, bereits zwischen dem 7. und 3. Jahrtausend vor Christus eine Kommune von Fischern. Um 3000 entwickelte sich dann unter anderem am Fuß des Djebel Hafit, nahe der Oase Buraimi an der heutigen Grenze zwischen den Vereinigten Arabischen Emiraten und dem Sultanat Oman, die nach diesem Berg benannte Hafit-Kultur. In jener Zeit – von circa 3000 bis 2700 vor Christus – verwendeten die Menschen hier erstmals Metall. Charakteristisch für diese Periode sind die sogenannten Bienenkorbgräber, die man an verschiedenen Stellen im ganzen Mittel- und Nordoman gefunden hat. Dabei handelt es sich, wie der Name besagt, um stehende Gräber, die in der Regel Platz für ein bis zwei Leichname bieten. Weiter südlich, in Baat nahe Ibri, finden wir Bauten, die teils ab 3000, teils um 2700 vor Christus errichtet wurden und auf der UNESCO-Liste des Weltkulturguts stehen. Sie gehören zur Hafit-, aber auch zur Umm an Nar-Kultur. Letztere ist nach der gleichnamigen Insel an der Küste Abu Dhabis benannt, wo man imposante Kollektiv-Gräber entdeckt hat, die jeweils für über hundert Tote Platz boten. Der Übergang zwischen diesen beiden Grabformen kam erst neulich ans Tageslicht: die Turmgräber in einer Flur namens Shir – auf einem schwer zugänglichen, 2000 Meter hohen Plateau des östlichen Hadjar-Massivs (dort stehen etwa 65 bis zu acht Meter hohe derartige Steinbauten). Zur Umm an Nar-Periode gehört die Blüte des bereits erwähnten Kupferhandels zwischen Magan, Südmesopotamien (Sumer), Dilmun und dem indischen Subkontinent. Typische Funde für diese Zeit sind mit Kreisornamenten verzierte Steinnäpfchen und eine ansehnliche Drehscheibenkeramik. Zahlreiche Artefakte aus Metall, die ursprünglich Teil der Grabausstattung waren, blieben leider nur selten den Grabräubern verborgen.

Auf Umm an Nar folgt die Wadi Suq-Periode, die ihren Namen einem Fundort im Hinterland von Sohar verdankt. Sie dauerte etwa von 2000 bis 1200 und ist vor allem durch eine neue und schön bemalte Keramik gekennzeichnet. Allzuviel ist von ihr freilich nicht bekannt. Man weiß nur, daß sich die Bestattungsriten insofern änderten, als die Leute – zumindest auf dem Boden des heutigen Sultanat Oman – nicht mehr in frei stehenden Gräbern, sondern unterirdisch und meist einzeln bestattet wurden (weiter westlich, im Gebiet der Emirate, fanden sich auch von damals noch nur leicht in die Erde versetzte Massengräber).

Um 1200 schließlich beginnt in der Region die Früheisenzeit. Seltsamerweise fanden sich weder in den Ausgrabungen von Lizq, die das deutsche Team vornahm, noch in jenen von Rumaylah (unter französischer Ägide) Objekte aus Eisen, dafür umso mehr aus Bronze. Viel ist freilich aus dieser Zeit nicht bekannt, da die Gräber mit ihren Funden dem Steinraub zum Opfer fielen. Das kümmerliche Wissen stammt meist aus wenigen Zufallsfunden. Deutlich mehr haben hingegen unsere eingangs erwähnten Grabungen der Samad-Zeit zutage gefördert. Dank dieser wissen wir, daß in dieser nach Samad benannten späteisenzeitlichen Kultur, die etwa vom 3. Jahrhundert vor bis zum 9. Jahrhundert nach Christus existierte, Edelmetalle, Seide und Schmuck aus dem Fernen Osten bis in diese Region gelangten, daß es sich größtenteils um eine Bauernkultur handelte, die Datteln anbaute und Kleinvieh hielt, und daß die Bewaffnung der Männer in der Regel aus Pfeil und Bogen sowie einem langen und einem kurzen Dolch bestand. Wunderlich anmutende Reihen von jeweils drei aneinandergelehnten Steinen, sogenannten Trilithen, weisen auf Naturgötterkulte hin.

Viel mehr hat die Archäologie über die letzten Jahrhunderte vor dem Auftauchen des Islam in diesem Land Arabiens allerdings nicht herausgefunden. Die Datierungsgrenzen verlaufen ziemlich unklar. Die Thesen über diverse Phasen jener Zeit sind mannigfach. Und über Vermutungen und wackelige Rekonstruktionen kommt die Wissenschaft kaum hinaus. Fest steht lediglich, daß Teile des Oman bis ins frühe 7. Jahrhundert unter persischer Vorherrschaft stand.

Den nächsten offiziellen und exakten Anhaltspunkt stellt erst wieder das Jahr 631 dar, in dem ein Gesandter Mohammeds mit einem Brief des Propheten nach Sohar gelangte und die neue Religion aus Mekka auch im Oman die Geschicke der Menschen zu bestimmen begann.

Dr. Paul Yule

„Wir versuchten, die legendäre Perlenindustrie wiederzubeleben."

Horst Kauch,
Profitaucher und Tierhändler, Dubai

Ich war Anfang der sechziger Jahre Flugtechniker beim österreichischen Bundesheer und hatte schon damals in den Alpenseen angefangen zu tauchen. Eines Tages kam ein Kamerad, dessen Vater hier in Dubai die Firma Ast, ein Bauunternehmen, managte, von einem Tauchurlaub aus dem Golf zurück, schwärmte und zeigte uns faszinierende Unterwasser-Photographien. Die bewirkten, daß wir eine Tauchexpedition in diese damals noch sehr mühsam bereisbare und dementsprechend unberührte

Horst Kauch vor einem winzigen Teil seiner Muschel-Sammlung

Weltgegend planten. Doch noch bevor es soweit kam, erreichte uns ein viel interessanteres Angebot: 1965 hatte man in Dubai mit Ölprobebohrungen begonnen. Otto Bulart, so hieß besagter Ast-Manager, kannte die Prospektoren gut und wußte, wie dringend sie Profitaucher brauchten. Er schlug vor, gemeinsam eine Tauchfirma zu gründen. Also übersiedelte ich herunter. 1969 habe ich die Firma dann gekauft, mich mit ihr selbständig gemacht und dieses harte Business fast zwanzig Jahre lang betrieben.

Unser Team bestand anfangs aus drei Europäern und elf Pakistanis. Wir erledigten sämtliche anfallende Taucharbeiten in diesem Teil des Golfs – vom Wechseln der Schiffsschrauben bis zum Bergen von Toten, wenn, was immer wieder vorkam, ein Auto von der Brücke ins Wasser gestürzt war. Eine zentrale Tätigkeit bestand im Verlegen und Einbetonieren der diversen Telephon-, Strom- und Wasserleitungen, die hier in Dubai, aber auch in Sharjah, Ras al-Khaimah und Umm al-Qaiwain durch die jeweiligen Creeks zu führen waren. Da es zu Beginn noch keine Häfen gab und man die Schiffsladungen per Kran löschte, wurden wir auch oft gerufen, wenn es galt Maschinen, Rohre oder andere teure Fracht, die ins Wasser gefallen war, zu suchen und zu bergen. Schließlich waren auch wir es, die in Dubai und drüben in Khor Fakkan mittels Stahlwänden, die wir in den Meeresboden schlugen, die ersten Hafenanlagen errichteten.

Das zweite Tätigkeitsgebiet waren draußen im Meer die Förderplattformen. Dort oblagen uns alle Arten von Sicherungs- und Reparaturarbeiten unter Wasser. Wir setzten zum Beispiel auch die elektrischen Bojen und, an den mit Beton verschlossenen Bohrlöchern, die Sender, damit man sie später wiederfinden konnte. Die Satellitennavigation gab es ja noch nicht. Auch installierten wir mit Hilfe von Stahlkabeln in verschiedenen Wassertiefen allerlei Instrumente, mit denen, bevor man mit dem Bau einer Förderplattform begann, Strömung, Temperatur, Wellenhöhe und so weiter erforscht wurden. Denn mit Bohrinseln, die, wie es hier nötig war, bis in 50 Meter Tiefe reichten, hatte man noch nirgendwo auf der Welt Erfahrung. In Abu Dhabi, wo schon früher off shore gebohrt wurde, waren die Felder maximal 10 Meter tief. Und im Golf von Mexiko beziehungsweise in der Nordsee, wo das Schelf bis 300 Meter hoch überflutet ist, begann man mit dem Bau von Rigs erst viel später.

Anfangs tauchten wir nur mit Preßluft. Es gab keine Überdruckkammern, kein Helium. Wir hatten nur einen Stand-by-Taucher ober Wasser, zu dem wir per Schnur Kontakt hielten. Einmal ziehen hieß „Alles in Ordnung", zweimal: „Zieh' mich rauf!" Die Bodenzeit in 50 Metern Tiefe betrug rund acht Minuten. Alles war sehr mühselig und ineffizient. Erst später kamen das Helium und die Vollgesichtsmasken, dank derer wir per Sender kommunizieren konnten, kamen die computergesteuerten Kompressoren, die die zum Atmen nötigen Gase exakt mischten und ein schnelleres Auftauchen ermöglichen. Das Risiko war in dieser Pionierzeit hoch, aber ebenso die Herausforderung. Wir mußten da unten selbständig alle Entscheidungen treffen und die jeweiligen Maßnahmen, beispielsweise mit Dynamit alte Bohrköpfe sprengen, händisch durchführen. Heute hat die ausgereifte Technik die Risken minimalisiert. Der Tauchcomputer gibt unfehlbar jeden nächsten Schritt an. Beim kommerziellen Tauchen geht es fast nur noch darum, unter Wasser die Videokamera richtig zu positionieren. Die Überprüfung und Analyse erfolgt an Deck des Schiffes von Experten, die Ausführung der Arbeiten oft ferngesteuert durch Roboter. Dafür bekamen wir seinerzeit bestens bezahlt – bis zu 400 Dollar pro Stunde. Heutige Profitaucher verdienen kaum mehr als Automechaniker.

Anfang der siebziger Jahre erhielten wir von einer der großen ansässigen Händlerfamilien den Auftrag, eine Saison lang probeweise nach Perlen zu tauchen, um zu testen, ob mit modernen Mitteln eine Renaissance dieser altehrwürdigen Industrie überhaupt möglich und rentabel ist. In der Folge heuerten wir etliche der pensionierten Perlentaucher an, von denen mittlerweile die meisten die *Abras,* die Wassertaxis über den Creek, betreiben, und fuhren mit ihnen die einstigen Perlenfelder ab. Zugleich bildeten wir zwanzig Taucher aus.

Vielleicht sollte ich vorab erwähnen: Naturperlen entstehen, indem ein Fremdkörper – Sandkörner etwa oder Parasiten – durch die Kiemen in die Muschel eindringt. Um eine in letzter Konsequenz letale Entzündung zu verhindern, beginnt die Auster, diesen Fremdkörper mit Perlmutt in konzentrischen Schalen zu umwuchern. Ihre Absicht ist, das Störobjekt so rund zu machen, daß es das Muschelfleisch nicht irritiert und zugleich so groß, daß es ausgespuckt werden kann. Austern wachsen in zehn bis dreißig Metern Tiefe und nur auf felsigem Grund, weil sie fähig sein müssen, sich festzusetzen, aufzustellen und nach der Strömung zu richten. Denn werden sie von Sand bedeckt, gehen sie ein.

Große Austernfelder, die übrigens wie bei uns einzelne Bergketten Namen tragen, können hundert Quadratkilometer und mehr messen. Da sie binnen weniger Jahre wandern, mußten wir erst einmal ihre gegenwärtige Lage orten. In alten Zeiten war das kein Problem: Man fuhr mit mehreren hundert Schiffen hinaus, und wenn jemand auf ein Feld stieß, rief er die anderen herbei. Es arbeiteten ohnehin alle im Auftrag des Scheichs, also herrschte intern keine Konkurrenz. Da das Echolot noch nicht erfunden war, bedienten sich die Beduinen dabei eines ebenso simplen wie faszinierenden Ortungssystems. Sie ließen an Stricken Bleizapfen in die Tiefe, deren Unterseite sie zuvor mit scharfen Messern gereinigt und poliert hatten. Durch die Art des Aufschlags merkten sie, ob der Boden aus Sand oder Fels bestand. Und hatte das Gewicht eine Auster zerschlagen, ließ sich das mit entsprechender Erfahrung an der Aufprallfläche erriechen.

Man hört immer, die traditionelle Perlenindustrie am Golf sei an den japanischen Zuchtperlen zugrunde gegangen. Seltsamerweise kamen die jedoch schon in den dreißiger Jahren auf den Markt. Kommerziell nach Naturperlen getaucht wurde am Golf jedoch noch bis in die Fünfziger. Ich glaube, daß auch das Aufkommen des Stroms und in dessen Folge das der Kühlanlagen eine gewisse Mitschuld am Ende der Branche trägt. Früher hatten die örtlichen Fischer nur im Winter ihrem Beruf nachgehen können. Denn bei den extremen Sommertemperaturen stank der fangfrische Fisch noch bevor er das Ufer, geschweige denn den Markt erreichte. Die Monate von Mai bis September waren die Zeit unfreiwilliger Untätigkeit, und das Perlentauchen bot einen willkommenen Ersatzverdienst. Erst durch die Möglichkeit, verderbliche Ware gekühlt zu lagern, wurde das Fischen zum ganzjährigen Beruf.

Doch zurück zu unserer Testsaison: Sie brachte alles in allem ein unbefriedigendes Ergebnis. Zwar holten wir durchaus einige wirklich kostbare Perlen, also große, makellos runde und seidig glänzende Stücke ohne jeden Fleck, aus dem Meer. Doch der Aufwand erwies sich als viel zu hoch. In alten Zeiten war man mit kleinen Dhaus hinausgerudert oder -gesegelt. Die Ausrüstung der Taucher umfaßte primitive Nasenklemmen (die den Sauerstoffverlust beim Abtauchen verhindern sollten), winzige Taucherbrillen (einem notdürftigen Schutz gegen das Salzwasser), Baumwolleibchen (gegen Quallen) und Fingerbandagen (um sich nicht an den messerscharfen Muschelschalen zu schneiden). Der Proviant bestand bloß aus ein bißchen Zucker, Reis und Tee, denn die Hauptnahrung fischten sich die Männer aus dem Meer. Heute läuft ohne täglich wechselndem Menü und Soft Drinks gar nichts. Früher gaben sich die Taucher mit einer geringen Provision am Saisonende zufrieden, heute sind natürlich marktübliche Monatslöhne obligat. Vor allem aber kostet die Ausrüstung – Tauchgeräte, Kompressoren et cetera – ein Vermögen. Und allein die Zwölf-Zylinder-Dhau mit ihrer Besatzung hätte in derselben Zeit als Frachter vermutlich mehr Profit eingefahren. Dazu kommt ein logistisches Problem: Mit einem einzelnen Schiff ist es nicht möglich, die Felder systematisch zu orten. Kurz: Unsere Auftraggeber nahmen von der Idee sehr rasch Abstand. Aber für mich war die Erfahrung hochinteressant.

الفهرس

Glossar

Die Burg von Muscat, jenem legendären „Ankerplatz", an dem die pechschwarzen Hadjar-Berge bis direkt an das Meer reichen (Stich aus dem späten 19. Jahrhundert).

im Anhang: die Zeittafel

Korbflechterin

Rundgrab in Hili (al-Ain)

In der Oase von Adam

Charakteristische Käppchen (Kumma) der omanischen Männer

Fischer im Hafen von al-Ashkharah

GLOSSAR

(O) – *Oman*
(VAE) – *Vereinigte Arabische Emirate*
Pflicht – *Besichtigung unerläßlich*
Kür – *Besichtigung empfehlenswert, aber kein „Muß"*

ABU DHABI (VAE)

Die Hauptstadt des gleichnamigen, mit über 75.000 Quadratkilometern größten Emirats ist zugleich Sitz der Regierung der Vereinigten Arabischen Emirate. Auf einer flachen, durch zwei Brücken mit dem Festland verbundenen Insel gelegen und erst seit ca. 1760 ständig bewohnt, erlebt sie seit der Entdeckung des Erdöls (1962) einen ungeheuren Bauboom. Vorherrschender Architekturstil im Häusermeer dieses arabischen Manhattan: postmoderne Wolkenkratzer und, bei den Villen und Moscheen, westliche Funktionalität gepaart mit traditionellen orientalischen Elementen. An der 6 Kilometer langen Corniche, der von Parks gesäumten Küstenpromenade, steht der Uhrturm, das Wahrzeichen der Stadt. Im Zentrum erhebt sich, umgeben von Einkaufsstraßen, das älteste Gebäude der Stadt, die Festung Qasr al-Husn. Sie ist seit 1793 Sitz der Herrscherfamilie Al-Nahayan.
Pflicht: Stadtrundfahrt, Petroleum Exhibition, Spaziergang entlang der Corniche;
Kür: Qasr al-Husn (von außen), Zentrum der Kulturstiftung (Cultural Foundation), Frauen-Kunsthandwerkszentrum

ADAM (O)

Diese Oasenstadt mit ihren prachtvollen, ausgedehnten, von zahlreichen Lehmhäusern durchsetzten Palmenhainen und Obstgärten war die letzte grüne Station für Karawanen auf dem Weg in den Süden. Zwischen ihr und Dhofar erstreckte sich knapp 800 Kilometer weit öde Kieswüste. Adam ist der Stammessitz der Al-Bu Said-Dynastie und Geburtsort ihres Gründers Ahmad ibn Said.

AJMAN (VAE)

Das kleinste der sieben Emirate umfaßt lediglich 250 Quadratkilometer. Seine gleichnamige Hauptstadt liegt 8 Kilometer nordöstlich von Sharjah und ist – mit Ausnahme zweier Mini-Enklaven – völlig von diesem umgeben. Nennenswerte Erwerbszweige sind neben dem Fischfang ein Marmorbruch und eine Dhauwerft.
Kür: Museum in der alten Polizei-Festung

AL AIN (VAE)

Der westliche Teil dieser zwischen dem Oman und den Emiraten geteilten Großoase ist der Geburtsort von Scheich Zayid Al-Nahayan, dem Herrscher von Abu Dhabi und Präsidenten der Vereinigten Arabischen Emirate. Al-Ain wurde wohl nicht zuletzt deshalb zu einer modernen Großstadt, die heute immerhin über 200.000 Einwohner zählt, ausgebaut. Sie verfügt über ergiebige Quellen, Dutzende Parks, eine Reihe von großzügigen Gartenanlagen und Landwirtschaftsbetrieben sowie eine eigene Universität. Rund um den 1.340 Meter hohen Djebel Hafit fanden Archäologen zahlreiche Gräber aus der Umm an-Nar-Periode (3. Jahrtausend v. Chr.). Ein Exemplar, das Rundgrab von Hili, wurde in einem der Parks rekonstruiert.
Pflicht: Museum im alten Fort, Kamelmarkt neben dem Museum (unbedingt am frühen Morgen besuchen!), Rundgrab in den Hili Gardens;
Kür: Suq von Buraimi, altes Gefängnis, Vergnügungspark Hili Fun City mit Eishalle, Panoramastraße auf den Djebel Hafit

Badeplatz in der Oase von Misfah, oberhalb von al-Hamra

Die Festung von al-Hazm

Die Stadtmauer von Bahla

AL ASHKHARAH (O)

Der Küstenort im äußersten Süden der Region Djalan ist die einzige größere Siedlung zwischen Ras al-Hadd und der Insel Masirah. Seine ohne erkennbares System entlang dem Strand hingestreuten Häuser wirken in ihrer Gesamtheit ziemlich desolat. Ihre Bewohner, die teilweise zwischen der Küste und der landeinwärts gelegenen Oase Bilad Bani Bu Ali pendeln, leben im Winter von der Fischerei. Der Fang wird getrocknet und im Hinterland an das Vieh verfüttert.

AL HAMRA (O)

„Die Rote", so lautet der Ortsname in deutscher Übersetzung, bewacht den Eingang zum Wadi Ghul und damit den Zugang zum Hochplateau am Fuß des Djebel Shems, des mit 3.035 Meter höchsten Berges des Oman. Al-Hamra gehört mit zu den am besten erhaltenen Lehmsiedlungen des Landes. Die stattlichen, teilweise zweistöckigen Lehmziegelhäuser im alten Ortskern erinnern an die Architektur in jemenitischen Städten. Besonders sehenswert ist darüber hinaus der zwar seit einer Generation verlassene, in seiner kompakten Bausubstanz jedoch noch gut erhaltene alte, überdachte Suq.

AL HAZM (O)

Knapp 20 Kilometer nördlich von Rustaq, in der südlichen Batinah-Ebene, erhebt sich über einem quadratischem Grundriß diese Festung. Sie wurde 1708 von Sultan bin Saif II., der hier auch residierte und bestattet liegt, erbaut. Der Bau, der dank seiner reichen und kunstvollen Ausstattung mehr einem Palast denn einer Wehrburg gleicht, wird demnächst, nach Vollendung der umfangreichen Renovierung, öffentlich zugänglich sein.
Pflicht: Festung;
Kür: in Ortsnähe die Felsritzzeichnungen im sogenannten Coleman's Rock

BAAT (O)

Diese im nordöstlichen Hinterland von Ibri gelegene archäologische Fundstätte ist vermutlich die interessanteste des ganzen Sultanats. Ein dänisches Grabungsteam hat neben Gräbern und Siedlungsresten auch eine spektakulär auf einem Hügelrücken plazierte Reihe von bis zu 15 Meter hohen Bienenkorbgräbern aus der Umm an Nar-Zeit entdeckt. Nicht zufällig hat die UNESCO die Anlage in ihre Liste der unbedingt erhaltenswerten Weltkulturgüter aufgenommen.

BAHLA (O)

Diese im Süden des zentralen Djebel Akhdar-Massivs, an der Straße von Nizwa nach Ibri gelegene Siedlung ist in eine der schönsten und größten Oasen des Landes eingebettet. Sie ist von einer über 10 Kilometer langen, bis zu 5 Meter hohen, fast vollständig erhaltenen Lehmmauer umgeben. Ihre mächtige, vermutlich nach dem Erbauer benannte Festung Hisn Tamah stellt ein Meisterstück osmanischer Lehmarchitektur dar und ist in der UNESCO-Liste des Weltkulturerbes verzeichnet. Bahla ist dank des in der Umgebung vorkommenden Tons, der sich ideal zum Brennen eignet, seit Jahrhunderten ein Zentrum der Keramikproduktion.
Pflicht: Festung (im Frühjahr 1996 noch wegen Renovierung geschlossen), Suq mit Töpfer-Werkstätten;
Kür: Spaziergang durch die ausgedehnten Palmenhaine

BARKA (O)

Diese erste größere Siedlung westlich der Capital Area ist – nach Sohar – zugleich die zweitgrößte Stadt an der Küstenlinie der Batinah. Sie verfügt über einen respektablen Suq und ein stattliches, kürzlich mustergültig renoviertes, vermutlich Ende des 18. Jahrhunderts durch Imam Hamad ibn Said erbautes Fort. Ihre größte Sehenswürdigkeit erhebt sich jedoch ca. 4 Kilometer weiter westlich: Bait Naman, ein dreistöckiger, rechteckiger Bau aus dem 17. Jahrhundert, der inmitten eines riesigen Palmenhains gelegen und ursprünglich als Gartenschloß konzipiert, wenig später zu einer Wehrfestung aufgerüstet wurde. Sie diente den Sultanen als Rast- und Übernachtungsstation auf halbem Weg zwischen Rustaq und Muscat.
Pflicht: Bait Naman, Festung;
Kür: Stierkämpfe, die in der Gegend regelmäßig Freitag nachmittags stattfinden.

Die Altstadt von Birkat al-Mauz

Kamelfarm bei Buraimi

Tor in die Altstadt von Muscat

Batinah (O)

Die Küstenebene erstreckt sich, eingebettet zwischen dem Golf von Oman und dem Hadjar-Massiv, 350 Kilometer weit von der Hauptstadt nach Norden bis an die Grenze zu den Emiraten. Dank ihrer reichen Grundwasserreservoirs, die aus den Wadis des Hadjar-Gebirges stetig gespeist werden, ist sie überaus fruchtbar und ein wichtiges Anbaugebiet für vielerlei Arten von Obst. Da jedoch für die in den siebziger und achtziger Jahren angelegten Großfarmen zu tiefe und zu viele Brunnen gebohrt wurden, droht akut die Versalzung des Grundwassers und der Böden. Erstmals besiedelt war die Region bereits im 5. Jahrtausend v. Chr. Zur Blütezeit der Kupferproduktion hieß sie Magan, zur Zeit der Sassaniden Mazun. Ihr Zentrum bildet von alters her der Hafen Sohar.

Bidbid (O)

Nennenswert ist diese Oase, wie auch das benachbarte Fanjah, in erster Linie wegen seiner strategisch und verkehrsmäßig günstigen Lage, gabelt sich doch genau hier die Straße aus Muscat in jenen Zweig, der südwestwärts nach Nizwa und jenen, der ostwärts nach Sur führt. Die Lage ist wohl auch der Grund, daß Bidbid über ein große Festung verfügt und die Straße von hier durch das Wadi Samail bis hinauf zum gleichnamigen Paß von etlichen Wehrbauten gesäumt ist.

Bilad Bani Bu Hasan und Bani Bu Ali (O)

Diese beiden langgestreckten, keine 10 Kilometer voneinander entfernten Oasen am Ostrand der Wahiba Sands spielen in der jüngeren Geschichte des Oman eine spezielle Rolle: Ihre Bewohner, die beiden gleichnamigen, zeitweise auch untereinander verfeindeten Stämme, gehören der kleinen sunnitischen Minderheit in dem sonst mehrheitlich ibaditischen Land an. Sie verbündeten sich Anfang des vorigen Jahrhunderts mit den aus Saudi-Arabien einfallenden Wahabiten, die über Jahre hindurch immer wieder Omans Küstenstädte bedrohten. Um die Jahrhundertwende unterstützten sie dann den Sultan in seinem Kampf gegen die Imame. Eine botanische Besonderheit der beiden Oasen sind die für hiesige Verhältnisse dichten Wälder. Sie bestehen aus Prosopis (arab.: *al-Ghaf*), einer gegen Hitze und Trockenheit besonders resistenten Baumart.
Kür: Großer Freitagsmarkt in Bilad Bani Bu Hasan

Birkat al Mauz (O)

„Teich der Bananen" – der bildhafte Name dieser Oase deutet es schon an: Die Oase am Fuß des Djebel Akhdar zählt zu den photogensten Bergdörfern des Landes. Ihre Festung, die durch einen von einem Wachturm bekrönten Bergkegel von der Oase getrennt ist und das Wadi Muyadin, einen Hauptzugang in die zentrale Region des Djebel Akhdar, überragt, heißt Bait Rudaidah – ein Name, der bei älteren Omanis traurige Erinnerungen weckt. Ihr Herr, Scheich Sulaiman bin Himyar vom Stamm der Beni Riyam, hatte sich 1954 Imam Ghalib im Kampf gegen den Sultan von Muscat angeschlossen. Als letzterer jedoch mit tatkräftiger Hilfe britischer Elitetruppen 1959 die Aufständischen endgültig unterwarf, wurde Bait Rudaidah gestürmt und schwer beschädigt. Erst Ende der achtziger Jahre wurde das um 1550 erbaute Fort von Grund auf renoviert. Die heikle Vergangenheit ist in gewissem Maße noch präsent, denn um die extrem steile Straße von hier auf das sogenannte Saiq-Plateau befahren zu dürfen, braucht es eine Sondergenehmigung, und die Dörfer auf der Hochfläche des „Grünen Berges" gelten bis heute als militärische Sonderzone.

Buraimi (O)

In dieser größten Oase des westlichen Inneroman kreuzten sich seit je die Karawanenwege zwischen den Häfen an der Golfküste, der Batinah-Ebene und Ibri beziehungsweise Nizwa. Sie erstreckt sich am Fuß des Djebel Hafit und bestand ursprünglich aus neun Einzeloasen. Deren Großteil liegt heute jenseits der offenen Grenze auf dem Territorium der Vereinigten Arabischen Emirate und ist unter dem Namen al-Ain zu einer Stadt zusammengefaßt (siehe gleichnamige Eintragung). Im vorigen Jahrhundert war Buraimi lange Zeit Stützpunkt der

Stadtautobahn in der Capital Area

Der Emirates Golf Club in Dubai

Tropische Vegetation an der dhofarischen Küste

Dubais Überseehafen Port Raschid

saudischen Wahabiten, die von hier aus den Oman zu missionieren trachteten. 1949 machte Saudi-Arabien – vor dem Hintergrund vermuteter Ölvorkommen – ein zweites Mal Ansprüche geltend und besetzte es. Es kam zum militärischen Konflikt. Erst 1974 wurden die heutigen Grenzen endgültig festgeschrieben.
Kür: traditioneller Suq

CAPITAL AREA (O)

Seit 1970 wandelte sich die ursprünglich nur aus den gewachsenen Altstädten Muscat und Mutrah bestehende Hauptstadt zu einem Siedlungskonglomerat, der Capital Area. Sie erstreckt sich 50 Kilometer weit die Küste entlang und auch weit in die Wadis des Hinterlandes hinein. Die wichtigsten Stadtteile jüngeren Datums sind: das pulsierende Handels- und Geschäftszentrum Ruwi, westlich angrenzend Wattayah mit den großen Shoppingzentren und dem Ölverladehafen Mina al-Fahal, die teilweise auf dem Reißbrett entstandenen Wohn- und Villenbezirke Qurum, Madinat Qabus sowie der Verwaltungsbezirk al-Khuwair, in dem die meisten Ministerien beheimatet sind. Im äußersten Westen befindet sich der Internationale Flughafen Sib, im äußersten Osten, in einer pittoresken Bucht, das Luxushotel Al-Bustan.
Pflicht: Oman-Museum (in Madinat al-Alan);
Kür: Naturhistorisches, Militärhistorisches, National- sowie Kinder-Museum, PDO Exhibition Hall (Geschichte der Ölförderung), Qurum-Naturreservat, Al-Bustan Hotel

DIBBA (VAE/O)

Der idyllische Ort, 145 Kilometer östlich, an der Küste des Indischen Ozean gelegen, spielte eine beträchtliche Rolle während der Islamisierung der Region, denn 633 besiegten in seiner Bucht moslemische Truppen Anhänger eines „heidnischen" Stammes, die sich der Bekehrung widersetzten. Dibba stellt aber auch ein völkerrechtliches Kuriosum dar: Es ist gleichsam dreigeteilt. Seine Ortsteile Muhallab und Hisn gehören den Emiraten Fujairah beziehungsweise Sharjah an, das nördliche Bayah-Viertel befindet sich auf omanischem Staatsgebiet.

DHOFAR (O)

Omans legendenumwobene Südprovinz ist vor allem für zwei Dinge berühmt: für den Weihrauch, der von hier schon in der Antike in die gesamte damals bekannte Welt geliefert wurde, dem Land ungeheuren Reichtum bescherte und – allerdings in weitaus geringeren Mengen – auch heute noch gewonnen und exportiert wird; und für sein „unarabisches" Klima, denn das schmale Küstengebiet wird alljährlich vom Kharif, dem Sommermonsun, gestreift und verwandelt sich von Juni bis September in ein tropisch grünes Paradies. Dhofar, das rund 800 Kilometer Wüste vom Nordoman trennen, ist von alters her kulturell und zeitweise auch politisch eng mit dem südlich angrenzenden Jemen verbunden. Seine jüngere Geschichte ist geprägt vom zehn Jahre währenden Bürgerkrieg zwischen den vom marxistischen Südjemen unterstützten Dhofaris und der westlich orientierten regulären Armee – ein blutiger Konflikt, den Sultan Qabus 1975 letzten Endes befrieden konnte.

DUBAI (VAE)

Mit rund 4.000 Quadratkilometern ist Dubai das zweitgrößte Emirat. Es erstreckt sich etwa 65 Kilometer weit ins Hinterland und verfügt über 70 Kilometer Küste. Die gleichnamige Stadt, seit Beginn dieses Jahrhunderts ein zentraler Handelsknotenpunkt der Region, wird durch einen 15 Kilometer langen natürlichen, schiffbaren Meeresarm, den Creek, in die Bezirke Deira (im Nordosten) und Bur Dubai (im Südwesten) geteilt. Seit rund zwei Jahrzehnten erlebt die Stadt einen ungeheuren Boom als Warenumschlagplatz und Einkaufszentrum. Berühmt sind vor allem sein Gold- und Elektronik-Suq. Symbol des hier herrschenden Geschäftsgeistes ist das 160 Meter hohe World Trade Center. Als neueste Wahrzeichen gelten, neben der futuristischen Skyline entlang des Creek, die beiden Golfclubs mit ihren extravaganten Clubhäusern. Von den um die Jahrhundertwende aus Lehm und Korallenstein erbauten Händlerhäusern der Altstadt mit ihren charakteristischen Windtürmen sind nur noch wenige Exemplare erhalten. Schmuckstücke der alten Architektur sind der ehemalige Pa-

Innenhof im Palast von Jabrin

Jabrin – der Palast von außen

Cañons in der Gegend der Hatta-Pools

last Scheich Saids und das Fahidi-Fort, einst der Wohnsitz der Emire. Südwestlich der Stadt, in Jebel Ali, ist in den letzten Jahren eine gigantische Industrie- und Freihandelszone entstanden.
Pflicht: Museum in Fahidi-Fort, Fahrt über den Creek per Wassertaxi, Suqs in Deira und Bur Dubai;
Kür: Dhau-Werft in Hamriya, Kamelrennen (freitags)

Fujairah (VAE)

Das 1.500 Quadratkilometer große Emirat grenzt im Osten der Halbinsel Musandam an den Indischen Ozean. Es besteht aus rund fünfzig, über ausgedehnte Palmenhaine verstreuten Dörfern und bildet gemeinsam mit mehreren zum Emirat Sharjah gehörigen Enklaven einen territorialen Flickenteppich. Seine knapp 80.000 Einwohner leben zu über zwei Drittel von Fischfang und Landwirtschaft. Von überregionaler Bedeutung ist, vor allem während Krisenzeiten im Golf, der große Containerhafen. Sein wichtigstes touristisches Kapital sind die breiten Sandstrände und die spektakuläre Bergszenerie im Hinterland.

Hatta (VAE)

150 Kilometer südöstlich von Dubai, unmittelbar an der Grenze zum Oman schmiegt sich dieses grüne Städtchen auf 900 Meter Seehöhe dicht an die Abhänge des Hadjar-Gebirges. In der Altstadt am Rande der Oase erhebt sich ein altes, mit traditionellen Materialien restauriertes Fort. Südlich des Ortes findet sich ein unter den Bewohnern Dubais beliebtes Ausflugsziel: die sogenannten Hatta-Pools, natürliche, von steilen Felswänden eingefaßte Teiche mit kristallklarem Wasser.

Ibra (O)

Glaubt man der mündlichen Überlieferung, ist dieser Ort lange vor der Verbreitung des Islams gegründet worden und damit nicht nur die heute größte, sondern auch die älteste Siedlung in der Region Sharqiya. Wie bei der nach Stämmen strukturierten omanischen Gesellschaft des öfteren üblich, wurde auch diese Stadt ursprünglich von zwei einander feindlich gesinnten Clans bewohnt und ist deshalb im historischen Kern in zwei getrennte, stark befestigte Bezirke halbiert, die sogar über jeweils ein eigenes Falaj-System und einen eigenen Markt verfügen. Sehenswert ist vor allem der südliche Bezirk al-Minzafa mit seinen teilweise über 200 Jahre alten, reich verzierten Häusern, die freilich zu einem gut Teil seit längerem schon leer stehen.

Ibri (O)

Dank seiner Lage am Endpunkt einer wichtigen Paßstraße, die durch die westlichen Hadjar-Berge an die Batinah-Küste führt, dient diese Oase von alters her als Verkehrs- und Handelsknotenpunkt. Die Tatsache, daß hier in großen Mengen Beutegut der Golfpiraten umgeschlagen wurde, brachte ihr lange Zeit einen zweifelhaften Ruf ein. Aus dieser Zeit sind bis heute enge wirtschaftliche Kontakte zu Dubai und Abu Dhabi geblieben. Bis vor kurzem galt Ibri außerdem als Zentrum der Indigofärberei. Seine mächtige Festung ist leider dem Verfall preisgegeben, sein von der Hauptstraße in etliche Seitengassen ausufernde Suq nach wie vor einer der ursprünglichsten und quirligsten des Landes.
Pflicht: Frühgeschichtliche Fundstätten in der Umgebung (siehe Baat);
Kür: Suq

Izki (O)

Auch Izki ist die Heimat zweier lange Zeit heftig rivalisierender Stämme und deshalb in zwei strikt getrennte, von mächtigen Mauern umgebene Reviere geteilt. Im neutralen Niemandsland befindet sich nicht nur das Marktgebiet. Dort erhebt sich auch eine markante, weil fünfeckige, jedoch leider dem Verfall preisgegebene Festung. Ein Ort namens Izke findet sich bereits in neuassyrischen Texten aus dem 7. Jahrhundert v. Chr. erwähnt. Demnach wäre, wenn es sich nicht um eine zufällige Namensgleichheit handelt, das heutige Izki eine der ältesten ununterbrochen bewohnten Städte des Oman und sein *Aflaj* tatsächlich, wie gerne behauptet, über 2000 Jahre alt.

Jabrin (O)

Die kleine, etwa 20 Kilometer südwestlich von Bahla über eine kleine Stichstraße erreichbare Oase birgt das schönste Fort Omans. Sein Bau-

Alte Wehrtürme auf den Hügeln über Manal

Portalschrift von Samaramm (Khor Rori)

Festungsturm und Straßenszene in Alt-Manah

herr, Imam Bilarab bin Sultan al-Yaruba, der 1668 seinen Regierungssitz hierher verlegte und hier 1692 auch seine letzte Ruhe fand, ließ das verwinkelte, um zwei Innenhöfe gruppierte Gebäude überaus reich ausstatten. Besonders hervorhebenswert: die mit floralen Ornamenten bemalten Holzdecken im Wohntrakt. Nach der Verlagerung der Hauptstadt nach Rustaq (1711) verfiel der Bau. Vor einigen Jahren wurde er aufwendig von Grund auf renoviert.
Pflicht: Festung

KHOR RORI (O)

Von einem hohen Drahtzaun hermetisch abgeschirmt, verbirgt sich knapp 50 Kilometer östlich von Salalah, bei Taqa, auf einem ca. 130 mal 70 Meter großen Hügel das Ruinenfeld des antiken Weihrauchhafens Samaramm. Die Stadt, über die ab dem 2. Jahrhundert n. Chr., als die Römer endlich die Schiffspassage durch das Rote Meer beherrschten, ein beträchtlicher Teil des kostbaren Duftharzes aus dem Dhofar ausgeführt wurde, war von einer etwa 2,5 Meter dicken Mauer umgeben. Sie ist in Teilen bis heute erhalten. US-Archäologen haben schon 1960 erkundet, daß das gesamte Stadtgebiet dicht mit Wohnhäusern bebaut war. An einer Mauer links hinter dem Eingangsportal fanden sich Inschriften in einer alten, bis dahin unbekannten südarabischen Sprache. Die Lagune Khor Rori zu Füßen des Hügels diente damals als Hafen. Sie ist heute ein Vogelschutzgebiet.

KURIA MURIA INSELN (O)

Fünf Eilande, 50 Kilometer vor der Küste im Nordosten der Provinz Dhofar gelegen – eines von knapp 100 Menschen, die anderen nur von Seevögeln bewohnt. Die Inselgruppe lag von jeher abseits der Zivilisation und Verkehrsströme. 1854 machte Sultan Said Bin Sultan sie Königin Victoria zum Geschenk. Daraufhin durfte eine britische Handelsgesellschaft ein paar Jahre lang das auf den Kalkfelsen in Unmengen abgelagerte Guano abbauen. Bis 1967 verwaltete Großbritannien den Mini-Archipel von Aden aus mit. Dann wurde er dem Sultan rückerstattet.

LIWA OASEN (VAE)

Von dieser gut 150 Kilometer südwestlich der Stadt Abu Dhabi gelegenen, zum gleichnamigen Emirat gehörigen Gruppe von Oasen brach der Stamm der Bani Yas Mitte des 18. Jahrhunderts auf, um die heutige Hauptstadt an der Küste zu gründen. Dieser einflußreichste Stamm der Region war es auch, der kurz zuvor diesen mit qualitativ hochwertigem Grundwasser gesegneten Landstrich urbar machte. Markantestes Merkmal der über etwa 70 Kilometer halbkreisförmig angeordneten Oasen-Kette sind die prachtvollen, bis zu 200 Meter hohen Sanddünen und die seit den siebziger Jahren entstandenen zahlreichen, üppig grünen Farmen zu ihren Füßen.

MANAH (O)

Die wenige Kilometer abseits der Straße zwischen Nizwa und Adam liegende Oase ist ein Paradebeispiel für den traurigen Trend, dem die Omanis im ganzen Land folgen: historisch gewachsene Wohnbezirke zu verlassen und sich an der Ortsperipherie komfortable, jedoch oft gesichtslose Neubauten zu errichten. Der alte Ortskern von Manah ist komplett verlassen und im Zustand fortgeschrittenen Verfalls. Was freilich einen Spaziergang durch sein Labyrinth enger, teilweise von zweistöckigen Häusern gesäumter Gassen zu einem höchst stimmungsvollen Erlebnis macht. Höhepunkte beim Bummel durch die Geisterstadt sind der hohe Festungsturm am Ende der Hauptstraße und mehrere Moscheen, die man, weil sie nicht mehr genutzt werden, auch als Nicht-Moslem von innen besichtigen darf.

MANAL (O)

Der strategisch äußerst günstig an einer Engstelle der Straße von Muscat nach Nizwa nahe dem Samail-Paß gelegene Ort ist vor allem seiner alten Moschee, einem kubischen Lehmbau mit einer filigran ornamentierten Betnische *(Mihrab)*, nennenswert. Über den Ruinen des alten Dorfes erheben sich mehrere schlanke Wachtürme.

MASIRAH (O)

Dank ihrer Ausmaße von ca. 65 Kilometer mal 15 Kilometer ist diese

Mausoleum Bin Alis nahe Mirbat

Blick auf Telegraph Island im Khor Shimm (Musandam)

Entsalzungsanlage von al-Ghubra

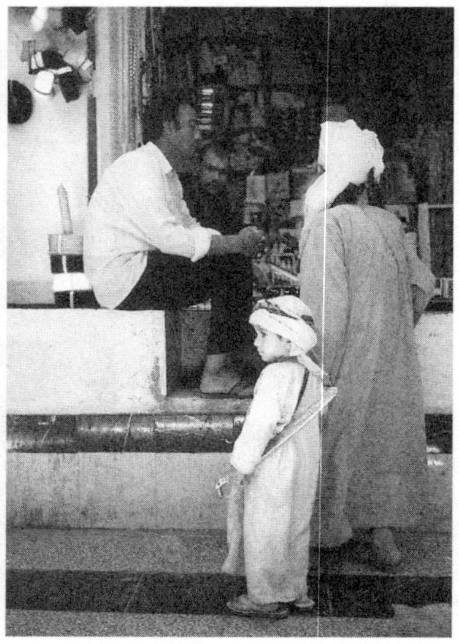

Basar-Szene in Mutrah

Insel – rund 130 Kilometer südlich von al-Ashkhara und dem Festland 12 Kilometer vorgelagert – die größte des Sultanats. Sie ist sehr vegetationsarm, gilt jedoch als einer der weltweit wichtigsten Nistplätze für Meeresschildkröten. Weshalb ihre weiten Sandstrände unter besonderem Schutz stehen. Deutsche Archäologen haben auf Masirah Rundgräber entdeckt, die sie in das 2. Jahrtausend v. Chr. datieren. Deutlich jüngeren Datums sind die großen Militäranlagen, die seit den achtziger Jahren auch den US-Truppen als wichtiger Stützpunkt dienen.

Mirbat (O)

Nachweisbar seit dem 10. Jahrhundert v. Chr. ein wichtiger Handelsplatz und – laut Reisebericht des deutsch-dänischen Arabienforschers Carsten Niebuhr – noch Ende des 18. Jahrhunderts ein Ausfuhrhafen für Weihrauch, macht der Ort, an dem heute die von Salalah ostwärts führende Teerstraße endet, gegenwärtig einen etwas tristen Eindruck. Das historische Zentrum mit seinen stattlichen Lehmhäusern ist im Stadium fortgeschrittenen Verfalls. Ein Grund dafür: 1975, am Ende des Dhofar-Krieges, tobte in Mirbat eine Entscheidungsschlacht.
Pflicht: das Mausoleum Bin Alis (einige Kilometer westlich der Stadt);
Kür: Innenstadt mit teilweise zweistöckigen, einst stolzen Lehmburgen

Misfa (O)

In steilen Serpentinen führt eine Schotterpiste von al-Hamra in dieses höchst malerische Gebirgsdorf empor. Seine ineinander verschachtelten Steinhäuser kleben wie Adlerhorste auf einem von zwei Wadis begrenzten Felssporn. Darüber ragt die Ruine einer uralten Wehranlage in den Himmel. Darunter erstreckt sich, kunstvoll auf schmalen Terrassen gepflanzt und von einem nicht minder kunstvoll angelegten Falaj durchflossen, ein Oasenhain von geradezu tropischer Üppigkeit

Musandam (O)

Felsige, labyrinthisch verzweigte und noch sehr unberührte Halbinsel an der nördlichsten Spitze Südarabiens mit über 2.000 Meter hohen, extrem schroffen Bergen. Sie ist durch einen 70 Kilometer breiten, zu den Emiraten gehörigen Landkorridor vom omanischen Kernland getrennt und trennt ihrerseits den Arabischen/Persischen Golf vom Indischen Ozean. Große strategische Bedeutung hat sie als Beobachtungspunkt für die nördlich vorbeiführende Straße von Hormuz, das berühmte Nadelöhr auf der Tankerroute zwischen den Fördergebieten am Golf und den Ölabsatzmärkten der westlichen Welt. Hauptort ist Khasab, dessen Militärflughafen erst seit kurzem auch von Zivilmaschinen angeflogen werden darf. Dessen größte Sehenswürdigkeit: die um 1600 von den Portugiesen errichtete Festung. An den Ufern der verästelten Fjorde einige Fischerdörfchen, unter anderem Kumzar, Qanah und Maqleb.
Pflicht: Geländewagenfahrt ins Landesinnere zum Djebel Hafit, Dhaufahrt in den Khor Shimm;
Kür: Festung von Khasab, Fahrt an den Khor Nadjd und nach Birkat Khaldiyah; Felszeichnungen in Tawi

Muscat (O)

Die historische Hauptstadt Omans (übersetzt: „Ankerplatz") gruppiert sich am Fuß der an dieser Stelle bis direkt an das Meer reichenden Hadjar-Berge um einen idealen natürlichen Hafen. Ein großer Teil der ursprünglichen Bausubstanz fiel zwar den Umbauten nach 1970 zum Opfer. Erhalten blieben nur eine Handvoll in arabischem Stil erbauten Kaufmannshäuser *(Baits)*. Dafür erhebt sich inmitten der Bucht der farbenfrohe, (post-)moderne königliche Palast. Doch einen gewissen romantischen Charme hat sich der Ort vor allem dank der zwei Anfang des 16. Jahrhunderts von den Portugiesen erbauten Festungen Mirani und Djalali bis heute bewahrt.
Pflicht: Sultans- oder Al-Alam-Palast und die beiden portugiesischen Forts (alle drei freilich nur von außen);
Kür: Omanisch-Französisches Museum im Bait Fransa, Bait Graiza, Bait Zawawi

Mutrah (O)

In scharfem Gegensatz zum musealen Muscat strotzt dieser im Westen angrenzende Hafenort vor Leben-

Im Inneren der Festung von Nizwa

Der Sitz der Yaruba in Nakhl

Telefonzellen in der Form von Krummdolchen bei Quriyat

digkeit. Mutrah ist der traditionelle Umschlagplatz der Hauptstadtregion für den Handel mit dem Hinterland. Er verfügt über den umfassendsten und stimmungsvollsten Suq des Landes und mit Mina Qaboos auch über den größten und modernsten Hafen. An der großzügig angelegten Corniche, der Uferstraße, stehen zwischen neumodischen Betonblocks noch etliche altehrwürdige, filigran verzierte Kaufmannshäuser aus dem 19. Jahrhundert.
Pflicht: Suq, Corniche-Bummel;
Kür: Fischmarkt, Riyam-Vergnügungspark

Nakhl (O)

Der im äußersten Süden der Batinah-Ebene am Fuß des Djebel Akhdars gelegene Ort ist die Heimat der Yaruba-Dynastie, die im 17. und 18. Jahrhundert etliche für die Landesgeschichte prägende Imame stellte. Buchstäblich herausragendstes Denkmal der Oase ist ihre mächtige Festung. Sie wurde Anfang des vorigen Jahrhunderts errichtet, 1990 generalrenoviert und verfügt über insgesamt sechs bis zu 60 Meter hohe Türme und ein reich dekoriertes Inneres. Eine weitere Attraktion Nakhls sind die 40° C heißen Quellen, die an der Peripherie des Ortes, am Ausgang des Wadi Mistal, aus dem Boden sprudeln und zum genüßlichen Baden einladen.
Pflicht: Festung;
Kür: Thermalquellen im Wadi Mistal

Nizwa (O)

Größte Stadt im Landesinneren und zugleich dessen historisches und religiöses Herz. Vom 8. bis ins 12. Jahrhundert Hauptstadt des gesamten Oman, war es immer wieder für lange Jahre Sitz der Imame. Von hier aus gelang der Yaruba-Dynastie im 17. Jahrhundert die Einigung der Stämme und infolge die Vertreibung der Portugiesen von der omanischen Küste. Damals (um 1660) entstand auch das mächtige Fort mit dem runden, 35 Meter dicken und über 30 Meter hohen Festungsturm. Der Ort mit seinen ca. 60.000 Einwohnern besteht aus zwei großen separaten Wohnquartieren, die von mehreren verschiedenen Stämmen bewohnt und jeweils von einer teilweise noch erhaltenen Mauer umgeben sind. Er beherbergt den größten Markt der Region und zählt nach wie vor zu einem Zentrum des Kunsthandwerks, insbesondere der Herstellung von Silberschmuck und Krummdolchen.
Pflicht: Festung, Suq (freitags mit großem Viehmarkt!)

Qalhat (O)

26 Kilometer nordwestlich von Sur gelegen, gilt der Küstenort als eine der ältesten Siedlungen im Oman (seine Gründung erfolgte spätestens um das 2. Jahrhundert n. Chr.). Im 13. Jahrhundert war Qalhat noch ein bedeutsamer Hafen, der insbesondere im Gewürzhandel mit Indien eine zentrale Rolle spielte. Doch gegen Ende des 15. Jahrhunderts wurde der Qalhat von einem Erdbeben erschüttert und 1508 von den Portugiesen endgültig zerstört. Von der einstigen Pracht zeugen gegenwärtig nur mehr eine handvoll Ruinen. Die herausragendste unter ihnen ist der Bibi-Miriam-Mausoleum genannte quadratische Bau an der heutigen Straße, dessen ursprüngliche Funktion freilich ungeklärt ist.

Quriyat (O)

Die Küstenstadt, in rund einstündiger Fahrt von Muscat Richtung Osten bequem zu erreichen, wurde ihrer einst großen Bedeutung ebenfalls durch die Portugiesen beraubt. Er ist für seine Salzgewinnung und Halwa-Kocher berühmt und war es früher außerdem für seine Pferdezucht. Der Ort besteht aus insgesamt neun mehr oder weniger selbständigen Wohnquartieren. Das zentrale, in dem die Asphaltstraße endet und sich sowohl der Suq wie auch die vergleichsweise kleine Festung befinden, heißt Murrah. Der Küste vorgelagert, erhebt sich auf einem Felsinselchen ein Wachturm. Recht malerisch ist der Ortsteil Sahil, ein Fischerdorf.
Kür: Festung, Suq

Ras Al Hadd und Ras Al Junaiz (O)

Nahe dem modernen Ort, den man von Sur aus über eine problemlos befahrbare Piste erreicht, haben Briten vor wenigen Jahren frühgeschichtliche Funde ergraben, die bereits für das 3. Jahrtausend einen Kontakt mit Kulturen des Industals

Ebbe an der Küste von Ras al-Khaimah

Nabi Ayoub, das Hiobsgrab oberhalb von Salalah

Rosenwasser-Verkäufer im alten Suq von Rustaq

Der Neue Suq von Sharjah

belegen. Unverzichtbar ist die Fahrt an die Ostspitze der Arabischen Halbinsel freilich aus zwei anderen Gründen: Erstens wegen der atemberaubenden Landschaft mit ihren vielfärbigen Felsformationen und zweitens, weil die Sandstrände von Ras al-Junaiz südwärts, so wie die Insel Masirah, regelmäßig von Meeresschildkröten zum Nisten aufgesucht werden. Das Betreten des Schutzgebiets ist grundsätzlich streng untersagt. An bestimmten Stellen jedoch darf man, von eigens ausgebildeten Wächtern geführt, des Nachts die Tiere bei der Eiablage beobachten. Voraussetzung für das unvergeßliche Erlebnis: Man hat sich beim zuständigen Ministerium in Muscat die Genehmigung dazu besorgt.

Ras Al Khaimah (VAE)

Dieses nördlichste der Vereinigten Emirate zählt rund 140.000 Einwohner und umfaßt etwa 70 Kilometer Küste. Dank der relativ ergiebigen Niederschläge (des öfteren regnen sich Wolken an den Westhängen der hohen Berge ab) verfügt es über eine beachtliche Landwirtschaft. Die Hauptstadt besteht aus zwei Teilen, dem alten, noch relativ traditionellen Quartier Ras al-Khaimah und dem neuen namens Nakhil. Dazwischen erstreckt sich die von zwei Brücken überspannte Lagune al-Khor.
Der Ort ist der traditionelle Sitz des Stammes der Qawasim und galt zu Beginn des vorigen Jahrhunderts als Hauptstützpunkt der Piraten, die immer wieder europäische Handelsschiffe überfielen. Weshalb die Briten es mehrmals angriffen und 1820 durch ein Bombardement weitgehend zerstörten.
Pflicht: das reich bestückte Museum

Rustaq (O)

Die Oasensiedlung, strategisch günstig zugleich am Eingang wichtiger Zugangswege in das Djebel Akhdar-Massiv und am Südrand der Batinah-Ebene gelegen, war im 17. und 18. Jahrhundert immer wieder Hauptstadt des Oman. In seinem sehenswerten Fort Qalat al-Qasra (erbaut um 1690) ist Ahmad ibn Said, der Begründer der Al-Bu Said-Dynastie, bestattet. Eine Fundgrube für allerlei Antiquitäten ist, vis-à-vis des Forts, der Suq. Am Ortsrand befindet sich die warme Thermalquelle Ain al-Qasra, ein hübscher Badeplatz.
Pflicht: Festung

Salalah (O)

Die Hauptstadt der Provinz Dhofar hat dank ihrer weitläufigen Kokospalmen-, Bananen- und Papayaplantagen vor allem während und kurz nach dem Monsun ein geradezu tropisches Gepräge. In der nur lose verbauten Altstadt haben sich nur mehr wenige der traditionellen Häuser aus Korallenkalkstein erhalten. Direkt am Meer erhebt sich al-Hisn, der die meiste Zeit des Jahres über für Fremde unzugängliche Sultanspalast, in dem Sultan Qabus geboren wurde und bis heute im Sommer regelmäßig mehrere Wochen verbringt. Westlich davon schneidet der Meeresarm Khor Salalah, ein Vogelschutzgebiet, ins Land. Im Osten des Stadtkerns erstreckt sich, ebenfalls unmittelbar an dem traumhaften, breiten Sandstrand, das ausgedehnte Ruinenfeld von al-Balid. Der Ort wurde vermutlich um 1000 v. Chr. gegründet und war zu seiner Blüte im Hochmittelalter der bedeutendste Hafen dieses Küstenabschnitts. Umgeben ist das historische Siedlungsgebiet im Norden von einem rapide landeinwärts wachsenden Kranz moderner Betonhäuser.
Pflicht: Salalah Museum mit Photokollektion Wilfred Thesigers, Neuer und Alter (Haffa) Suq; in der Umgebung: das spektakulär hoch über der Stadt gelegene Hiobsgrab Nabi Ayoub;
Kür: das Ruinengelände von al-Balid

Samad Shan (O)

Rund 140 Kilometer südlich von Muscat, am Westrand der Sharqiya gelegen, scharen sich rund um diesen neuzeitlichen Ort eine Reihe hochinteressanter frühgeschichtlicher Fundstellen. Archäologen des Deutschen Bergbau-Museums Bochum haben hier u. a. eine Nekropole mit reichen Funden aus drei Jahrtausenden (2. v. bis 1. n. Chr.) zutage gefördert. In unmittelbarer Nähe, in Maysar, wurde die einzige großflächige Siedlung aus der Umm an Nar-Zeit (um 2000 v. Chr.) auf omanischem Boden ausgegraben, und nicht weit davon, in Lizq, erhebt sich eine große eisenzeitliche Bergfestung.

Grabungsgelände in Shisr – das legendäre Ubar?

Die Festung von Sohar

Privater Versammlungsraum (Madjlis) eines Händlers in Sur

SHARJAH (VAE)

Das Emirat, nur 15 Kilometer von Dubai entfernt, hat eine Fläche von 2.600 Quadratkilometern und umfaßt 20 Kilometer Küste sowie etliche Enklaven, darunter die Orte Dibba, Khalba und Khor Fakkan am Indischen Ozean. In der ersten Hälfte des 19. Jahrhunderts bildete Sharjah den wichtigsten Hafen des östlichen Golfs auf arabischer Seite, und gegen Ende der zweiten Hälfte wetteiferten seine Herrscher mit jenen Abu Dhabis um die führende politische Rolle an diesem Teil der Küste. Sogar noch nachdem Dubai seinen Aufstieg zu einem Handelszentrum begonnen hatte, verfügte sein östlicher Nachbar über die entwickeltere Infrastruktur. Nicht ohne Grund erkoren die Briten Sharjah zu ihrem militärischen Hauptquartier und bauten hier auch den ersten internationalen Flughafen. Öl wird hier seit 1974 gefördert, freilich in geringen Mengen, weshalb sein Oberhaupt, der kunstsinnige Scheich Sultan al-Qasimi, schon Ende der Siebziger auf Tourismus als Devisenbringer setzte. Wahrzeichen der rund um eine Lagune entstandenen Stadt ist der im neo-arabischen Stil aufwendig erbaute Neue Suq.
Pflicht: Sharjah oder Neuer Suq

SHISR (O)

Der Ort, heute ein unscheinbares Nest nordöstlich von Thumrayt am Rand des „Leeren Viertels", entspricht möglicherweise jenem legendären Handelszentrum, das in den Erzählungen aus Tausendundeiner Nacht als Ubar und im Koran als Iram Erwähnung fand. Dies wollen zumindest amerikanische Forscher mit Hilfe von Infrarot-Satellitenbildern, auf denen ein Netz aus von Sand überlagerten Karawanenwegen zu erkennen ist, herausgefunden haben – eine gewagte These, für deren Richtigkeit lediglich ein paar Mauerreste einer turmbewehrten Stadt sprechen. Und ein großes Erdloch, das in deren Mitte gähnt. Immerhin: Die Legende behauptet, die reiche Stadt habe einst den Zorn Gottes heraufbeschworen und sei daraufhin in einer riesigen Kaverne verschwunden.

SOHAR (O)

Der legendäre Heimatort Sindbad des Seefahrers galt im 10. Jahrhundert (bis zu seiner Zerstörung 971 durch einfallende Perser) als wichtigster Hafen der gesamten Arabischen Halbinsel. Schon lange davor bildete er das Zentrum einer bedeutenden Kupferproduktion (die Minen im unmittelbaren Hinterland rund um Lasail werden heute nach wie vor ausgebeutet). Heute präsentiert sich Sohar als Gartenstadt mit knapp 100.000 Einwohnern und beinah mediterranem Flair und erneut wachsender Bedeutung als Agrarzentrum und Warenumschlagplatz.
Pflicht: Festung mit Museum für Seehandelsgeschichte;
Kür: Suq, Fischmarkt, Bummel entlang der Corniche

SUR (O)

Nachdem Qalhat, die übermächtige Rivalin im Norden, zu Beginn des 16. Jahrhunderts den Portugiesen zum Opfer gefallen war, genoß diese am östlichen Ende des Hadjar-Massivs an einem natürlichen Meeresarm entstandene Hafenstadt, die seit wenigen Jahren einen enormen Bauboom erlebt, für über 300 Jahre große Geltung – sowohl als Umschlagplatz des arabischen Sklavenhandels wie auch als Zentrum des traditionellen Schiffsbaus. In zwei Werften am Ufer des örtlichen Creek werden heute noch nach überlieferten Methoden jene hölzernen Dhaus hergestellt, die omanischen Seefahrern schon im Mittelalter den Handel im Golf und entlang der afrikanischen sowie indischen Küste ermöglichten.
Pflicht: Dhau-Werften;
Kür: Bummel entlang der Corniche, Fahrt mit der Bootsfähre über den Creek in den östlichen Stadtteil Ayqa

TANUF

Der heute auch für sein Mineralwasser bekannte Ort nordwestlich von Nizwa ist ein steinernes Mahnmal für die Brutalität, mit der einander Imame und der Sultan in den fünfziger Jahren während des Djebel Akhdar-Aufstandes bekriegten. Als sich Imam Ghalib mit seinen Rebellen in die Bergfestungen der Gegend zurückzog, machten ihnen die regulären Truppen Muscats mit Unterstützung der Royal Air Force den Garaus. 1959 wurde Tanuf

Huckepack-Karawane in Neu-Salalah

Alltags-Madjlis der Omanis unter freiem Himmel

Abendstimmung in den Wahiba Sands

aus der Luft zerbombt. Was blieb, sind bis heute Ruinen.

Taqa (O)

Etwa 40 Kilometer östlich von Salalah gelegene drittgrößte Stadt der Provinz Dhofar. Sie ist berühmt für ihre vorzugsweise am Strand getrockneten Sardinen und den weißen Kalkstein, der früher in der ganzen Region als Baumaterial verwendet wurde. In ihrem Kern finden sich noch etliche historische Häuser mit sehenswertem Holzschnitzwerk. Hauptsehenswürdigkeit ist die mit viel Liebe zum Detail renovierte und erst kürzlich für Publikum geöffnete Festung, die ehemalige Residenz des örtlichen Wali.
Pflicht: Festung

Telegraph Island (O)

Im Khor Shimm, inmitten der spektakulären Fjordlandschaft Musandams, liegt jenes karge Felseiland, auf dem die Briten im Jahre 1864 zwecks Kontrolle und Wartung des Unterseekabels, das hier vorbei nach Bombay führte, eine Telegraphenstation errichteten. Das haarsträubend heiße Klima und die argwöhnischen Anrainer zwangen sie allerdings schon nach wenigen Jahren zum Abzug. Was heute an das abenteuerliche Unternehmen erinnert: ein paar Mauerfundamente und ein Hauch von Melancholie.

Umm Al Qaiwain (VAE)

Vergleichsweise mittelloses, weil nicht mit Öl gesegnetes Emirat mit knapp 40.000 Einwohnern, auf einer sandigen Landzunge zwischen Ajman und Ras al-Khaimah gelegen.

Umm An Nar (VAE)

Diese direkt neben Abu Dhabi gelegene Insel ist berühmt für eine Art von Sammelgräbern aus dem 3. Jahrtausend, die – mitsamt wertvoller Beigaben – erstmals in ihrem Boden entdeckt wurden. Ihr Name, er bedeutet auf deutsch „Mutter des Feuers", wurde einer ganzen frühgeschichtlichen Periode verliehen. Heute befindet sich auf dem Eiland neben der für Besucher rigoros gesperrten Grabungsstätte eine der zwei großen Raffinerien von Abu Dhabi.

Wadi Tibi und Wadi Shab (O)

Zwei überaus malerische, nur per pedes erkundbare und deshalb häufig von Tagesausflüglern aus der Hauptstadt besuchte Felstäler an der Küste nördlich von Sur beziehungsweise Qalhat. Die jeweils eineinhalb- bis zweistündigen Wanderungen durch die engen, üppig bewachsenen Cañons eröffnen die Möglichkeit zu erfrischenden Bädern in natürlichen Pools und zudem wunderschöne Panoramablicke.

Wahiba Sands (O)

Die große Binnenwüste des Oman bedeckt eine Fläche von rund 70 Kilometer (in West-Ost-) und 300 Kilometer (in Nord-Süd-Richtung). Im Osten und Süden reicht sie direkt an den Indischen Ozean, auf den übrigen Seiten wird sie von breiten Wüstentälern, dem Wadi al-Batha und dem Wadi Halfayn, begrenzt. Ihre spezifische Fauna und Flora, ihr Mikroklima, die Formen und Wanderbewegungen ihrer ungewöhnlich vielfältigen, bis zu 250 Meter hohen Dünen und vieles mehr wurde 1986 von einem vielköpfgen Wissenschafterteam unter Leitung der Londoner Royal Geographic Society eingehend erforscht.

ZEITTAFEL

VOR CHRISTUS

–ca. 3500	Früh- und Steinzeit; erste Siedlungsfunde im Nordoman und Dhofar;
3500–2700	Hafit-Periode (benannt nach Fundstätten auf dem Djebel Hafit in der Nähe Buraimis); die erste Kultur auf omanischem Boden, die Metall verwendet; wichtigste erhaltene Denkmäler: diverse Bienenkorbgräber;
ab 2500	Aufstieg Nordomans – damals „Magan" genannt – zum bedeutenden Kupferexportland;
2700–2000	Umm an Nar-Periode (benannt nach dem Fundort, einer Insel bei Abu Dhabi); charakteristisch sind Grabbauten, wie sie u. a. in Baat/Oman gefunden und in al-Ain (Hili-Grab) rekonstruiert wurden.
2000–1200	Wadi Suq-Periode (benannt nach einem Grabungsort nördlich von Sohar); bisher übliche Kollektivgräber werden teilweise von Einzelgräbern abgelöst; reiche Funde von vielerlei Waffen sowie Gefäßen aus Ton und Speckstein;
ca. 2000	Aufstieg Dilmuns, dem heutigen Bahrain, als Handelsplatz auf halbem Weg zwischen Sumer und Magan beziehungsweise dem Indus-Tal;
1700	Politisch bedingte Unterbrechung des Fernhandelsweges durch den Golf;
ca. 800–700	Invasion Omans durch Stämme aus Südarabien; in Quellen wird ein gewisser Oman erwähnt, der als Bruder des Eroberers Yarub zum Gouverneur ernannt worden sein soll.
563	Der Perserkönig Kyros der Große erobert den Nordoman.
1. Jh.	Im Oman wird – angeblich – das Falaj-System entwickelt.
ca. 600 v. Chr.–	

NACH CHRISTUS

300 n. Chr.	Blütezeit des Weihrauchexports von Dhofar in das Zwischenstromland, nach Ägypten, Griechenland und Rom;
23–79	„Ommana", der Oman, wird – vom römischen Schriftsteller Plinius dem Älteren – erstmals erwähnt.
ca. 230	Ardaschir, der Begründer der persischen Sassaniden-Dynastie, erlangt die Kontrolle über den Oman.
ca. 520	Chosrau I. erneuert die persische Dominanz.
ca. 5.–7. Jh.	Sohar, damals Mazun genannt, ist Sitz eines christlichen Bischofs.
570–632	Lebenszeit Mohammeds, des Propheten;
622	Mohammed zieht von Mekka nach Medina (Yatrib). Mit dieser „Hedschra" beginnt die islamische Zeitrechnung.
630	Amr ibn al-As überbringt einen Brief des Propheten Mohammed. Omans Bevölkerung konvertiert zu der neuen Religion, das Land wird Teil des Islamischen Reiches.
632–634	Khalif Abu Bakr
634–644	Khalif Omar I.
644–656	Khalif Othman
683	Abdullah ibn Ibadh, der Vater der ibaditischen Lehre, ist in Basra tätig.
ab 700	Ibaditen aus Nordarabien werden im Inneroman seßhaft.
751	Wahl Dschuland ibn Masuds, des ersten „rechtgeleiteten Imams" der Ibaditen;
8. Jh.	Omanische Seefahrer unternehmen regelmäßig Reisen nach China.
um 950	Sohar gilt als größter Hafen der islamischen Welt.
10.–13. Jh.	Diverse Invasionen, u. a. durch die Buyiden und Seldschuken;
1497	Der omanische Meisternavigator weist Vasco da Gama – angeblich – den Weg von Malindi in Ostafrika in den indischen Hafen Calicut.
um 1507	Die Portugiesen unter Admiral Alfonso de Albuquerque erobern die Insel Hormuz und die omanische Küste; sie besetzen und zerstören mehrere Häfen, darunter Sohar, Muscat, Qalhat und Quriyat.
1515	Portugiesische Truppen besetzen den Hafen Dschulfar in der Nähe des heutigen Ras al-Khaimah.
1550	Die türkische Flotte unter General Piri Rais attackiert Muscat.
1581	Ein weiterer Angriff der Türken, diesmal unter Ali Beg;
1587/88	Die Portugiesen vollenden die Festungen Dschalali und Mirani in Muscat.
1624	Nasir ibn Murschid wird zum Imam gewählt und begründet die Yaruba-Dynastie.
um 1640	Imam Nasir erobert einige Küstenstädte von den Portugiesen zurück und reduziert deren Herrschaftsgebiet auf Muscat und Mutrah.
1646	Handelsvertrag zwischen Imam Nasir und dem Vertreter der englischen East India Company;
um 1650	Nasirs Cousin Imam Sultan ibn Saif vertreibt die Portugiesen endgültig und beginnt mit dem Aufbau einer omanischen Flotte und zugleich eines Handelsimperiums an den Gestaden des Indischen Ozeans.
1650–1718	Der Oman bringt weite Teile der ostafrikanischen Küste, darunter Sansibar, unter seine Kontrolle; Eroberungen auch entlang der persischen und indischen Küste.
ca. 1660–70	Bau der Festung von Nizwa;
um 1675	Bau der Festung von Jabrin;
1694–98	Omanische Truppen attackieren die Portugiesen in Bombay und Ostafrika.
1708	Bau der Festung von al-Hazm;

1718–47	Bürgerkrieg im Oman; das Imperium zerfällt; anfangs zu Hilfe gerufene persische Truppen besetzen große Teile des Landes.
1749	Imam Ahmad bin Said begründet die bis heute herrschende Al-Bu Said-Dynastie.
um 1760	Erste dauerhafte Besiedlung der Insel Abu Dhabi;
1775	Tod Imam Ahmad bin Saids in Rustaq;
um 1780	Das ibaditische Wahlimamat wird in eine Erbdynastie umgewandelt; die Oberhäupter der Al-Bu Saids tragen fortan den Titel Sultan.
1794	Sultan bin Ahmad verleibt dem Oman mehrere Häfen, darunter Hormuz, Bander Abbas und Gwadar, ein.
1800	Die Wahabiten aus dem Inneren der Arabischen Halbinsel besetzen die Buraimi-Oase und fallen bis ca. 1860 immer wieder in den Oman ein.
1807–1856	Regierungszeit Said bin Sultans; der omanische Seehandel im Indischen Ozean erreicht seinen Zenit.
ab 1805	Wiederholte Strafexpeditionen der Briten (und omanischer Truppen) gegen den Stamm der Qawasim;
1820	Die Royal Navy bombardiert Ras al-Khaimah, die Hochburg der Qawasim; Großbritannien oktroyiert neun Scheichtümern einen allgemeinen Friedensvertrag.
1829	Sultan Said verlegt seine Residenz nach Sansibar.
1840	Erste Entsendung einer omanischen Gesandtschaft in die USA;
1853	„Immerwährender Friedensvertrag“ zwischen Großbritannien und diversen Scheichtümern an der Golfküste, die ab nun im angelsächsischen Raum „Trucial Coast“ genannt wird.
1855–1909	Regierungszeit Zayed bin Khalifahs („Zayed des Großen“), des Herrschers von Abu Dhabi;
1856	Nach dem Tod Sultan Saids kommt es im Oman zum Streit um die Erbfolge.
1861	Zweiteilung des Reiches in ein Sultanat Sansibar und ein Sultanat Oman; das Handelsimperium zerfällt erneut; parallel entsteht im Inneroman ein autonomes Imamat; das Sultanat von Muscat gerät in zunehmende Abhängigkeit von den Briten.
1862	Briten und Franzosen versichern einander vertraglich, die Souveränität des Omans und Sansibars zu respektieren.
1869	Der Suez-Kanal wird eröffnet und schmälert die Bedeutung der omanischen Häfen und Seefahrt empfindlich.
1879	Sultan Said Turki erobert nach 50jährigem Interregnum den Dhofar zurück.
1885	Sansibar wird gemeinsam mit Tanganjika deutsches Protektorat.
1890	Im Tausch gegen Helgoland übernehmen die Briten die Herrschaft über Sansibar.
1890–1930	Großbritannien bindet die Herrscher von Muscat durch exklusive Handels- und Freundschaftsverträge eng an sich und degradiert das Sultanat de facto zu einer Kolonie.
1903	Die British India Steam Navigation Company wählt Dubai (anstatt des südpersischen Hafens Lingah) zur neuen Zwischenstation im Golf für ihre Dampffrachter.
1920	Mohammed Ibn Abdullah al-Khalili wird neuer Imam im Inneroman; er und Sultan Said Taimur schreiben im Vertrag von Sib die Zweiteilung des Landes in ein Sultanat an der Küste und ein Imamat im Landesinneren fest.
1928	Scheich Schachbut Al-Nahayan wird Herrscher von Abu Dhabi.
1931	Said ibn Taimur, der Vater des jetzigen Sultan Qabus, wird neuer Sultan im Oman.
1932	Proklamation des Königreiches Saudi-Arabien; Imperial Airways, die Vorläuferin von British Airways, wählen Sharjah als Zwischenstation für ihre Flüge nach Indien.
1939	Scheich Schachbut, verleiht der britisch dominierten Iraq Petroleum Company eine Konzession zur Ölsuche und -förderung auf dem Territorium Abu Dhabis.
1945–1947	Militärischer Konflikt zwischen Abu Dhabi und Dubai über Grenzfragen;
1951	Gründung der Trucial Oman Scouts, einer britischen Eliteeinheit, die u. a. den Ölprospektoren im Landesinneren Begleitschutz bieten soll.
1952	Mit Unterstützung der Aramco (Arabian-American Oil Company) erobern saudiarabische Truppen die Oase Buraimi.
1954	Nach dem Tod Imam Al-Khalilis brechen Nachfolgekämpfe aus; in deren Folge lehnen sich inneromanische Stämme unter Führung Imam Ghalib Ibn Alis gegen die Vorherrschaft des Sultans auf.
1955	Der Oman erobert Buraimi zurück.
1958	Der Oman tritt die Hafenstadt Gwadar an Pakistan ab; erste Ölfunde in Abu Dhabi; Scheich Raschid Bin Said Al-Maktoum löst seinen Vater Scheich Said als Herrscher von Dubai ab, nachdem er bereits seit 1939 dessen Amtsgeschäfte inoffiziell geführt hat.
1959	Der Sultan schlägt den sogenannten Djebel Akdhar-Aufstand mit massiver britischer Hilfe nieder und gliedert den Inneroman endgültig in das Sultanat ein.
1961	Kuwait wird von Großbritannien unabhängig.
1964	Erste nennenswerte Ölfunde im Oman;
1966	Erste Ölfunde in Dubai;
1967	Der Oman exportiert erstmals Öl.
1965–1975	Bürgerkrieg in Dhofar zwischen sozialistisch ausgerichteten, vom Südjemen unterstützten Rebellen und den Truppen des – seit 1970 westlich orientierten, von Großbritannien und zeitweise auch dem Iran unterstützten – Sultanats;
1966	Scheich Zayid Bin Sultan Al-Nahayan löst seinen Bruder Scheich Schachbut als Herrscher von Abu Dhabi ab.
1968	Großbritannien kündigt an, sich binnen dreier Jahre aus seinen Gebieten „östlich von Suez“ zurückzuziehen.
23. 7. 1970	Sultan Qabus übernimmt nach einer unblutigen Palastrevolte von seinem Vater die Herrschaft; nach Aufständen in Musandam und dem Inneroman sukzessiver Aufbau eines Nationalstaates;
1971	Der Oman wird Mitglied der Vereinten Nationen und der Arabischen Liga; Aufnahme diplomatischer Beziehungen zuerst mit Großbritannien, Indien, Pakistan, später u. a. auch mit Saudi-Arabien, Iran, USA;
1971	Großbritannien zieht sich aus der Golfregion zurück; am 2. 12. d. J. schließen sich die sechs Scheichtümer Abu Dhabi, Dubai, Sharjah, Umm al-Qawain, Ajman und Fujairah zu den Vereinigten Arabischen Emiraten zusammen;

	deren – bis heute amtierender – Präsident wird Scheich Zayid Bin Al-Nahayan.
1972	Ras al-Khaimah tritt der Föderation der VAE als siebtes Scheichtum bei; die ebenfalls zum Beitritt aufgeforderten Scheichtümer Qatar und Bahrain verzichten und bilden selbständige Kleinstaaten; Sultan Said ibn Taimur stirbt in seinem Londoner Exil.
1973	Erste Ölfunde in Sharjah;
1974	Saudi-Arabien verzichtet gegenüber dem Oman völkerrechtlich bindend auf alle Ansprüche auf Buraimi.
1975	Erste Ölfunde in Ras al-Khaimah;
1981	Gründung des Golfkooperationsrats (GCC), dem der Oman als Mitglied angehört; sein Hauptziel: eine gemeinsame Außen- und Militärpolitik;
1985	Eröffnung des Hotels Al-Bustan anläßlich der 6. Gipfelkonferenz des Gulf Cooperation Council (GCC) in Muscat;
1990	Wiedervereinigung des Nord- mit dem Südjemen; Grenzabkommen zwischen Oman und Saudi-Arabien;
1990/91	Zweiter Golf-Krieg – sowohl der Oman als auch die VAE stellen der Allianz zur Befreiung Kuwaits Truppenkontingente zur Verfügung.
1991	Bildung der Madjlis Asch-Schura, des beratenden Staatsrates; der Zusammenbruch der Bank of Credit & Commerce International (BCCI) in Abu Dhabi erschüttert die Bankenwelt.
1992	Grenzabkommen mit dem Jemen;
1994	Bürgerkrieg im benachbarten Jemen;
1995	Festlich begangenes 25 Jahr-Jubiläum der Thronbesteigung von Sultan Qabus;
2. 12. 1996	Die Vereinigten Arabischen Emirate feiern das 25jährige Jubiläum ihrer Gründung.

Al-Fahim, Mohammed: *From Rags To Riches – A Story of Abu Dhabi.* The London Centre of Arab Studies, London 1995

Billecocq, Xavier Beguin: *Oman – 25 siècles de récits de voyage.* Relations International & Culture, Paris 1994

Bulloch, John & Darwish, Adel: *Water Wars – Coming conflicts in the Middle East.* Victor Gollancz, London 1993

Codrai, Ronald: *The Seven Shaikhdoms – Life in the Trucial States before the federation of the United Arab Emirates.* Stacey International, London 1990

Ferchl, Dieter: *Jemen und Oman.* C. H. Beck, München 1995

Grüter, Roland (Hg.): *Oman – Weihrauch und Erdöl.* Strom Verlag, Luzern 1993

Hawley, Sir Donald: *Oman and its Renaissance.* Stacey International, London 1995

Heard-Bey, Frauke: *From Trucial States to United Arab Emirates – A Society in Transition.* Longman, London/New York 1982

Heck, Gerhard & Wöbcke, Manfred: *Arabische Halbinsel – Saudi-Arabien und Golfstaaten.* DuMont, Köln 1983

Hottinger, Arnold: *7mal Naher Osten.* Piper, München 1988

Kay, Shirley & Zandi, Dariush: *Architectural Heritage of the Gulf.* Motivate Publishing, Dubai 1991

Kreiser, Klaus, Wielandt, Rotraud (Hg.): *Lexikon der Islamischen Welt.* Kohlhammer, Köln 1992.

Popp, Georg: *Oman.* Edition Erde, Nürnberg 1994

Remple, David & Gross, Christian: *Falconry and birds of prey in the Gulf.* Motivate Publishing, London/Dubai 1993

Scheck, Frank Rainer: *Die Weihrauchstraße.* Lübbe, Bergisch Gladbach 1995

Thesiger, Wilfred: *Arabian Sands.* Longmans, London 1959

Thesiger, Wilfred: *Desert, Marsh and Mountain – The World of a Nomad.* Motivate Publishing, London/Dubai 1993

Vine, Peter & Casey, Paula: *United Arab Emirates – Heritage & Modern Development.* Immel, London 1992